그림문답

일러두기

1 윤두서 〈공재공 행장〉의 우리말 번역은 김과정의 「나의 아버지 尹恭齋」(〈讀書新聞〉, 1976)를 인용했다.
2 조희룡의 화론 우리말 번역은 《조희룡 전집(1~6)》(한길아트)을 인용했다.
3 본문에 실린 김홍도의 편지는 저자가 역사적 상상으로 기술한 것이다.
4 조선 수도의 명칭은 '서울'로 통일했다. 한성, 한양도 고민했으나 내용상 '수도'의 의미를 가장 잘 내포하는 서울로 골랐다.

그림 문답

시대의 이상과 운명에 답한 조선의 자화상

이종수 지음

생각정원

프 롤 로 그

그림이 시대의 물음에 답할 수 있을까

· 1 ·

'다른 생각'에 꽂힌 화가들이 있다. 다소 고루하고 밋밋할 것 같은 조선이라 해서 다르지 않다. 미술사를 전공으로 한다지만 아무래도 더 좋아하는 화가는 있게 마련인데, 대체로 이들이 내가 좋아하는 화가들이다. 보는 이의 생각을 바짝 긴장시키는, 그런 설렘으로 이끄는 그림들 때문이다.

물론 그런 긴장감 없이, 일일이 해석하며 감상하지 않더라도 그림 앞에 선다는 것은 내게 그 자체로 몹시도 즐거운 일이다. 하지만 혼자만의 감상으로 끝낼 공부가 아닌 다음에야. 조선시대 그림을 조금 다른 시선으로 만나고 싶었다. 그림을 통해 그 시대의 문화를 살펴보고픈 것이다. 그림으로 시대를 이야기할 수 있을까. 그 시대의 고민을 추적해볼 수 있지 않을까.

조선 화사들의 작품을 보면서 든 생각이 그것이다. 화가란 끊임없이 묻고 또 묻는, 아니 물어야 하는 존재로구나. 사실 우리도 온통 그런 물음 속에 살고 있지 않은가. 나는 누구지? 어떤 꿈을 꾸며 살고 있지? 이 길 제대로 가고 있는 건가? 사소한 물음이기도 하지만, 때론 제법 큰 결정을 앞에 두고 오래도록 빠져나오지 못한 갈등의 하소연이기도 하다.

그들의 물음은 그들 내면에서 나온 것이되, 어쩌면 시대가 던진 물음일 수밖에 없다는 사실 또한 우리의 상황과 닮아 있다. 화가라면 의당 그림으로 그 문제를 마주했을 터인데. 이렇게 그림으로 답할 수 있으니, 그 물음의 끝은 참으로 근사하기까지 하다.

· 2 ·

'문화'의 속성이 그렇다. 문화적인 무엇인가를 만들어내려면 그걸 잉태할 만한 토양이 있어줘야 한다. 먹는 문제에 허덕이고 있을 때 음풍농월하기는 어려운 법이다. 온 나라에 피바람이 불고 있는데 저 혼자 학문에 열중하는 것 또한 당치 않다. 그림 또한 마찬가지다. 특히나 봉건왕조라는 정황상 여러 장르의 교집합에 자리할 수밖에 없었던 조선의 회화는 더욱 그랬다. 시대의 사랑을 받는다는 것은 그 시대 지성들과의 교감 없이는 불가능했을 터이고. 그렇게 그들 모두의 고민이 어우러져 한 시대의 얼굴로 그려졌을 것이다.

시대를 그려보라, 역사 앞으로 불려나온 화가들이 있다. 다른 생각에 골몰했던 그들이다. 아무에게나 질문 공세가 쏟아지던가. 적어도 안견, 적어도 윤두서, 적어도 김홍도쯤 되니까 시대가 그의 붓에 기대어본 것일 게다. 그러고 보면 그들의 다른 생각이 딱 그 시대에 있어야만 했던 새로움이기도 했다. '시대의 물음'을 제대로 고민한 화가들인 것이다. 출신 계층을 보자면 명문가의 실학자 윤두서에서부터 그 가계조차 밝히기 어려운 장승업, 그리고 이름도 남기지 못한 어느 무명의 화원까지 참으로 다양하다. 그렇게 시대를 둘러보지 않고서는 도대체 그 출생을 이해하기 어려운 그림들이 하나씩 모습을 드러냈다.

각 시대를 상징할 만한 그림, 주제어로 여섯 개 장을 구성했다. 건국의 꿈으로 뒤척이던 시대, 이념과 권력을 따라 모이고 또 흩어졌던 시대, 붕당의 혼란 속에 진지하게 자아를 돌아보았던 시대, 진경의 절정에서 일상의 풍경을 발견해낸 시대, 문자향의 바람을 뚫고 새로운 미감을 이야기한 시대, 그리고 사라져가는 전통을 회고하는 왕조의 마지막 시대……. 본문에 등장하는 여섯 폭의 그림을 죽 이어 읽자면 조선의 건국에서부터 국호를 내리던 마지막까지의 문화적 흐름을 짚어가게 될 것이다.

그 가운데는 회화사의 입장에서 볼 때 대단히 파격적인 작품도 있다. 얼핏 그러려니 하며 넘기다가 문득, 어? 이 시대에 어떻게 이런? 하는 의문이 들 정도의 그림들이다. 관습적인 그림이 아닌 이상, 아니 관습적으로 그려지는 그림이라 하더라도 붓 하나하나에는 화가의 갈등과 선택이 드러나기 마련이다. 시대에 도전할 만한 화가라면 특히나 그렇지 않았을까.

조선 화가의, 선택에 이르는 과정이 궁금해졌다. 시대의 물음은 역사의 맥락 속에서 충분히 이해될 만한 것들이다. 하지만 문제에 답해야 했던 화가들의 실천적 '해결 과정'은 어디서 찾아볼 수 있을까. 그는 자신에게 닥친 문제를 어떻게 풀어나갔을까.

화가의 창조적 고민이라는 문제는 매우 근대적인 개념으로 생각하기 쉽다. 조선시대 화가에 대해서는 어떤가. 그들의 재능이나 드라마틱한 삶에 대한 일화들이 떠돌 뿐, 고민하는 창작가로서 그들을 바라보지 않더라는 얘기다. 하지만 새로운 회화를 고민하기로는 근대의 화가에 못지않았을 터인데. 그 마음을 들여다보고 싶었다.

· 3 ·

그래, 조선 화가들도 고민을 거듭한 창작가였음을 보여주겠어! 책을 쓰겠다는 결심은 호기로웠으나 현실은 녹록지 않았다. 그들은 좀처럼 그런 고민 따위를 털어놓지 않았기 때문이다. 그저 그림을 그렸을 뿐이다. 그렇다고 역사의 도움을 기대하기도 쉬운 일은 아니었다. 조선시대 화가는 그다지 역사의 주목을 받지 못한 존재인지라 그에 대한 기록은 한없이 초라하기만 하다. 화가의 고민에 대한 회화사의 관심 또한 인색하기 그지없다. 결국 화가의 마음 속으로 내가 들어가보기로 했다.

이 글은 화가의 시점을 중심에 두고 풀어간 '이야기'다. 시대의 물음을 내면의 물음으로 받아들여 진지하게 답해나갔던 화가들의 속마음을 들여다본 이야기다. 그렇다고 자유롭게 지어낸 픽션은 아니다. 무엇보다 당시의 기록을 충실히 따르려 했다. 충분치 못한 기록 사이는 연구 성과들로 복원하고, 복원이 힘든 부분은 상상으로 채워나갔다. 그리고 나머지는 무리수 두지 말고 그저 여백으로 남겨두기로.

전체를 읽는다면 성글게 엮인 조선문화사가 될 것도 같다. 하지만 각각의 이야기들을 그저 화가들의 독백, 점점이 찍힌 여섯 단편의 느낌으로 읽는 것도 괜찮지 싶다. 해석과 상상을 오가는 나의 이야기가 누구보다도 이 주인공들의 마음에 들었으면, 정말 좋겠다.

차 례

· 프롤로그 · 그림이 시대의 물음에 답할 수 있을까 —004

꿈 —

꿈을 꾼 자 누구인가 : 안견 「몽유도원도」 —011

1392년 조선이 건국되었다. 새 시대는 제도와 문화 등을 새롭게 마련하여 정통성 세우기에 심혈을 기울였다. 회화도 마찬가지였다. 그 선두에 「몽유도원도」가 있다. 안평대군의 꿈에서 시작되어 천재 화원 안견의 손으로 그려진 뒤, 명망 높은 문사들의 시적 상상력으로 풍성해진 그림. 조선 초기 문화계를 가늠할 만한 결정적인 사건이라 하겠다.

이념 —

그날의 독서당을 기억하는가 : 무명 「독서당계회도」 —063

16세기는 바야흐로 사림의 시대였다. 사림의 학문은 하나의 이념이었다. 회화 역시 그들의 이념을 시각화한 그림, 즉 정치적 '모임'과 이상적 '은거'라는 영원한 두 주제가 널리 사랑받았다. 전자로는 소속과 연대가 바탕이 된 계회를 공식적으로 드러낸 그림이 많이 그려졌다. 시대의 '지향'을 담은 그림, 바로 1572년작 「독서당계회도」다.

자아 —

나는 누구인가 : 윤두서 「자화상」 —113

17세기 후반에서 18세기 초, 숙종 시대는 당파 간 경쟁이 치열했다. 그 여파로 출사를 포기해야 하는 문인들이 늘어났다. 그들이 선택할 수 있는 길은 제한적이었다. 권력과 등진 곳에서 새로운 열망이 생겨났다. 그들은 세상을 향한 눈을 내면으로 돌려 자아를 고민하기 시작했다. 윤두서의 「자화상」은 이 지점에서 읽어야 한다.

풍경—

그 달밤을 보았는가 : 김홍도 「소림명월도」 —165

18세기 조선의 문화는 다채롭다. 영 · 정 두 임금의 시대가 끌어올린 힘이었다. 그림으로 보자면 그 다채로움에 한 자리씩을 차지한 정선과 김홍도가 있다. 새로운 산수를 고민하면서 각자의 방식으로 '풍경'을 그려낸 천재들이다. 이제 조선은 자신의 땅을 당당히 바라볼 수 있는 시대가 된 것이다.

미감—

아름다움이 이유여도 좋을까 : 조희룡 「홍백매팔폭병」 —217

19세기 조선의 상황은 참담했다. 무력한 임금과 외척의 횡포, 관료의 부패로 나라는 극도로 어지러웠고, 서양의 이양선이 출몰하기까지 했다. 회화의 수준 또한 전보다 쇠퇴했다. 그나마 '문자향 서권기'를 강조하는 김정희가 있었다. 그리고 조희룡이 '수예', 즉 화가의 재능과 숙련된 기량의 중요성을 밝히며 곁을 지켰다.

회고 —

시대의 끝, 어쩌면 연민이었을까 : 장승업 「귀거래도」 —269

19세기 후반 고종의 조선은 개화와 위정척사의 국론을 어지럽게 오가며 빠른 속도로 무너져내렸다. 한편으로는 전통과 근대의 교차점, 옛것과 새것이 혼재하는 시대였다. 하지만 회화는 속성상 갑자기 바뀔 수 있는 장르가 아니었다. 이런 시대에 옛것을 그린 화가의 마음은 어떠했을까. 장승업은 몰락하는 조선의 그 과도기를 지켰던 화가다.

• 에필로그 • 조선의 자화상 —319

꿈

꿈을 꾼 자 누구인가

안견「몽유도원도」

몽유도원도夢遊桃源圖

작가 | 안견安堅

제작년도 | 1447년

크기 | 세로 37.8cm, 가로 106.5cm

종류 | 비단에 채색

소장 | 일본 덴리대학교 중앙도서관

'신필神筆'이라 불리던 조선 초기의 대표 화가 안견의 작품이다. 도원에서 노닐었다는 안평대군 이용의 꿈 이야기를 그린 것으로, 제작 경위에 대해서는 대군이 발문에 자세히 밝혀놓았다. 그림은 이곽파 양식이 두드러지는데, 운두준으로 험한 산세를 표현하면서도 꿈속의 도원을 재현해낸 몽롱한 필법이 절묘하게 어우러진다. 그림 뒤로는 조선 초기 최고의 명필로 꼽히는 안평대군의 제서 및 발문과 박팽년, 성삼문 등 당대의 이름 있는 문사 20여 명의 제찬이 이어져 있다. 아름다운 그림과 멋진 글이 함께한 최고의 경지를 보여준다.

건국의 꿈

아름다웠다. 어느 왕자의 꿈을 담았다는 바로 그 「몽유도원도」다. 그림은 왕자의 꿈 이야기만큼이나 신비로웠으며, 또 그만큼 쓸쓸했다. 꿈꾸는 왕자와 그의 꿈을 그려낸 화가의 이야기. 나는 한 폭의 그림으로 그들을 만나게 되었다.

예기치 못한 즐거움이라고들 말한다. 기쁨이라거나 짜릿함이라거나 이런 감정들은 대개 예기치 못했기에 그 가치가 한껏 높아지게 마련이다. 내가 「몽유도원도」 앞에서 느꼈던 감정은 분명 기쁨이며 놀라움이었다. 하지만 그것은 예상치 못한 상태에서 느닷없이 받은 선물처럼, 수준의 모모함에 관계없이 그 존재만으로 즐길 수 있는 감정은 아니었다.

나는 그 만남에 앞서 충분히 예상하고 기대했으며 심지어 그의 이력을 꼬치꼬치 캐보기까지 했다. 감상자의 자세를 넘는, 전공자로서의 단단한 마음가짐으로 그림 앞에 섰다. 그런데도 그는 놀라움으로 나를 흔들었다.

풍류 왕자와 천재 화가

출발의 순간은 설렘으로 가득하다. 하지만 그만큼 부담스러운 일이기도 하다. 조선의 건국이 그랬던 것처럼 건국기의 회화도 마찬가지지 않았을까. 고려를 대표할 만한 회화는 불화佛畵였다. 성리학을 건국이념으로 택한 조선의 회화 장르가 바뀌는 것은 당연한 일이었다. 그리고 당시 문화 주도층이 어떤 회화를 즐겼는가는 당대 화가들에게 매우 중요한 문제일 수밖에 없었다.

이 시기의 회화를 주로 담당했던 이들은 도화원圖畵院의 화원이었다. 벼슬의 정도와 인원을 정해놓고 회화 업무를 맡겼던 것을 보면 국가에 필요한 그림이 꽤나 다양했음을 짐작할 수 있다. 실용적인 그림이 주를 이루었겠지만, 빼어난 화원에게는 별도의 작품을 제작하는 기회가 주어졌을 것이다. 국왕의 특별한 기호를 반영한 감상화나 명明의 사신에게 선물할 만한 정도의 수준 있는 작품을 그릴 화가가 필요했다는 이야기다. 국가 제도와 문화의 틀을 확고히 다졌던 세종世宗기에 회화 또한 많은 이야기를 남겼다는 사실은 어쩌면 매우 당연한 일이기도 하다.

그 가운데서도 감상화로 보자면 단연 산수화를 중심에 놓을 수 있다. 시작은 꽤 괜찮았다. 바로 「몽유도원도」가 있었기 때문이다. 조선의 문화사를 들여다보고 그 흐름과 폭을 가늠할 만한 첫 작품으로 이만한 적격이 없어 보인다. 사실 조선 건국기의 그림을 만나기는 여간 어려운 일이 아니다. 그저 기록으로나 화가며 제목이 전할 뿐, 실제로 남아 있는 작품은 손에 꼽아야 할 정도다.

전승 작품의 희귀성이라는 시대적 특징을 염두에 두지 않고 작품 자체의 수준으로 보더라도 「몽유도원도」는 무엇 하나 빠지는 것이 없다. 조선 500년을 통틀어도 최고작으로 거뜬하다는 평인데, 여기에 작품의 제작 연대며 창작 배경까지 흥미롭게 전해진다. 「몽유도원도」가 없었다면 조선 초기의 회화, 정말 어쩔 뻔했는가.

「몽유도원도」가 없었다면 당장 우리의 이야기 또한 심심하게 시작할 뻔했다. 게다가 그림으로만 끝나지 않는다. 그림 자체의 길이는 1미터 남짓으로 두루마리 그림으로는 길지 않은데, 그림 뒤로 무려 스물 남짓의 제찬題讚이 20미터 가깝게 이어진다. 김종서 · 정인지 · 최항 · 박팽년 · 신숙주 · 성삼문……. 세종 시대의 잘나가던, 한 시절을 이끈 인물들의 이름이 망라된 듯한 느낌이다. 앞서거니 뒤서거니, 서로의 감동과 재주를 겨루며 사이좋게 이

웃해 있다. 그야말로 시詩 · 서書 · 화畵의 완벽함이 맞아떨어진 순간이다.

한국사 최고의 군주라는 세종의 통치기에 풍류 왕자 안평대군安平大君(1418~1453)의 꿈에서 시작되어 천재 화원 안견의 손으로 그려진 뒤, 명망 높은 문사들의 시적 상상력으로 풍성해진 그림. 아름다운 이 장면이야말로 조선 초기 문화계를 가늠할 만한 결정적인 사건이 아닐까 싶다. 「몽유도원도」 수준의 작품이 제작되었다는 것은 이미 조선이 그 정도 국력은 되었다는 뜻이 아닌가. 한 국가의 문화적 수준을 안심해도 좋겠다는 증거물 같다는 생각이 든다.

그림 쪽에서 보자면, 「몽유도원도」에 두드러지는 안견 특유의 화풍은 이후 조선 화단을 뒤덮었다고 할 정도로 그 영향이 컸다. 당시 예단을 이끌었던 안평대군의 특별한 지우知遇를 입었을 뿐 아니라 세종 또한 화원에게 정4품 호군 벼슬을 제수했다. 안견의 명성을 짐작할 만하다. 후배 화원들이 그의 화풍을 따른 것은 당연한 일이었다. 이름 있는 화가로 대접받는가, 아니면 한 시대의 대표주자로 자리 잡는가는 단순히 무게를 비교할 만한 정도의 차이가 아니다. 누군가의 화풍이 시대의 유행이 되었다면 이는 문화현상이라고 봐야 할 것이다. 안견은 그런 화가였다.

안견과 안평대군의 관계는 그저 예술가와 후원자가 아니라 예술적 동지라고 해도 좋을 정도다. 안목의 수준이 때로는 작품의 수준을 이끌지 않던가. 아직은 경직되지 않았던 조선 초기 예술계의 한 단면을 보여주는 느낌이다.

건국기의, 조금은 투박할지라도 차라리 건강했던 여유다.

그러고 보니 이후의 산수화들이 한동안은 「몽유도원도」의 수준을 좀처럼 회복하지 못하다는 데 생각이 미친다. 그 이유가 마음까지 통했던 후원자의 존재 때문일까, 감상자들의 문화 수준 문제일까, 천재 화가란 좀처럼 태어나기 어려운 까닭일까, 아니면 그 모두일까……. 「몽유도원도」가 누린 멋진 조건들은 사실 여간해서는 한자리에 모이기 힘든 행운이었다.

몽유도원의 진심

다른 것으로 대체할 수 없는 '절대적 아름다움'이라고 말할 수밖에 없는 작품이 있게 마련인데 「몽유도원도」가 지닌 매력이 그런 것이지 싶다. 이미 반천년 넘는 세월을 지나온 모습이 이럴진대 먹빛이 채 마르지 않았을 탄생의 순간은 어떠했을까. 화면은 아름다움만큼이나 쓸쓸한 색조로 아련했다. 진심어린 여운이란 정녕 이런 것이 아닐까.

「몽유도원도」는 꿈을 그린 그림이다. 왕자의 꿈, 그리고 왕자와 함께했던 이들의 꿈이 저마다의 길을 찾다 만나고 혹은 어긋나는, 그런 슬프고도 아름다운 꿈을 간직한 그림이다. 건국의 꿈이 어느새 이상과 현실로 나뉘기 시작하는 갈림길의 순간이 엿보인다고나 할까.

누구는 이 풍류 왕자의 낭만을 정말 하룻밤 꿈으로 받아들였을 테고, 다른 누구는 그 꿈에 동참하고픈 소망이 간절했을 테고, 그리고 누구는 그 꿈을 그리며 자신의 꿈을 돌아보았을 테고……. 그렇다면 꿈을 꾼 자 누구인가. 왕자인가, 화가인가, 아니면 또 다른 누구인가.

그래서일까. 「몽유도원도」는 좀처럼 자신을 전부 보여주지 않는다. 알듯 모를 듯 그림 속에 숨은 수수께끼들. 화가의 선택에는 이유가 있을 텐데, 도대체 붓 속에 담긴 진심을 온전히 알 수가 없다. 그림은 답하지 않은 채, 그렇다면 어디 한번 자신을 제대로 읽어보라며 톡톡, 내 마음에 파동을 일으키니. 「몽유도원도」는 500년이 훌쩍 지난 오늘, 그 꿈의 진심을 보고 싶다는 또 다른 꿈을 낳게 된다. 어쩌면 이것이 꿈을 꾼 자, 그 누군가의 속마음인지도 모르겠다.

◆ ◆ ◆

· 회상 ·

그의 발걸음은 어느새 마포로 이어졌다. 다시는 이곳을 찾지 않으리라 마음먹건만, 홀로 생각에 잠겨 길을 걷다 보면 결국 담담정淡淡亭으로 들어서게 된다. 담담정에서 바라보는 풍광은 그때와 다르지 않았다.

"여기 계실 줄 알았습니다."

안견은 그가 가까이 온 줄도 몰랐다. 도화원의 젊은 화원이었다. 항시 자신을 따르던 착실한 제자기도 했다.

"들으셨는지요. 신숙주申叔舟(1417~1475) 공이 담담정의 새 주인이 되셨다 하더이다. 며칠 후에 이곳에서 시회詩會를 여신다고……."

"담담정이 신숙주에게 주어졌다……. 그가 시회의 주인이 된다……."

새 임금이 큰 공신에게 내린 상이로구나. 차라리 금은보화를 더 청할 것이지, 하필이면 담담정인가. 게다가 이곳에서 시회를 연다니 어찌 그럴 수 있는가. 정자의 옛 주인과 함께 나눈 시간들을 어찌 감당하려고. 그는 정녕 추억마저도 짓밟을 생각인가. 하긴 남들의 눈에는 나도 그와 크게 다를 바 없는 자일 뿐이다.

그래도 이럴 수는 없지. 이곳에서 시회를 열 수 있는 분은 오직 한 사람뿐이다. 안견은 울컥, 담담정의 옛 주인이 떠올랐다. 아니다. 그 일 이후 단 하루도 그를 생각하지 않은 날이 없었다. 자신의 추억을 돌이켜보니 그리움과 회한만 더 깊어질 뿐. 도대체 그의 그림자가 미치지 않은 순간이 없질 않은가. 차라리 강화로 떠나는 날, 그의 마지막 뒷모습을 보지 말 것을 그랬다.

담담정의 낭만적인 시회를 담아보라던, 해맑게 웃으며 초상화를 부탁하던, 그리고 바로 그날, 자신의 눈부신 꿈을 그려달라던 안평대군. 그는 아름다운 사내였다.

· 만남 ·

안평대군은 세종의 셋째 왕자였다. 서화의 벽이 남다른 이였다. 마음에 드는 작품은 값을 묻지 않고 사들였다. 수장고는 약관에 이르기도 전에 모으기 시작한 중국에서 건너온 진귀한 서화로 가득했다. 그런 그가 조선의 그림으로는 오직 안견의 산수화만 고집했다. 과연 조선의 화가로 안견을 따를 자가 없다는 세간의 평은 그르지 않았으니, 그동안 모은 중국의 서화들과 나란히 놓아도 무엇 하나 부족함이 없었다. 그런데 이상한 일이었다. 어느 순간 안견의 붓이 머뭇거린다는 느낌이 들었다. 도대체 무슨 일일까.

어쩌면 자신의 탁월함을 찾아볼 기회가 없었던 까닭은 아닐까. 재능을 열어줄 새로운 무엇인가가 필요한 때가 왔는지도 모르겠다. 그가 그저 도화원의 화원으로 세월을 흘려보낸다는 것은 안 될 말이다. 조선이 이런 화가를 다시 얻기는 어려울 것이다. 내 그의 그림과 함께 조선의 아름다움을 이끌어보리라. 안평대군은 가벼운 흥분을 느꼈다.

안평대군과 함께 서화를 감상하는 자리는 눈깨나 밝다는 문사들에게 큰 즐거움을 주었다. 작품도 그러하려니와 그의 넉넉한 마음과 풍류가 함께했던 것이다. 그날 안평대군은 송대 곽희郭熙의 산수 두 폭을 내왔다. 중국의 대가 가운데서 남달리 좋아하는 곽희였던지라, 명을 오가는 사신을 통해 특별히 부탁해서 구해온 것이었다. 좌중의 눈길이 그림에 쏠리자 주인이 입을 열었다.

"오늘은 내가 사람 하나를 더 청하였는데, 괜찮으시겠소?"

괜찮다 뿐이겠는가. 안평의 사저에는 늘 한다 하는 시인묵객들이 끊이질 않았다. 안목 높은 대군이 귀한 서화를 함께 보자 청하였다니 그가 누구일까, 오히려 그것이 궁금했다. 하지만 들어온 이를 본 문사들은 적이 놀라지 않을 수 없었다. 저자는 도화원의 화원 안견이 아닌가. 신분을 묻지 않고 오직 재능과 마음을 아끼는 대군의 성품을 모르는 바 아니었으나 그래도 의아한 일이었다. 서화를 품평하는 자리, 글을 하는 선비들 사이에 화원을 부르다니, 무슨 생각이신가.

명을 받고 들어선 안견 또한 놀라기는 마찬가지였다. 느닷없는 대군의 부름도 의외였는데 하물며 이런 자리일 줄이야. 대군을 그토록 가까이서 뵌 것도 처음이었다. 안견은 감히 그림 앞으로 다가앉지 못한 채 그들이 나누는 이야기를 마음에 담기 시작했다. 그림을 그리는 화원이었지만 그때껏 어디서도 들어보지 못한 고매한 화평이 오갔다. 도대체 글을 하는 선비들이 어찌 이리 하나같이 서화에 대한 안목까지 높을까. 문득 자신을 잠식해오던 검은 동굴이 떠올랐다.

아무리 나라 안에 이름이 알려진 화가라 해도 안견은 도화원의 화원일 뿐이었다. 그의 생활 또한 여느 화원들과 크게 다르지 않았다. 때마다 주상께서 격려하며 일을 맡기시니 이 또한 과한 복임을 모르지 않았다. 하지만 그에게는 남모르는 꿈이 있었다. 그림을 그리는 일이 그저 녹을 받아 구복口腹을 채우는 방편일 수만은 없었다. 도화원에서 동료들과 함께 그려내는 그림은 그가 아니더라도 할 수 있는 것들이다. 그는 다른 그림을 그리고 싶었다. 그것이 어떤 그림인지는 자신도 알지 못했다. 다만 자신만이 그릴 수 있는 무엇인가, 그걸 찾아야 했다.

안견의 마음 한쪽에는 자신의 소리만으로 울리는 텅 빈 자리가 생겨났다. 끝없는 갈증인 양 좀처럼 가라앉힐 수 없는 열기를 뿜어내기도 했다. 하루 이틀 사흘……. 그러다 어느 날 마음속 검은 동굴이 자신을 온통 삼켜버릴 것만 같았다. 도화원의 선·후배 누구도 그의 허허로움을 알지 못했다. 다들 주상께서 각별히 아끼시는 그를 부러워하며 바라볼 뿐이었다.

그렇게 여러 해가 흘러갔다. 조선에서 산수로 안견을 따를 자가 없다는 말이 더 이상 낯설지 않던 즈음. 어느 날, 임금의 셋째 왕자가 안견을 불렀다. 그리고는 불쑥 서화를 감상해보자며 문사들 사이로 자리 하나를 만들어주셨으니. 운명이란 이렇게 오는가. 진정, 비어 있던 내 마음을 채울 곳이 여기였는지 모른다. 이곳에는 꿈에도 알지 못했던 새로운 세계가 있다.

그날 이후로 안견은 안평대군의 사저에서 옛 서화와 함께 많은 시간을 보냈다. 안견 또한 그림이 그저 먹물을 찍어 형상을 옮기는 것이 아님을 알기는 했으나 아무도 그에게 답을 주지는 못했다. 안견은 이제 스스로 문제의 답을 찾아가는 중이었다. 곽희의 산수에서 웅장한 기세를 배웠는가 하면 마원馬遠의 산수에서 그윽한 운치를 깨달았다. 생각할수록 대군의 은혜에 가슴이 울렸다. 어찌 나를 이곳으로 이끌어주셨을까. 궁금해하는 내 마음을 알아채기라도 한 듯 대군께서 지나가듯 말씀하셨지.

"그대는 보이지 않는 것을 그리는 재주를 타고 난 듯싶구나. 그런데 어찌 보이는 형체에 매여 머뭇거리는 것이냐. 네겐 마음의 눈이 있다."

안평대군 또한 글씨에 특출한 재능을 타고났다. 이 재능 위에 중국 대가들의 글씨를 모아 익히며 자신의 유려한 서체를 완성했으니, 송설체松雪體(조맹부체)를 바탕으로 한 그의 글씨는 조선 서예의 큰 흐름을 이끌었다. 빼어난 작품이야말로 서화를 하는 이들에게 가장 좋은 스승이지 않던가. 안평대군은 자신이 그러했듯, 안견에게도 그 세계를 열어주고 싶었다.

일취월장하는 안견의 그림 앞에서 다들 놀라움을 감추지 못했다. 안평대군이 안견을 청했을 때 그 속뜻을 헤아릴 수 없었지만, 이제 안견이 조선 최고의 화가임을 조금도 의심하지 않았다.

성性이 총민하고 정박精博하며 옛 그림을 많이 보아 그 요체를 모두 얻고, 여러 대가들의 좋은 점을 모아 종합하고 절충하였다. 옛것으로부터 빌렸지만 그와 필적할 만한 사람은 얻기 어렵다.

신숙주의 평 그대로였다. 안견은 총명함을 타고난 화가였다. 대가에게 배웠으나 그에서 멈추지 않았으며, 옛것으로부터 빌렸으나 그 경지를 넘어 자신의 세계를 만들어나갔다.

· 비해당 ·

안평대군의 부름을 받고 안견은 급히 대군의 사저로 들어섰다. 산수 한 폭을 그리라 명하시려는 것일까. 시절의 아름다움이 이러하니 풍류 넘치는 대군의 흥취, 함께 즐겨보자 함인지도 모르겠다. 하지만 대군은 담담한 듯 나직한 목소리로 전혀 의외의 명을 내리시는 것이었다.

"나의 초상을 그려주겠느냐."

안견이 선뜻 답하지 못한 채 고개를 들었다. 얼굴에는 의아한 빛이 가득했다. 초상은 자신의 본령이 아님을 대군께서도 잘 아시는 터인데 어찌 이런 하문을 하시는지, 가늠할 수 없었다.

"저의 미천한 재주로 어찌 진영眞影을 바치겠나이까. 인물에는 최경崔涇이 능하옵니다."

"그를 듣지 못하였음이 아니다. 내 모습을 재주로 그리고자 하느냐. 네 마음으로 그려달라는 것이다."

뜨거워진 것이 어디 눈시울뿐이랴. 안견이 안평대군을 위해 그림을 그린 지 여러 해가 지났다. 이제 안평대군은 안견에게 그의 마음에 담긴 자신의 모습을 보여달라고 한다. 네 마음을 내게 주겠느냐는 물음이다. 안평대군의 나이 이십오 세 되던 해의 일이다.

인물화에서 최고라 불리던 화원 최경이 있었음에도 안평대군은 굳이 안견에게 자신의 초상을 명하니, 그림이란 그저 손끝의 기예로 완성될 수 없다는 뜻이다. 하물며 인물의 정신까지 담아내야 할 초상이겠는가. '전신사조傳神寫照'라 하였다. 안견이라면 자신의 모든 것을 온전히 그려낼 수 있다는 믿음이다.

안평대군에게 이십오 세는 의미가 있는 해였다. 부왕에게 직접 '비해당匪懈堂'이라는 당호를 하사받았던 것이다. 그와 뜻이 맞았던 집현전集賢殿 학사들 가운데서도 친밀함이 특히 두터웠던 박팽년朴彭年(1417~1456)은 〈비해당기匪懈堂記〉를 적어 부자간의 미담을 세상에 전했다.

정통임술년 여름의 6월 어느 날, 안평대군이 대궐에 들어가 알현하셨다. 상께서 조용히 물으시기를 "아무개의 당호는 어찌하여 안평이라고 하는가"라고 하셨다. 대답이 없으매 상께서는 증민지시蒸民之詩를 읊으시고 서명西銘에 미쳐서 말씀하시기를 "편액扁額을 비해匪懈로 바꾸는 것이 옳을 것이다"라고 하셨다. 안평대군은 머리 숙여 절하면서 기뻐하고 놀라워했다. (……) 안평대군은 타고난 자질이 탁월하고 학문을 좋아하며, 즐겁고 착한 마음이 지성으로부터 나와 유교의 바른 의리에 반드시 이르게 되도록 그 힘씀이 지극할 것이다. 성상께서 특히 이것을 명하신 것이다.

비해란 글자 그대로 풀자면 게으르지 말라는 의미이니, 안평安平과 비해는 반의反義에 가깝다. 왕자 이용李瑢이 대군으로 봉해지면서 얻은 이름이 안평 아닌가. 그럼에도 새삼 당호를 바꾸라는 부왕의 뜻은 무엇일까. 안평이라는 이름은 대군의 복록이나 운명의 기초로서는 무난하겠다. 하지만 한 사내의, 더욱이 일국의 왕자가 지닐 삶의 지침으로는 적절하지 않다는 뜻이다. 왕은 나이 스물다섯이 된 아들에게 묻는다. 주어진 삶을 넘어 어떻게 살아야 하겠느냐고.

게으르지 마라. 그러면? 열심히 학문을 닦아라. 왜? 유교에 바른 의리에 이르기 위해서. 아버지가 아들에게 주문하는 삶이 여기에 있었다. 안평대군은 부왕의 뜻을 기쁘고 놀라운 마음으로 받아들였다. 비해를 자신의 새로운 지향점으로 여겼다. 지금까지의 삶이 왕자로서 타고난 안평이었다면, 이제부터는 그 위에 노력을 더한 비해로 살아야 할 것이다. 이에 가장 아끼는 화가에게 진영을 명하고, 가장 아끼는 문사에게 기문記文를 청했던 것이다.

그 의미를 되새기며 그린 「비해당이십오세진匪懈堂二十五歲眞」. 안견의 재능이 안평대군을 사로잡았듯이, 안평대군에게는 예를 업으로 삼는 이의 가슴을 흔들어놓는 매력이 있었다. 예술가는 자신의 재능을 알아주는 이에게 마음을 바치게 될 터인데, 안견에게는 늘 안평대군이야말로 그림에 담긴 뜻을 온전히 헤아려주는 이였다. 그를 볼 때마다 안견은 마음이 뜨거워졌다. 안평대군은 예술에 대한 통찰력이 탁월했다. 때로는 어린아이 같으면서도 한편으로는 인생의 고비를 넘겨본 이의 깊이가 느껴졌다. 귀한 이름에 재능을 갖추고 풍류까지 더하였으니, 하늘이 내릴 수 있는 모든 사랑을 한 몸에 받은 사람이 있다면 바로 그가 아닐까.

마음의 주인으로 모신 이가 이제 자신에 대한 마음을 보여달라고 했다. 한창 때의 아름다움을 그리는 안견의 마음을 짐작하기란 어렵지 않다. 한 치의 소홀함이 있을 수 있겠는가. 안견은 자신의 모든 재주를 다해, 그의 고귀함이 영원하기를 기원하며 왕자의 눈부신 스물다섯을 화폭 위에 옮겼다.

· 화중유시 ·

“두자미杜子美의 시를 아는가.”

느닷없는 물음을 던지는 것으로 치면 안평대군만 한 이가 또 있을까. 안견은 감히 그 마음을 드러내지는 못하고 새어나오려는 웃음을 참았다.

“이름만 들었을 뿐이옵니다. 어찌 그러하시옵니까.”

“주상께서 두자미의 시를 엮어 편찬을 명하시었다. 그의 시를 읽지 않고서야 어찌 세상을 이야기할 수 있으리.”

요사이 안평대군은 집현전 학사들과 함께 몹시도 바쁜 시간을 보냈다. 책을 편찬하셨던 것이로구나. 하긴 문과 예를 숭상하시는 전하가 아니던가. 이처럼 나라의 일을 나누어 맡길 수 있는 빼어난 아드님을 여럿 두셨으니 참으로 다행스러운 일이다. 세자께는 정사를 돌보게 하시고, 수양대군께는 종실의 여러 일을 관장하게 하셨다. 안평대군에게 기대하신 바는 바로 문과 예의 길을 바로잡아 나라의 문화를 융성케 하는 것이었다. 대군께 꼭 맞는 일이리

라. 이 위대한 임금과 그의 나라 조선을 위해 하늘이 이토록 총명한 왕자들을 내셨음이 아닐까. 안견의 마음에도 봄바람이 이는 듯했다.

하지만 안견은 여전히 안평대군의 마음을 읽지 못하고 있었다. 두보杜甫의 시를 엮어내셨으면 의당 문사들에게 널리 알려 글 짓는 기운을 진작시켜야 할 터이다. 도대체 그의 시가 나와 무슨 상관이라는 것일까.

"시를 그려보지 않겠느냐."

이건 또 무슨 말씀인가. 시를 그린다? 어지간한 그림에는 막힘이 없는 안견이었다. 산수로 말하자면 조선 제일의 이름을 얻은 지 이미 오래였으며, 지난해에는 안평대군의 진영을 그려 바치기도 했다. 주상께서 애호하시는 묵죽墨竹에도 나름의 경지를 얻었다. 하지만 시를 그리다니……. 이는 그저 중국 시인들의 이야기에나 나오는 현란한 말놀음이 아니던가.

"'시중유화詩中有畵 화중유시畵中有詩'라고는 들어보았사오나, 그저 시와 그림의 격조를 말한 것으로 헤아릴 뿐이옵니다."

"동파東坡의 글귀를 아는구나. 그래야지. 화사라 하여 그림 앞에만 앉아 있어서는 아니 될 것이다. 네 말 그대로다. 화중유시란 좋은 그림이라면 시의 운치가 깃들어야 함을 말한다. 내가 네 산수를 아끼는 연유가 바로 그 때문이 아니더냐. 네 그림 속에서 나는 시를 읽곤 한다."

순간 안견은 숨이 막히는 것 같았다. 대답은커녕 고개를 들어 그의 얼굴을 마주할 수도 없었다. 내 그림에서 시를 읽으신다니! 다른 누구도 아닌 대군께서.

"네게 필력을 더 닦아야 할 무엇이 남았더냐. 그림을 보는 눈도 그만 하면 따를 자가 없을 것이야. 산수 한 폭에 시의 운치를 저절로 담아내는 네가 아니더냐. 시의詩意를 그림으로 옮기는 것이야말로 네가 아니면 이룰 수 없으리라."

안평대군은 직접 새로이 편찬한 두보의 시집을 건넸다. '찬주분류두시纂註分類杜詩'라는 표제가 단정히 적혀 있었다.

"두자미의 시는 그저 흥에 겨운 노랫가락이 아니다. 주상께서 편찬을 명하신 뜻도 그에 있거니와 나 또한 그를 읽으며 조선의 현실을 마음에 새기는 중이니라. 그림이 완성되면 내 직접 그림 위에 시를 적어 넣을 것이다."

대군의 아름다운 서체가 자신의 그림과 함께한다 생각하니 안견은 가슴이 벅차올랐다. 나를 깊은 동굴 속에서 불러내주신 분이다. 널리 대가의 그림을 익히도록 자리를 마련하시고 나의 마음으로 자신의 초상을 그려달라 하셨지. 내가 미처 생각지 못했던 새로운 세계를 하나하나 열어주시는 대군께서 이제 시를 그려보라고 하신다. 두보의 시를 대하는 대군의 마음 또한 얼마나 따뜻하신가. 조선의 현실을 마음에 새기신다 했다. 주상께서 내리신 당호에 담긴 당부 그대로, 조선의 왕자로서 어떻게 살아야 하는가를 고민하시는 것이다. 대군의 기대에 모자라지 않은 그림을 그려야 한다.

내가 이 그림을 보니 진실로 옛날의 소위 삼절三絶이로다. 안견은 그림을 그렸고, 자미는 시를 지었으며, 비해당은 또한 글씨를 썼다. 대저 자미는 시에 있어서의 천자天子로 그의 시는 더불어 견주고 가릴 것이 없고, 비해당의 글씨는 왕우군王右軍(희지羲之)의 필법을 얻어 용이 천문으로 뛰어오르는 듯, 호랑이가 봉각에 누워 있는 듯하다. 안견은 역시 이 시대의 그림에 묘한 사람으로, 높게 이는 물결과 험준한 산의 모습, 연운烟雲이 넓고 깊은 모양 등 가히 입신入神했다고 할 만하다. 그런즉 이 그림은 여러 아름다움을 모아 하나로 합쳐놓은 고금의 묘절妙絶한 것이다.

박팽년은 「이사마산수도李司馬山水圖」를 시서화의 최고봉이 만나 이룬 삼절이라 평했다. 안견의 그림이 두보의 시, 안평대군의 글씨와 제대로 어울린 명작으로서 가히 입신의 경지라고 상찬했다. 의당 그러했을 것이다.

· 집현전 ·

안견은 어느새 집현전의 학사들과 어울리는 시간이 부쩍 늘었다. 도화원 화원들의 수군거림을 모르지 않았다. 국왕 부자의 총애를 등에 업고 제 신분을 잊었다는 둥, 집현전의 높은 학사들 사이에서 무얼 하느냐는 둥. 그것이

질시 때문임을 모르지 않았기에 그저 듣고도 듣지 못한 양 그림에 열중했다. 생각해보면 동료들의 말이 그르지도 않았다. 집현전 학사는 도화원 화원과는 근본부터 다른 사람이었다. 아니, 여느 벼슬아치와도 다른 인재였다.

"아니, 여기는 어쩐 일이십니까."

비해당에서 자주 만나던 안견이 집현전으로 들어서자 성삼문成三問(1418~1456)이 아는 체를 했다. 한창 바쁜 중이었을 텐데, 그의 목소리에 반가움이 묻어났다. 기운이 밝고 솔직한 사람이다. 어려서부터 신동으로 이름 높았으나 성정이 진중하여 학식을 함부로 내보이지 않는다. 비해당에서도 그가 항상 먼저 이름을 불러주었다. 자칫 학사들 사이에서 화원이 어색할까 배려하는 마음 씀이 분명하다.

"새로 간행될 서책에 도안이 필요하다 하시기에……."

"그 일은 범옹泛翁(신숙주)이 맡았는데…… 곧 들어올 터이니 잠시만 기다려보시지요. 참, 지난번 희우정喜雨亭 시회 때의 그림 말입니다. 강변에서 맞는 달밤의 정취를 그토록 그윽하게 그려낸 산수는 다시없을 듯합니다. 비해당께 청하여 가져다가 때때로 꺼내 봅니다."

"과찬이십니다. 그날 여러 학사께서 지으신 시구에 누가 되지나 않았다면 다행이 아닐는지요."

"아니 근보謹甫(성삼문), 무슨 그림을 말하는 겐가. 내가 못 본 그림이 있었던 게로군."

어느 사이 신숙주가 들어서 있었다. 희우정 시회 때 그는 참석하지 못했다. 안평대군의 서화들을 정리하여 〈화기畵記〉로 썼을 만큼 서화에 눈이 높은 그였으니 그림이 궁금할 법도 했다.

"언제 들어왔는가. 지난번 희우정 시회 때 현동자玄洞子가 그린 「임강완월도臨江翫月圖」를 얘기하는 중이었다네. 동궁께서 동정귤을 내리시고 비해당께서 글을 쓰셨지. 하지만 그림이 없고서야 어찌 시회를 이처럼 아름답게 기억할 수 있겠는가. 이제 일들 보시게."

집현전에서 만난 학사 신숙주는 비해당에서 보아왔던 시인과 전혀 다른 사람인 것 같았다. 진지하면서도 빈틈없는 모습 그대로였다. 하긴 배우는 자세로 치자면 집현전에서도 으뜸이라는 그가 아닌가. 그게 무엇이든, 필요하다고 생각하면 완벽하게 자신의 것으로 만드는 재능이 있었다. 중국은 물론 일본으로까지 사신으로 오가며 많은 일들을 해냈다고 들었다. 내가 대하기는 조금 어려운 인물이나 나라에서 쓰시기에는 더없이 좋은 그릇이리라.

"여기 적힌 그대로 보름 안에는 마쳐주었으면 합니다."

신숙주는 농 한마디 없었으나 기한을 당부하는 것은 잊지 않았다. 그의 성격을 아는지라 안견 또한 조용히 인사를 하고 물러났다.

집현전을 나서며 서고 쪽으로 눈을 돌리니 서책들 사이에서 무언가를 열심히 읽고 있는 박팽년이 보였다. 그는 불과 열여덟의 나이로 과거에 급제하고 집현전으로 부름받은 천재 학사였다. 경연 준비를 하는 것일까. 군주의 학문이 깊다 보니 경연관으로 뽑힌 집현전의 학사들 또한 공부에 한 치의 게으름이 없었다.

책 읽는 모습에 홀려 안견이 너무 오래 바라보았던가 보다. 인기척을 느낀 박팽년이 고개를 들었다. 안견을 알아보고 옅은 웃음으로 인사를 대신하더니 이내 다시 책 속으로 빠져들었다. 언젠가 성삼문이 던진 말이 떠올랐다. "자넨 뭐 하나에 빠져들면 도무지 헤어나질 못하는군. 뻣뻣한 사람 같으니라구." 하지만 성삼문이야말로 박팽년의 그 뻣뻣함을 가장 좋아하는 벗이었다.

안견은 그저 신기했다. 비슷한 듯하면서 너무도 다른 세 사람이 같은 자리에서 사이좋게 일에 몰두하다니. 두 사람 사이를 성삼문이 넉넉하게 이어준 덕이기도 했다. 집현전 학사들 가운데서도 단연 눈에 띄는 그들은 군주의 자랑이기도 했다. 부러움이란 이런 것이로구나. 한 번도 동료들을 부러워한 적 없던 안견이건만 그들 앞에서 한없이 작아지는 자신을 느꼈다. 그들 하나하나의 빼어남이야 말해 무엇하겠는가. 그보다는 그들 사이의 각별함이 부러웠다. 말이 통하는 사내들 사이의 우정이란 얼마나 가슴 벅찬 것일까.

집현전은 임금의 꿈을 조선 땅에 실현시키는 곳이다. 자나 깨나 더 나은 조선을 만들기 위해 고민하시는 임금이 아닌가. 그분의 고민이 백성을 위해 펼쳐질 수 있도록 집현전은 답을 준비해야 했다. 그것이 집현전이 존재하는 이유임을 먼발치쯤에서 그들을 바라보는 도화원의 화원이라 해서 모르지 않았다.

하지만 안견 또한 국왕의 신하요, 조선을 위해 자신의 꿈을 바치고자 했다. 눈으로 담은 그림을 손으로 익히고 마음으로 새겨넣으며, 오직 나만이 그릴 수 있는 단 한 점의 산수를 남기리라. 그리 많은 시간을 기다리지 않아도 되었다. 얼마 후 안평대군이 몹시도 아름다운 꿈을 꾸었기 때문이다.

· 왕자의 꿈 ·

안평대군이 꿈을 꾼 것은 정묘년丁卯年(1447) 어느 늦은 봄밤이었다. 아니, 작은 창으로 스며든 새벽 햇살에 눈을 뜨고서도 그는 여전히 몽롱한 상태였다. 꿈이었구나. 아쉽고 허망한 느낌으로 온몸에 기운이 빠졌다. 인수仁叟(박팽년)와 함께 나눈 이야기가 여전히 생기롭고, 반짝이는 복사꽃의 은근한 손짓이 눈앞에 선명하거늘, 꿈이었다. 안견을 불러야겠다.

"꿈이란 본디 아침이 되면 지난밤의 안개와 함께 희미하게 사라지거늘, 어찌 이 꿈은 이리 선명한지 모르겠구나. 너는 마음을 그리는 재능을 지니지 않았더냐. 내 꿈을, 내 마음을 너의 화폭에 담아주었으면 좋겠다."

안견이 안평대군을 바라보았다. 이제 대군도 서른의 장년이 되셨다. 하지만 여전히 나에게 처음 서화를 보여주시던 스무 살의 표정을 간직하고 계신분. 꿈꾸는 왕자. 진정 대군에게 어울리는 이름이 아닌가.

"듣기를 원하옵니다."

"지난밤 꽃이 지는 소리에 잠을 조금 뒤척였던가 보다. 그러다 홀연히 꿈에 빠졌는데 어느새 내가 인수와 함께 신비로운 산 아래를 걷더군. 깊은 골짜기가 참으로 그윽한 그곳에 눈부시도록 화사한 복사꽃이 우리를 맞이했지."

안평대군은 꿈에 잠기는 목소리로 천천히 이야기를 시작했다. 아, 그의 음성이 이토록 은은하고 달콤했던가. 안견은 어느덧 정신이 아득해졌다. 저음으로 속삭이는 왕자의 이야기는 비해당의 뜰을 건너 꿈속의 도원으로 화가를 이끌었다. 그가 풀어낸 한 마디 말은 화가의 마음속에 한 송이 도화로 피고, 다시 내뱉은 한 가닥 한숨은 화가의 가슴에 한 줄기 시내로 흘렀다. 어디선가 꽃향기가 스며드는 것도 같았다.

그렇게 시내를 건너 절벽을 지나 왕자는 드디어 신비로운 도원에 발을 들여놓았다. 그곳은 정녕 옛 시인이 전해준 이야기 속의 도원동이었다. 세상일은 모두 잊고 왕자는 신선의 마을에서 지기 두셋과 함께 흠뻑 정취를 즐겼다. 그 영원의 이상향을 노닐다가 문득 잠에서 깨어 보니…….

안평대군과 안견은 그렇게 마주앉아 시간을 잊은 채 꿈을 주고, 또 받았다. 해는 이미 기운 지 오래였다. 늦봄의 흐드러진 밤기운이 대지를 적시는 소리로 비해당이 출렁일 때, 둘은 그제야 문득 꿈에서 깨어났다.

"이미 복사꽃 마지막 한 잎까지 모두 시들어버렸으리니. 너의 붓이 없고서야 어찌 내 꿈이 그 모습을 드러낼 수 있겠느냐. 「몽유도원도」라 제할 것이다. 그림에 잘 어울릴 듯싶구나."

아직 붓 끝에 먹물 한 방울 묻히지 않았건만 안평대군은 벌써 안견이 그릴 그림이 마음에 든 모양이었다. 안견은 여전히 좀 나른한 상태였다. 대군의 이야기를 따라 도원을 거니느라 그 또한 온몸이 꿈에 젖어 있었던 것이다.

"정녕 대군이 아니셨다면 어느 왕자가 꿈속에 도원을 노닐 수 있겠나이까. 소인 또한 꿈에 젖어 꽃향기에 흠뻑 취하였사옵니다."

"그러하냐. 내 꿈을 모두 가져갔으니 이제 네가 내게 그림을 가져다줄 일만 남은 게로구나."

몽유도원, 꿈속에 도원을 노닐다. 장면 장면이 연이어가며 물결처럼 흘러갔다. 이제 그 형상을 붙들어 화폭으로 옮길 일만 남았다.

· 화원의 꿈 ·

안견은 특별히 짜임이 고운 비단을 골라냈다. 꽃잎을 촘촘히 수놓으려면 바탕의 결과 색을 잘 살펴야 한다. 꿈을 따라 거닐어야 할지니 횡권橫卷에 그려냄이 어울릴 것이다. 손에 붓을 잡은 지 벌써 몇 년째던가. 하지만 이토록 설레는 마음으로 화폭을 마주한 적도 없었다.

어쩌면 이 순간이 바로 나의 꿈이었는지 모르겠다. 나의 오랜 꿈, 나만이 그릴 수 있는 산수를 남기고 싶다던 꿈이 비로소 때를 만난 것이리라. 그의 꿈이 나의 화면 속에 다시 살아날 수 있다면……. 간절함으로 온몸과 마음이 달아올랐다. 꿈을 꾼 이는 분명 대군일진대 그 말씀처럼 대군의 꿈을 내가 모두 가져왔을까. 아직도 그의 꿈에 젖은 듯, 스치는 꽃향기에 몽롱했다. 정녕 기이한 일이 아닐 수 없었다. 꿈을 꾼 자, 왕자인가 아니면 그 앞의 한 화가인가.

지금이 바로 붓을 들어야 할 때다. 안견은 왕자의 꿈을 따라 걷기 시작했다. 그렇게 발걸음을 그대로 화면 속으로 옮겨왔다. 대군께서 박팽년과 함께 산 아래에 도착하셨다고 했다. 꿈으로 접어들기 전, 그곳은 평온한 현실 세계인 게지. 연운이 슬쩍 감도는 은근한 산세는 담묵淡墨을 풀어낸 마원의 필筆이 어울리겠군. 안견의 붓이 비단 위를 적시기 시작했다. 서서히 꿈으로 들어가는 길목에 이르는 평화로운 시냇길이 모습을 드러냈다. 슬쩍 굽이친 시내가 멈춘 곳에서 붓이 잠시 숨을 골랐다. 이제 꿈속으로 들어가야 한다.

왕자가 도착한 산은 층층의 뭇부리가 우뚝 솟아나고 깊은 골짜기가 그윽하다고 하였다. 안견은 다시 왕자의 꿈속으로 자신의 마음을 옮겼다. 그렇지. 바로 이곳, 느닷없이 절벽들이 눈앞을 가로막는구나. 그 안쪽에 신비로움을 감추고 있는 게야. 속인의 접근을 막는 위엄 있는 산세라면 역시 곽희의 운두준雲頭皴이 적격이지 않을까. 금방이라도 굴러떨어질 듯 아슬아슬한 절벽들이 그렇게 쌓여갔다.

이제 왕자는 골짜기 너머로 들어서야 한다. 왕자가 말을 채찍질하여 찾아가니 산벼랑이 울뚝불뚝하고 나무숲이 빽빽하며, 시내 길은 돌고 돌아서 거의 백 굽이로 휘어져 사람을 홀리게 한다고 하시질 않았던가. 안견은 바로 그 정경을 화면 가운데 옮겨넣었다.

몰아치듯 험준한 산세를 그려넣은 후 안견은 잠시 붓을 거두어들였다. 드디어 도원이 그 앞으로 펼쳐질 것이기 때문이다. 꿈꾸듯 속삭이던 안평대군의 말소리가 귓가에 되살아났다.

"그 골짜기로 들어서니 동천이 탁 트여 그 넓이가 이삼 리쯤 될까. 사방이 산으로 둘러싸여 구름과 안개가 자욱하게 깔려 있더군. 멀고 가까운 도화 숲에는 햇빛이 비쳐 연기 같은 노을이 일고, 시내에는 오직 조각배 한 척이 물결을 따라 흔들릴 뿐…… 정경이 소슬하여 신선의 마을과도 같았다."

드디어 신선의 마을인 도원동의 정경을 그리려는 순간, 문득 안견의 마음에 소슬한 바람이 불어왔다. 도원동은 마치 동굴처럼 아늑한 공간이 아니었을까. 안견은 도원동의 사방을 수직 절벽으로 둘러막았다. 가까운 산은 선명하고 짙은 빛으로, 저 멀리 보이는 절벽은 아련하게 흘러가도록, 농묵濃墨에서 담묵을 오가며 꿈처럼 피어오르는 먹빛의 향연으로 바람벽들을 그려나갔다.

우뚝 솟은 절벽 안에 파묻힌 빈 공간이 바로 도원동이 들어설 자리였다. 안견은 호흡을 차분히 가라앉히고 세필細筆을 골라 들었다. 도원동의 복사꽃들을 피우려는 것이다. 붉은 꽃잎 하나 둘 셋…… 하늘이 꽃을 피우는 마음으로 붓을 옮겼다. 해질 무렵의 복사꽃이라면, 마지막 놀이 부딪쳐 꽃술은 금빛 구슬마냥 작고 선명하게 빛나야 하리라. 화가는 조심스레 금분金粉을 풀어 꽃잎 사이에 점점이 생기를 불어넣었다.

꽃나무 사이로 저녁 안개가 스며들고, 언덕 아래 빈 집이 두어 채, 꽃그늘 떨어지는 시냇가에 조각배 한 척이 바람에 흔들렸다. 정녕 이곳이 도원동이다. 마지막 꽃잎 하나까지 모두 그려넣은 화가는 도원동을 둘러싼 바람벽 옆으로 눈을 돌렸다. 절벽이 끝난 자리 우측으로 텅 빈 비단폭이 그의 손을 기다리고 있었다.

이야기는 모두 끝났는데 무엇을 더 그려넣어야 하는가. 안견은 잠시 생각에 잠겼다. 불쑥 절벽으로 화면을 끝내는 것은 그동안 배워온 어느 그림에서도 보질 못했기 때문이다. 산수화라면 의당 평온한 산세로 마무리되곤 했다. 어찌해야 할까. 절정에서 끝내야 할까, 아니면 평범한 풍경 하나를 더 이어 그려야 할까.

안견은 결심하듯 그곳에서 붓을 멈췄다. 대군의 발걸음을 따라 예까지 온 것이 아닌가. 대군의 꿈이 여기에서 끝났으니, 나의 그림도 여기까지다. 그래야 이 그림이 「몽유도원도」가 될 수 있을 것이다.

붓을 거두어들인 후 안견은 그림을 천천히 읽어보았다. 그런데 이게 어찌

된 일인가. 순간 크게 놀라고 말았다. 안평대군과 그의 벗들이 보이지 않았던 것이다. 분명 대군께서는 꿈속에서 박팽년과 신숙주, 최항崔恒(1409~1474)을 만나 함께 즐겼다고 말씀하셨다. 조각배 하나까지 그의 꿈을 따라 그렸건만 어찌하여 화폭에 사람의 흔적이 없을까. 그림은 이미 이것으로 완전한 상태니 그 안에 다시 인물들을 그려넣어서는 아니 될 것이다. 분명 꿈을 그대로 옮겼거늘 어찌 화면 속에 그들의 모습이 보이지 않는지 알 수 없는 일이었다. 아무래도 대군께 답을 청해야겠다.

시간이 어찌 흐르는지도 몰랐다. 안견은 사흘을 꼬박 화폭 앞에 앉아 있었다. 혼이 빠져나간 느낌이었다. 진정 이것이 내 손끝에서 나온 그림인가. 아름답지만 쓸쓸한 운율이 흐르는구나. 아름다움의 끝은 이처럼 쓸쓸한 것인가. 하지만 이 또한 대군의 꿈을 따라 그린 것이니 어찌할 수 없는 일이리라.

· 조선의 꿈 ·

안평대군은 자신의 꿈을 그린 이 그림을 사랑했다. 안견에게 말한 그대로 직접 붓을 들어 그림 서두에 '몽유도원도'라 제하였으니, 그 글씨 또한 몽유의 기운을 온전히 담아낸 진정한 명품이었다. 게다가 직접 그림의 제발題跋을 쓰

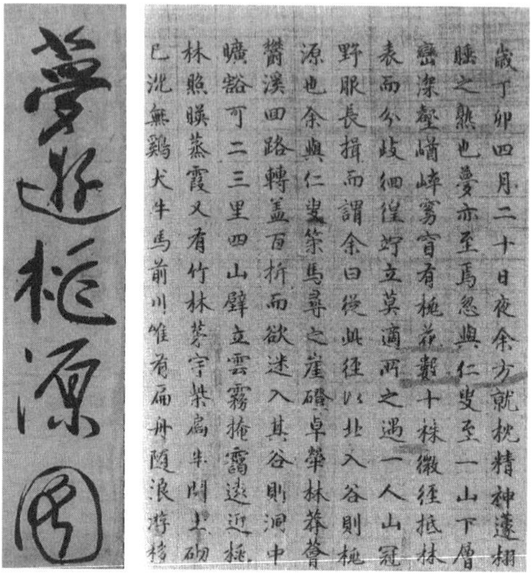

안평대군이 직접 쓴 「몽유도원도」 제호(좌)와 발문(우). 제호는 그림의 맨 오른쪽에, 발문은 그림의 왼쪽에 자리해 있다.

기까지 했다. 이 글을 여러 문사에게 보이며 시회를 열고 그림의 찬시를 청하였으니, 한 폭의 그림이 얻기에 이보다 더한 복도 없을 것이다.

> 정묘년 4월 20일 밤. 내가 막 잠이 들려 할 즈음, 정신이 갑자기 아련하여지면서 깊은 잠에 빠지고 이내 꿈을 꾸게 되었다. (……) 이에 가도可度(안견)로 하여금 그림을 그리게 하였다. 옛날부터 일컬어지는 도원이 과연 이와 같았을지 여부는 알 수 없거니와, 뒷날 이 그림을 보는 사람들이 옛 그림을 구하여 나의 꿈과 비교하게 되면 무엇인가 말이 있을 것이다. 꿈을 꾼 지 사흘째에 그림이 다되었는지라.

비해당의 매죽헌梅竹軒에서 이 글을 쓰노라.

아무도 좀처럼 입을 열지 않았다. 그날 안견이 그랬던 것처럼, 모두들 도원의 꽃향기에 잠시 취해 있었다. 꿈에서 깨어난 누군가가 말을 꺼냈다.

"어찌 그림 속에 사람이 아니 보이는 것인지요. 하여 화폭이 너무 쓸쓸한 듯합니다."

시선이 화가에게 모였다. 안견은 어찌할 바를 몰랐다. 차마, 대군께서 내 마음속에 넣어주신 꿈을 따라 그리다보니 저절로 그리 되었노라고, 연유를 알지는 못하나 이 그림에 먹 한 방울 더해선 아니 될 것 같았다고, 나 또한 대군께 답을 청하려 했다고, 그렇게 말할 수는 없었다. 그때 입을 연 이는 안평대군이었다. 좌중이 아닌, 안견에게 하는 말이었다.

"「몽유도원도」는 영원한 산수를 담아내어야 마땅할 것이다. 옛 동진의 도연명陶淵明이 전해준 도원이 오늘 나의 꿈으로 다시 드러나지 않았더냐. 비록 내가 꿈속에 노닐던 곳이라 하나 그곳이 어찌 나만의 도원이겠느냐. 그러니 나의 모습을 그려넣어선 아니 될 일이지. 그대가 내 마음속까지 제대로 읽어내었구나."

안견은 비로소 의문이 풀렸다. 도원은 영원한 산수이자 누구나 노닐 수 있는 이상향이다. 그렇다면 그가 대군이든 혹은 박팽년이든 신숙주든, 누구도 그림 속에 등장하지 않는 것이 과연 옳았다. 이처럼 마음이 통했다니, 게다가 아끼는 문사들 앞에서 이런 말씀을 해주시다니, 대군은 어찌 나를 이토록 견딜 수 없는 기쁨으로 들뜨게 하시는가.

기쁘기는 안평대군도 마찬가지였다.

"인수는 나와 함께 꿈을 즐기지 아니했소. 서문을 써주면 좋겠군."

박팽년은 안평대군의 발문에 짝을 이루려는 듯 종이에 반듯하게 괘선을 긋고 해서楷書로 글을 쓰기 시작했다. 안평대군의 서체와 비슷하여 단정하면서도 운치가 감도는 글씨였다.

> 도원의 고사를 시문으로 지어 전하는 것이 매우 많거니와, 나는 세상에 태어남이 늦었는지라 직접 보고 듣지 못하였으므로 신선 세계로 가는 길이 영영 이대로 묻혀버리고 마는가 싶었다네. 그러던 어느 날 비해당이 몸소 지은 〈몽유도원도기〉를 나에게 보여주었다네. 나 또한 그 행렬에 끼어 있었던 바…….

꿈에 동행한 감격, 이 멋진 사내와 함께하는 자랑스러움을 박팽년은 솔직하게 고백했다. 안평대군이 아니었다면 그는 천재 학사로서, 자신의 재능을 오직 학문에만 바쳤을지도 모르겠다. 꿈을 꾼다거나 도원을 거닌다거나, 애초에 그런 낭만 같은 것은 모르고 지나치지 않았을까.

시원스런 행서行書의 기문은 역시 성삼문의 것이다.

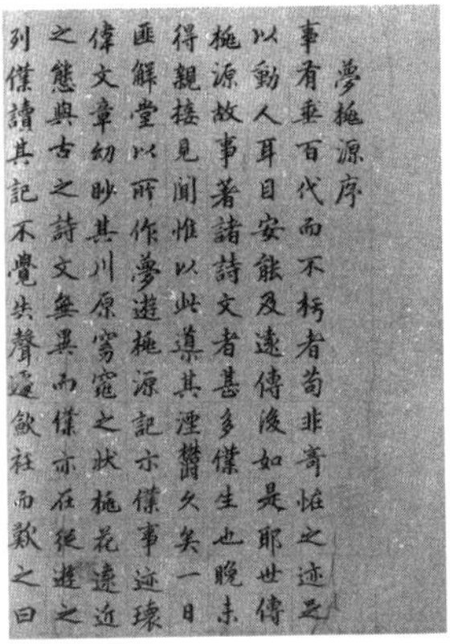
夢桃源序
事有垂百代而不朽者苟非奇怪之迹必以動人耳目安能及遠傳後如是耶世傳桃源故事著諸詩文者甚多僕生也晩未得親接見聞惟以此蕩其湮鬱久矣一日匪解堂以所作夢遊桃源記示僕事迹瓌偉文章幼眇其川原窈窕之狀桃花遠近之態與古之詩文無異而僕亦在從遊之列僕讀其記不覺失聲遂歛衽而歎之曰

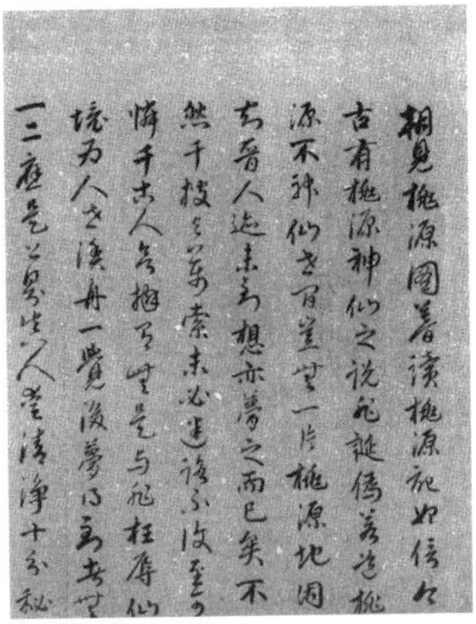

박팽년이 해서로 단정하게 쓴 「몽유도원도」 서문(좌)과 성삼문이 행서로 시원스럽게 쓴 기문(우).

아침에 도원도 보고 저녁에 도원기 읽으니 산들산들 맑은 바람 불어 두 날개가 생기는 듯하네. 학의 등을 타면 푸른 하늘로 솟을 수도 있고, 솔바닥 핥고서 하늘 위로 날아오를 수도 있다네.

안견은 마음이 뭉클해졌다. 도원기를 읽고 도원도를 보면서 신선의 경지를 꿈꾼다고 하니, 맑은 성품의 그라면 응당 그럴 수 있을 것만 같았다. 그 또한 대군의 꿈이 원하는 바를 아는 것이리라. 나는 그저 대군을 따르며 그림을 그렸을 뿐이지만 이들은 진정 대군의 꿈에 동참하지 않았는가.

그렇다면 신숙주는? 안견은 두 학사의 이름 앞에서 항상 신숙주를 떠올렸다. 그 또한 대군의 남다른 지우를 입어 꿈속에 등장하지 않았던가. 칠언절구

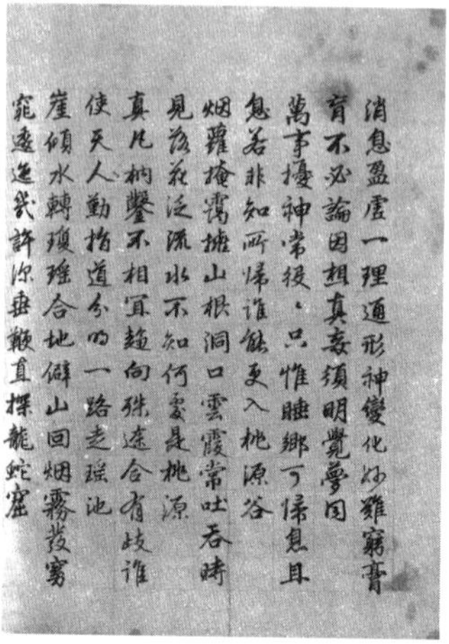

신숙주가 칠언절구로 써 내린 「몽유도원도」 찬시.

에 열중한 신숙주의 시구가 궁금해진 안견은 그 한 수 한 수를 읽어보다가 저도 모르게 깊은 탄식을 내고 말았다. 아! 그는 내 그림을 너무도 잘 아는구나.

'무너져 내릴 듯한 절벽에 물줄기 굽이쳐 구슬 같은 방울이 튀고.' 이는 첩첩 쌓아올린 절벽을 묘사한 부분이 아니던가. 이뿐이 아니었다. '구슬 같은 꽃술만이 쓸쓸이 피어 있네'라는 시구 앞에서 안견은 소름이 돋았다. 자신 또한 금구슬처럼 반짝이는 모습을 떠올리며 꽃술을 점점이 그려넣었기 때문이다.

하지만 그는 정작 대군의 꿈 이야기 앞에서 왠지 망설이는 듯했다. 분명 '범속 세상에 사는 사람이 과분한 복을 누려 하룻밤 신선놀이에 함께할 수 있었다'며 자신의 복이 과분하다 말했던 그다. 하지만 '참된 경지에 노닐면서 도무지 그 뜻을 모르는 것 걱정이려니와, 저자거리에 단구丹丘(신선이 산다는 곳) 없다 탓할 것이 무엇인가'라고 하질 않는가. 애써 신선 세계를 찾을 것 없다고 잘라 말하는 또 하나의 그가 있다.

안견은 좀처럼 속을 알 수 없는 이 시인의 내면이 안쓰러웠다. 대군께서도 그의 고민을 알고 계실까. 아니, 의당 해야 할 고민이라 생각하실 것도 같다.

다시는 없을 이 성대한 시회를 마친 밤 안평대군은 그림을 펴놓은 채 말씀하시질 않았던가.

"조선 최고의 문사들이 우리와 함께하였구나. 꿈을 즐기는 자, 꿈에서 벗어나려는 자……. 하지만 모두 하나같이 명문들이 아니더냐. 이들의 문장이 없다면 조선은 어둠 속으로 잠기고 말 터인즉, 이 그림 한 폭으로 조선의 꿈을 이야기한다 해도 과하지 않을 것이다."

안평대군의 글씨와 안견의 그림, 그리고 조선 최고의 문사 21명의 찬시가 어우러진 「몽유도원도」. 조선의 꿈을 이야기하기에 이만한 그림이 또 있겠는가.

· 무계정사 ·

3년이 지난 경오년庚午年(1450) 2월, 왕이 승하했다. 한 사람의 업적이라 믿기지 않는 수많은 일을 해낸 세종의 치세가 32년 만에 끝난 것이다. 조선은 그로 인해 행복한 시절을 맛보았으며 아름다운 세상을 엿보았다.

일찍부터 정해진 세자가 있어 왕위를 이어갈 걱정은 없었다. 걱정은 오히려 야심 넘치는 세자의 동생들이었다. 세상이 모두 그렇게 느꼈다. 화원 안견도 마찬가지였다. 세상은 눈에 띄게 달라져갔다.

소문은 흉흉했다. 새로 보위에 오른 임금은 병약하여 왕위를 오래 지킬 수 없으리라고들 했다. 어려운 시절이었다. 하지만 안견의 근심은 국왕보다 오히려 안평대군에게 있었다. 그의 행동이 달라져서가 아니라 전혀 달라지지 않아서 걱정이었다. 세상의 이목이 수양首陽, 안평 두 대군에게 모이는 이때조차 안평대군은 마냥 한가로웠다. 여전히 사람들을 불러 시회를 열고 서화를 즐기니 행여 그 모임을 다른 색으로 보는 이가 있다면, 두려운 일이었다.

막연한 걱정이 모습을 드러내기 시작했다. 문제는 하필 안견이 안평대군에게 그려 바친 그림에서 비롯되었다. 바로 「몽유도원도」였다. 대군이 문득 몇 해 전의 꿈을 떠올리고 다시 그림을 꺼내 보며 회상에 젖었던 것이다. 그는 한 수 시를 그림에 보태기까지 했다.

이 세상 어느 곳을 도원으로 꿈꾸었나
은자들의 옷차림 아직도 눈에 선하거늘
그림으로 그려놓고 보니 참으로 좋을시고
천년을 이대로 전하여 봄 직하지 아니한가.

다시 꺼내 본 「몽유도원도」는 천년 뒤까지 전하고 싶을 정도로 여전히 안평대군의 마음에 들었다. 그럴 수 있다. 아끼는 그림을 꺼내 보며 시를 읊는 것이 대단한 얘깃거리일 수는 없었다. 문제는 꿈의 공간을 현실에서 발견하면서 시작되었다.

"믿을 수가 없구나. 꿈에 본 도원동과 꼭 같은 땅을 찾게 되다니……. 이곳에 정자라도 지어 내 꿈을 되새겨야겠다."

그날 안평대군은 들뜬 기색을 감추지 않았다. 학사 이개李塏(1417~1456)와 함께 백악산 아랫자락을 거닐던 중이었다고 했다. 이렇게 무계정사武溪精舍를 지으면서 왕자는 자신의 꿈을 세상에 드러냈다. 여전히 표정으로 나타나는 속마음을 감추지 않는 솔직하고 당당한 사내. 하지만 그의 솔직함이 불러올 파도들 때문에 안견의 얼굴에 자꾸 그늘이 졌다.

대군의 꿈이 문제가 된다면 어쩔 것인가. 대군은 노래한다. '이 세상 어느 곳을 도원으로 꿈꾸었나…….' 왕자의 도원은 옛 시인의 이야기 속에만 존재하는 어딘가가 아니었다. 그의 도원은 세상 어디엔가 존재하는, 존재해야 하는 공간이었다. 그 모양새나 색채가 어떠할지 안견은 차마 안평대군에게 물을 수 없었다.

대군을 둘러싼 문사들 또한 막연한 짐작으로 잠잠한 것일까. 그들 가운데 몇몇은 권력을 위해 대군의 주위를 서성일 터인데. 안평대군과 함께한 이들이 모두 허황된 권력을 탐했다는 세인의 시선은 사실이 아니었다. 하지만 대군의 꿈이 아닌, 대군의 이름에 기대고 싶은 자들이 없었다면 그 또한 사실은 아니었다.

임금은 결국 3년 만에 세상을 뜨고 말았다. 이어 열두 살의 어린 세자가 왕위에 올랐으니, 세상은 그야말로 한 치 앞을 짐작할 수 없는 지경으로 치달았다. 안견은 무계정사를 생각할 때마다 대군과 그의 사람들 때문에 마음이 무거웠다. 그를 견제하는 이들의 눈에도 그 땅이 풍류 왕자의 낭만 어린 놀이터로 보일까.

혜빈이 밀계하기를 "이용李瑢이 사직을 위태롭게 하기를 꾀하여 여러 무뢰배를 모으고, 이현로李賢老(?~1453)의 말을 듣고서 무계정사를 방룡소흥旁龍所興의 땅에 지었으니 마땅히 미리 막아야 합니다" 하였다. 김보명金寶明이 풍수의 설을 거짓으로 꾸며서 용을 유혹하여 이르기를 "이것은 비기秘記에 이른바 명당이 장손에 이롭고 만대에 왕이 일어난다는 땅입니다" 하였으므로, 용이 무계정사를 짓고서 핑계하여 말하기를 "나는 산수를 좋아하고 홍진紅塵을 좋아하지 아니한다" 하였다.

세종의 후궁 혜빈이 단종을 염려하며 올렸다는 밀계密啓는 이러했다. 무계정사는 왕이 흥할 땅을 골라 지어졌으며, 이는 곧 사직을 위태롭게 할 것이니 대책이 있어야 한다는 것이다. 안평대군이 산수를 좋아한다는 따위의 얘기는 거짓 핑계라는 말을 덧붙이는 것 또한 잊지 않았다. 안평대군의 무계정사는 때를 노리는 수양대군에게 더할 나위 없이 좋은 빌미가 되어주었다.

· 갈림길 ·

상황이 이러하니 두 대군이 세력을 겨루느라 필시 어느 한 쪽은 살아남지 못할 것이라 수군대는 이들이 적지 않았다. 안견은 혼란스러웠다. 수양대군이라면 모를까, 설마 안평대군이 그런 마음을 품으셨을까. 하지만 안평대군은 이미 권력 한가운데 내던져진 왕자였다. 그 자신 또한 대세를 거스를 방도가 없을 터였다. 안평대군은 「몽유도원도」 앞에서 자신의 현실을 돌아보았는지 모른다. 앞서거니 뒤서거니 찬시를 바친 인물들의 이름 하나하나를 새기면서 그들의 선택을 가늠해보았을 것이다.

시절은 사람들에게 선택을 요구했다. 대군과 함께했던 그들 모두가 대군과 함께할지, 입장을 밝히라고 종용했다. 집현전 학사들이야말로 다음 세대의 권력을 이어갈 인재들이 아니던가. 그들의 선택은 곧 조선의 내일이었다. 임금도, 그의 힘을 대신한 정승들도, 세력을 겨루던 대군들도 그들을 주시했다. 먼저 길을 택한 이는 신숙주였다. 그는 수양대군의 그늘로 들어갔다.

"범옹. 친구로서 묻는 것일세. 세상의 이야기가 사실인가."

신숙주와 누구보다 가까웠던 성삼문이다. 직접 듣고 싶었다. 세상이 떠드는 말은 거짓일지 모른다고, 그렇게 믿고 싶었다. 신숙주 또한 에둘러 말하지 않았다.

"나는 이것이 조선을 위한 길이라 생각하네."

"우리가 함께한 시간들을 이렇게 잘라버리려는가."

함께한 시간이라는 말 앞에서 신숙주는 질끈 눈을 감았다. 하지만 곧 냉소인지 연민인지 모를 말로 인사를 대신했다.

"우정으로 세상을 바꿀 수는 없지 않은가. 꿈이란 그저 꿈으로 아름다울 뿐인 게야."

자리를 털고 일어서는 신숙주를 향해 박팽년이 진심을 다그쳤다.

"주상께서 세손으로 계실 때 우리가 그의 사부였지. 그런데 그대는 수양을 따르겠다……."

"수양대군이 어떤 인물인지, 꿈만 꾸는 왕자는 아님을 정녕코 아직도 모르겠는가."

갈림길 앞에서 신숙주 또한 고민이 깊었겠으나 그렇다고 갈등을 길게 끌고 갈 만큼 우유부단하지 않았다. 어린 임금의 즉위년(1452) 가을, 그는 수양대군의 청을 받아들여 함께 명으로의 사행使行길에 올랐다. 그날의 선택으로 그는 이미 돌아올 수 없는 강을 건넜던 것이다.

집현전의 동료 학사들과는 달리, 안견은 신숙주의 길을 어느 정도 짐작하고 있었다. 집현전이 그의 마지막 자리는 아닌 듯 보였기 때문이다. 화가인 안견은 주변 인물들의 기운을 색채로 가늠해보곤 했다. 대체로 집현전 학사들은 담색조의 느낌이 강했다. 맑게 가라앉은 담청의 기운이랄까. 그런데 그들 사이로 신숙주가 들어서면 주변의 색들이 긴장하는 느낌이었다. 그의 색은 찬란한 햇빛 아래서 제대로 빛을 발할 수 있었던 것이다.

그는 결코 세종임금 아래서 언문을 만드는 것으로, 안평대군과 함께 시를 나누는 것으로 만족할 수 없었던 게다. 신숙주는 세상 한가운데서 재능을 펼쳐야 행복한 사람이었다. 안견의 눈에도 그렇게 보일 정도였으니 자신의 시대를 꿈꾸며 인재를 구하던 수양대군이 그의 남다름을 눈여겨보지 않았을 리 없다. 「몽유도원도」의 찬시에 이름을 올렸던 이들은 하나둘씩 제 갈 길을 정했다.

하지만 화원 안견은 어떤 선택도 요구받지 못했다. 문득 외톨이가 된 것 같았다. 그는 나라의 내일을 꿈꿀 수 있는 사대부가 아니었다. 화원의 꿈이란 그림에 열중하는 것에서 어느 쪽으로든 더 나아가선 아니 되는가. 안견은 자신의 길을 선택할 수 있는 집현전 학사들이 부러웠다. 그것이 우정이든 절의든, 하다못해 변절이라 비난받는다 하더라도. 모두 이유 있는 선택이었다.

내게도 선택할 수 있는 길이 남았을까. 오직 그림으로 세상과 이야기하는 안견으로서는 자신의 주인을 위해 달리 할 일이 없었다. 자신의 붓이 무색하기만 했다. 안견은 스스로를 돌아보았다. 나는 무엇을 하며 행복했던가. 나는 무엇을 해야 행복할 수 있는 사람인가.

· 이별 ·

한바탕 소란이 지나간 후였다. 용매먹龍煤墨을 올려놓은 탁자를 사이에 두고 안견과 안평대군은 한 나절을 넘도록 마주앉아 있었다. 대군은 아무 말도 하지 않았다. 안견 또한 그저 입을 다물고 있을 뿐이었다. 대군의 눈길이 느껴졌건만 그는 고개를 들지 않았다. 그 눈길을 마주할 자신이 없었다.

비해당의 공기가 이처럼 무거운 적이 있었던가. 그에게 기쁨과 자부심을 안겨주었던 곳, 자신이 화가여서 행복한 이유를 찾게 해준 그곳에서 안견은 작별을 고하고자 했다. 몇 방울 눈물이 떨어졌다. 애써 닦으려 하지 않았다. 그 눈물의 아픔을 보았음일까. 이윽고 대군이 입을 열었다.

"나는 이제 내 뜻대로 살 수 없는 몸이 아니더냐. 흐르는 물줄기를 이 한 몸으로 막을 수 없으니. 그래, 어느새 너무 많이 와버린 것 같다. 네 길을 가거라. 네 붓이 없고서야 어찌 조선의 꿈이 그 아름다움을 드러내겠느냐. 나 또한 너를 잊지 못할 것이다."

안견은 부복한 채 흐느껴 울었다. 차라리 대군께서 화를 내셨으면 좋았겠다. 아니, 어찌 그리하였는가 물어주길 바랐건만. 하긴 대군이 누구에게 구차한 설명을 요구하실 분이던가. 나는 그 솔직한 오만함을 사모했는지도 모른다.

안평대군은 묻지도 꾸짖지도 않은 채 체념 어린 위로의 말로 이별을 받아들였다. 그날 밤, 내가 그의 꿈을 전해 듣던 밤 대군께서 같은 말씀을 하셨다. 네 붓이 없고서야 어찌 내 꿈이 그 모습을 드러낼 수 있겠느냐……. 대군께서는 이제 자신의 꿈을 잊고 조선의 남은 꿈을 그려달라는 것인가. 안견은 독백인 듯 탄식조의 낮은 음성을 다시 들었다.

"혹여 말이다. 내가 이 시절을 무사히 넘긴다 해도, 설혹 그러하다 해도 예전의 나로 돌아가지는 못할 것이다. 꿈을 꾸던 왕자 이용은 이제 세상에 없다. 역모의 죄를 쓰거나 주공周公의 길을 따르거나, 설혹 그 자리에 오른다 한들……. 그 사람은 네가 알던 비해당의 주인이 아니다."

안평대군은 곧 음성을 바꿔 애써 성난 어조로 바깥을 향해 소리쳤다.

"무엇들 하느냐. 어서 이자를 내치지 못할까. 다시는 내 집에 발을 들이지 못하게 해야 할 것이다."

이처럼 큰 소문이 나도록 안평대군은 안견을 집에서 내쫓았다. 세상은 이 이야기를 이렇게 전한다. 세월이 제법 지난 후에도 안평대군의 집에서 귀한 먹을 훔치다 쫓겨난 안견에 대한 뒷말이 무성했다.

어느 날 안평대군이 북경의 저자에서 용매먹을 구입하였기로 안견을 급히 불러 그 먹을 적셔 그림을 그리게 하였다. 마침 안평대군이 일어나 안에 들어갔다가 돌아와 보니 용매먹이 간 곳 없었다. 안평대군이 종과 시비들을 다그치니 계집종들은 스스로 변명하여 안견에게 혐의를 두는 것이었다.

안견이 일어나 소매를 떨치며 스스로 밝히려 하였으나 먹이 홀연히 그의 품속에서 떨어지고 말았다. 안평대군이 별안간 노하여 그를 꾸짖어 내쫓고 다시는 집 근처에 얼씬도 못하게 하였다.

그렇게 내쫓긴 안견은 비해당의 처마선이 어렴풋이 보이는 곳에서야 비로소 몸을 돌렸다. 이미 하루해는 제 할 일을 마치고 여명만 비칠 때였다. 햇살이 다 스러지기 전, 안견은 비해당을 향해 큰 절을 올렸다.

안평대군은 떠나야 하는 안견의 마음을 알았을까. 안견은 부디 대군이 다 알아채지 못했기를 바랐다. 세상 사람들의 생각처럼 자신의 목숨 하나 부지하고자 함이 아님은 대군도 아셨겠으나, 그저 화원으로서 다하지 못한 그림에 대한 사랑 때문이라고, 그렇게만 생각해주셨으면……. 어느새 사방이 어둠으로 잠겨갔다. 여느 때와는 달리 밤이 오는 소리가 평온하지 못했다.

· 계유정란 ·

하룻밤 사이 세상이 달라졌다. 어린 임금이 왕위에 오른 다음해, 10월 어느 밤의 일이었다. 수양대군이 먼저 칼을 들었다. 순식간에 조정의 두 정승이 살

해되고 안평대군이 압송되었다. 연루되어 죽은 이가 수를 헤아릴 수 없었다.

문제의 무계정사는 왕이 흥할 땅으로 지목됨으로써 안평대군이 역모를 꾸민 근거지로 세상에 알려졌다. 그가 자신의 아들 의춘군宜春君 우직友直의 운세를 임금의 운세와 저울질했다는 이야기도 떠돌았다. 강화도로 유배된 그에게 남은 것은 죽음뿐이었다. 결국 그 달을 넘기지 못하고 큰 숙부 수양에게 전권을 넘긴 임금은 작은 숙부 안평에게 사약을 내린다.

하지만 어차피 거기서 끝날 일이 아니지 않았던가. 왕이 된 수양은 조카의 복위를 도모하는 선왕의 신하들을 죽이고, 친동생 하나를 더 죽인 뒤 결국 조카의 목숨을 빼앗는 것으로 길고도 끔찍한 왕위 찬탈을 마무리했다.

정말 하룻밤의 꿈이었으면 좋겠다. 안견은 눈을 뜨는 아침마다 그 생각을 하지 않은 적이 없었다. 아, 다시 이 사실을 현실로 받아들여야 하는 하루가 시작되는구나. 아들 소희紹禧의 글 읽는 소리가 낮게 들려왔다. 소희와 같은 또래인 안평대군의 아들 의춘군의 모습이 떠올랐다. 어린 티를 막 벗어난 열대여섯의 어린 청년 또한 죽음을 면치 못했다.

사약을 받아든 대군 또한 아들을 향한 연민으로 가슴에 멍이 든 채 세상과 이별을 고하셨겠지. 어쩌면, 그가 마지막까지 털어내지 못했던 무엇이 있다면, 세상이 그에게 준 죄명처럼 의춘군의 앞날에 대한 숨겨진 욕망이었을지도 모르겠다. 안견은 글공부에 열중인 소희를 보며 그런 생각을 하곤 했다. 혹 내가 목숨에 연연한다면 이는 아들의 앞날 때문이리라.

대군을 떠나 목숨을 보전한 까닭이 내 작은 재주를 더 아꼈기 때문일까. 그랬던 것 같다. 대군의 말씀처럼 내 붓이 해야 할 일이 남아 있다 생각했기에 나는 평생의 짐을 각오하고 비해당을 떠났다. 하지만 그것만은 아니다. 그곳은 화원이 목숨을 바칠 자리가 아니었던 까닭이다. 대군을 위해 죽기에는 너무 하찮은 이름임이 부끄러워, 그것이 가슴 아파 내 자리로 돌아갔던 것이다. 절개를 앞세워 목숨을 내놓을 주제도 되지 못하는 것이 화원의 운명이다.

하지만 주인이 바뀐 조선에서 안견이 그릴 그림은 더 이상 없었다. 그는 다시 도화원의 여느 화원으로 돌아갔을 뿐이다. 미처 몰랐던 것이다. 그림의 절묘한 경지란 화가의 붓으로만 이룰 수 있는 것이 아님을. 보아줄 이가 없는 그림이란 철을 만나지 못해 쓸쓸히 피다 마는 꽃임을. 대군이 떠나버린 뒤에야 이렇게 깨닫다니. 대군은 나의 길을 가라며 놓아주셨지만 화가의 길이란 홀로 만들 수 없는 것이었다.

나를 검은 동굴 속에서 불러내준 이가 있었다. 내 그림에 담긴 숨은 이야기까지 모두 읽어내던 이가 있었다. 이제 누구를 위해 붓을 들어 먹을 적실까. 나는 다시 「몽유도원도」를 그릴 수 없다. 꿈을 들려주던 그 사람을, 그 시대를 잃었기 때문이다.

· 운명 ·

너무 오래 생각에 잠겨 있었던가. 해가 다 저무는 줄도 몰랐다. 늦봄의 강변은 예전과 다르지 않았으나 다시는 이 정자로 발길을 옮겨서는 아니 될 것이다. 젊은 제자는 걱정스런 낯빛으로 넋을 놓고 있는 안견을 바라보았다.

"이제 좀 괜찮아지셨는지요. 헌데 이번 시회에는 화원을 들이라는 명이 없었습니다."

그랬구나. 이제 담담정의 시회에는 술과 노래만 남았을 뿐이로구나. 차라리 잘되었다. 이곳에서 어찌 다시 시회를 함께한단 말인가. 조선 제일의 화원이라는 자부심으로 최고의 시인들과 어울리며 절세의 왕자와 나누었던 시간은 돌아오지 못할 것이다. 어느 시대가 다시 도원을 꿈꾸고 그리며 이야기할 수 있으랴.

순간, 안견은 몽유도원의 낭만을 다시 만날 수 없겠다는 생각에 안평대군의 꿈이라도 지켜드리고픈 마음이 간절해졌다. 지금의 임금은 안평대군의 흔적을 낱낱이 살라버렸다. 안평대군의 가산은 공신들에게 널리 흩어져 기왓장 하나 남은 것이 없다고 했다.

"혹시 비해당께서 모으신…… 아닐세."

"그림이 마음에 걸리십니까. 영응대군永膺大君(1434~1467) 댁으로 들어간 듯합니다. 서화를 아끼시는 분이니 그만하기가 다행이 아닐는지요."

그렇구나. 새 임금이 된 수양이 각별했던 막내 동생에게 비해당의 진귀한 서화들을 모두 실어다주었겠구나. 「몽유도원도」를 한 번이라도 다시 볼 수 있다면……. 대군의 꿈을 담은 그림, 나의 꿈을 이룬 그림. 하지만 그림의 주인이 떠난 지금, 그림은 자신의 거취를 스스로의 운명에 맡길 뿐이다. 안견은 문득 생전에 애써 모아둔 서화를 보며 대군이 했던 이야기를 떠올렸다.

아! 물건의 이루어지고 무너짐이 때가 있으며 모이고 흩어짐이 운수가 있으니 대저 오늘의 이룸이 다시 내일의 무너짐이 되고 그 모임과 흩어짐이 또한 어쩔 수 없게 될는지 어찌 알랴.

서른도 되기 전에 하신 말씀이다. 그때만 해도 대군께서 어찌 이런 쓸쓸한 말씀을 하시는지 불길한 생각이 스치곤 했다. 혹여 그는 자신의 마지막을 예감했음일까. 오늘 이루어지고 내일 무너지는 것은 아무도 알 수 없는 일이다. 그것이 그림의 운명이든 사람의 운명이든 모인 것은 흩어지고 이루어진 것은 무너지게 마련이다. 우리가 함께 꾸었던 조선의 꿈도 그런 것 같다.

안견은 가만히 눈을 감았다. 안평대군이 미소 띤 얼굴로 「몽유도원도」를 천천히 펼쳐나갔다. 함께했던 이름들이 하나씩하나씩 두루마리 속에서 걸어 나오기 시작했다.

· 꿈을 꾼 사람 | 안평대군 이용, 1418년 생, 1453년 사사.

· 꿈에 동참한 사람 | 집현전 학사 박팽년, 1417년 생, 1456년 옥사.

· 그와 함께한 사람 | 집현전 학사 성삼문, 1418년 생, 1456년 처형.

· 그들의 친구 | 집현전 학사 이개, 1417년 생, 1456년 처형.

· 꿈에서 돌아선 사람 | 집현전 학사 신숙주, 1417년 생, 1475년 몰. 영의정 역임.

· 그와 함께한 사람 | 집현전 학사 최항, 1409년 생, 1474년 몰. 영의정 역임.

(……)

· 꿈을 그린 사람 | 도화원 화원 안견, 생몰년 미상.

이념

그날의 독서당을 기억하는가

무명「독서당계회도」

독서당계회도讀書堂契會圖

작가 | 미상

제작년도 | 1572년

크기 | 세로 102.0cm, 가로 57.5cm

종류 | 비단에 수묵

소장 | 서울대학교 박물관

조선시대에는 다양한 종류의 계회도가 그려졌는데, 특히 사가독서賜暇讀書를 기념한 독서당계회도는 당대 최고 지성들의 모임을 그린 것으로 역사적 가치 또한 남다르다. 현전하는 독서당계회도는 모두 세 점으로 시대에 따른 화풍의 차이를 보이는데, 동일한 주제를 다른 화면으로 그리고자 했던 화가의 고민이 느껴진다. 1572년의 이 작품은 독서당의 사실적인 묘사에, 이상화된 산수 양식인 무이구곡武夷九曲 형식의 배경을 더하고 있다. 현실의 모임을 이상적인 공간에 겹쳐놓은 듯한 구성이다. 하단의 좌목에는 이이, 정철, 류성룡 등 참석자들의 이름이 보인다.

모임과 은거

그림을 편애하는 쪽이었다. 최고의 화가가 전심을 다해 그린, 다시 말해 작가의 기량이 두드러진 그림들에 빠져 있었다. 그러다보니 일종의 '기록성' 그림을 그냥 지나치곤 했다. 역사적 혹은 미술사적 가치는 있겠지. 하지만 '회화'로서의 감흥은 그저 그렇군, 하는 식의 평가. 명색이 회화사 연구자면서 이런 태도를 좀처럼 벗어내지 못했다. 머리로는 받아들이되 가슴으로 호흡하지 못했던 것이다.

그런데 의외로 기록성 그림에도 꽤나 흥미로운 무엇이 숨어 있었다. 모든 기록화가 그저 기록에만 충실한, 지루한 그림은 아니다. 주제의 제약을 안고서도 한 폭의 그림으로서 아름답기 위해 화가는 끊임없이 새로운 무엇인가를 시도했을 것이다. 1572년에 그려진 「독서당계회도」를 보면서 든 생각이었다. 선배들이 그린 계회도와의 차별화를 고민했던 화가의 숨결이 느껴졌다고나 할까.

이 그림이 마음을 끈 까닭은 어린 시절의 추억 때문이기도 하다. 나는 독서당이 있던 곳, 한강변의 한 초등학교를 다녔다. 지금도 교가의 한 구절이 기억에 생생하다. '독서당 지낸 자리 스승님의 일깨움…….' 초등 1학년 나이에 독서당의 뜻을 알게 된 셈이니 만만치 않은 인연 아닌가. 물론 그때는 몰랐다. 독서당에서 사가독서하는 선비들이 계회를 열고, 그 장면을 그림으로 남기기까지 했다는 사실을.

사림의 시대, 계회도의 시절

16세기를 이야기할 최적의 키워드는 '사림士林'일 텐데, 그들이 당시 정치와 문화 전반을 지배했음은 당연한 일이었다. 그들의 학문이 그저 지식의 영역에서 이야기될 수는 없었다. 그것은 하나의 이념이었다.

참혹한 사화를 몇 차례 견디고 사림의 권력이 확고해졌을 때, 이른바 붕당朋黨이 시작된 것 또한 어찌 보면 어느 정도 예견된 일이었다. 결국 사림 또한 권력의 속성 그대로 자기분열의 길을 걸었던 것이다. 그리고 이 세기의 끝에 임진왜란이 기다리고 있었다. 한없이 무능한 임금에, 신하들마저 권력 투쟁으로 많은 힘을 소진해버린 조선이었으니 16세기의 끝은 참담하기만 했다. 「독서당계회도」가 그려진 1572년은 붕당의 기운이 보이기 몇 해 전이고, 임진왜란까지 불과 20년밖에 남지 않은 때였다.

그렇다면 16세기 회화의 상황은 어떠했을까. 역시 사림을 이야기하지 않을 수 없다. 그들의 이념이 당시의 정치 · 사회를 지배한 만큼 그 이념을 시각화한 그림이 널리 사랑받은 것은 당연했다. 두 개의 길, 즉 정치적 '모임'과 이상적 '은거隱居'라는 영원한 두 주제 말이다. 그들의 이념과 현실을 단적으로 보여주는 그림이 바로 「무이구곡도武夷九曲圖」와 「독서당계회도」다. 「무이구곡도」는 주자朱子가 노닐었던 무이산의 구곡을 그린 그림으로, 주자의 학문을 숭상하는 성리학자들 사이에 널리 애호되었다. 반면 계회도는 선비들의 모임, 즉 소속과 연대가 바탕이 된 계회를 공식적으로 드러낸 그림이라 하겠다.

그림이 시대의 '정신'을 보여줄 수 있을까. 은거의 이상향 「무이구곡도」는 그렇다고 이야기한다. 그러면 그림이 시대의 '지향'을 보여줄 수도 있을까. 현실의 모임인 「독서당계회도」는 그렇다고 답한다. 하지만 두 그림이 하는 이야기는 서로 다른 것이 아니었다. 적어도 16세기 조선, 성리학자가 고위 관료를 겸했던 그 시대는 그랬다.

16세기는 계회도의 시대라고 해도 좋을 만큼 이 장르의 그림이 성행했다.

하지만 붕당이 시작되는 16세기 말 이후 17세기로 넘어서면 앞 시대처럼 큼직한 축화軸畵로 제작되는 계회도 형식이 점차 사라진다. 모임의 양상이 달라졌기 때문이다. 17세기에는 개인의 '별서도別墅圖' 등이 그 듬성해진 자리를 대신한다. 반면 「무이구곡도」의 운명은 조선 후기까지 꾸준히 이어졌다. 변주곡까지 곁들여진 느낌이다. 「무이구곡도」 자체로도 사랑받았지만 조선 땅 곳곳을 빌린 여러 이름의 '조선식' 구곡도 형식으로 나타났다.

'기억'을 그리다

계회도 가운데서도 특히 「독서당계회도」를 주목하는 까닭은 바로 독서당의 사가독서라는 명예가 당대 최고의 인재에게만 주어졌기 때문이다. 즉, 계회도에 이름을 남긴 사람들이 바로 조선을 이끌어갈 핵심 인재니, 여느 계회도와 그 무게가 같을 수 없다.

독서당을 그린 계회도는 세 점이 전한다. 모두 16세기 초반에서 후반에 이르는 그리 길지 않는 시기에 걸친 작품들이다. 이처럼 동일한 주제로 그려지는 기록화의 경우, 화가들은 선배들의 양식을 신경 쓰게 마련이다. 일종의 계회도 형식이 전해왔을 것이니, 화가 개인의 상상력이나 창작의 고민을 담기 어려웠으리라. 특히나 조선시대 도화서처럼 기록화를 대량으로 제작하는 환경이라면 더욱 그랬지 않았을까. 그런데도 이 세 점의 계회도는 조금씩 다르게 그려져서 매우 흥미롭다.

특히나 1572년의 작품은 기존 산수도 형식의 계회도와는 달리 독서당 자체에 무게를 둔, 새로운 화면 구성을 보여준다. 화가는 알고 있었던 것이다. 계회도의 존재 이유가 바로 '모임의 기록'에 있다는 것을. 스스로 묻기도 했을 것이다. 어떻게 그려야 그 이름에 걸맞을 것인가. 그날의 독서당을 오래도록 기억할 수 있어야 하지 않겠는가.

하지만 임진왜란 이전에 그려진 계회도 대부분이 그러하듯 이 그림들 또한 작품을 제작한 화가의 이름을 알 수가 없다. 이름도 남지 않은 도화서의 어느 무명 화원이 시대의 모습을 담아, 화가의 꿈을 담아 그려냈을 계회도. 가슴 뭉클한 장면이다. 자신의 일을 사랑한 이들만이 이룰 수 있는 아름다움이기도 하다. 대가의 화려한 이름으로 남지 않았으면 어떤가. 조선 회화사의 많은 장면들이 촘촘하게 이어질 수 있었던 것은 이들, 즉 이름을 채 남기지 못한 무명 화가들의 공이다.

고마운 마음을 담아, 이 장에서는 한 무명 화가를 주인공으로 설정했다. 하여 그 이름 또한 아예 '무명無名'이라 적극적으로 명명했다. 그는 도화서의 한 화원일 수도 있으나 여러 화가의 이름이 모여 탄생한 인물이어도 좋을 듯싶다. 그가 누구든 그야말로 성리학이 절정에 달했던 16세기, 이념의 주인공들을 가장 가까이서 그려낸 화가였다.

이념의 주인공들 가운데 어떤 인물을 무명과 마주 세우면 좋을까. 1572년 독서당 계회에 참석한 9명 가운데 하나를 불러내기로 했다. 유명한 이름이 여럿 등장한다. 서인西人들이 학통의 기준으로 내세우는 이이李珥(1536~1584)도 있고, 정철鄭澈(1536~1593)·윤근수尹根壽(1537~1616) 또한 서인으로서 적극적으로 당쟁에 가담한 인물이다. 그리고 가장 젊은 나이로 좌목 끄트머리에 자리한 류성룡柳成龍(1542~1607)은 이후 남인南人의 영수領袖가 된다. 훗날 당쟁으로 치열하게 대결해야 할 운명이었지만, 아직 붕당이 시작되기 전인 당시는 나란히 계회에 참석했다.

이들 가운데 16세기 후반 일련의 상황들, 그 험난하고도 가슴 아픈 과정을 온전히 겪어야 했던 인물로 따지자면 류성룡만 한 이가 또 있을까. 그는 어떤 식으로든 시대에 대한 책임을 외면하지 않았던 몇 안 되는 인물 가운데 하나였다. 그의 삶을 통해, 그리고 그 삶의 한순간을 화폭에 담았던 한 화원의 눈을 통해 당대의 이야기를 시작하려 한다. 무이구곡의 이상과 독서당의 현실이 공존했던 바로 그 시대.

◆ ◆ ◆

· 전란의 끝 ·

나라에 변이 생기면 공신功臣 또한 함께 나게 마련이다. 임진년壬辰年(1592)에 시작되어 일곱 해에 걸쳐 이어진 전란이 끝났다. 그리고 몇 해 지난 갑진년甲辰年(1604)에는 공신을 봉한다는 국왕의 교서가 있었다. 이렇게 100여 명의 공신이 만들어졌다.

전란이 가까이 있었으나 도화서가 달라진 것은 없었다. 화원 몇몇을 다시 볼 수 없었지만 그렇다고 도화서가 멈춘 것은 아니었다. 생도가 화원이 되어 빈자리를 채워 그림을 그리면 될 일이었다. 다른 누구로 대신 채워질 수 있는 자리, 그것은 어쩌면 슬픈 일이었다. 하지만 조선은 그렇게 다시 다음 세대를 맞았다.

영의정도 수군통제사도 다른 이름으로 다시 채워지게 마련인데 화원 몇몇이 대수인가. 무명은 전란 중에 목숨을 부지한 것만도 천운이라 생각했다. 다시 조선이 이름을 지키며 왕조를 이을 수 있었던 것은 그 두 분 때문이란 생각에도 변함이 없었다.

무술년戊戌年(1598) 동짓달 열아흐레, 이순신李舜臣(1545~1598)은 적의 탄환

앞에 자신의 목숨을 던짐으로써 길고 긴 전쟁을 끝냈다. 그리고 바로 그날, 전란의 책임을 지라는 거센 탄핵을 받던 류성룡은 수상의 자리에서 물러났다. 조정 안에서 벌어진 또 다른 전쟁이 끝난 것이다. 한 사람은 목숨을, 또 한 사람은 이름을 잃었다. 무명이 보기에도 조금 이상한 종전이었다.

· 공신 초상 ·

공신을 봉한다는 교서는, 도화서 화원들에게는 공신의 초상을 그려야 한다는 명과 다르지 않다. 임금은 공신의 초상을 그려 후세에 그 모습을 전하라 명했다. 무릇 만조백관滿朝百官이 그들의 공을 기억하고 나라를 위해 해야 할 일을 되새기라는 뜻이다.

> 그대들의 공로를 버릴 수 없음은 세상 사람들을 면려시키기 위한 당연한 일이요, 공이 있으면 반드시 상을 주는 일은 가장 우선하는 정사다. (……) 책훈策勳하고 모습을 그려 후세에 전하라.

무려 100명이 넘는 공신의 초상을 그려야 했다. 도화서 화원만으로 부족한 지경이어서 사화사私畵師 몇몇을 불러들이기까지 했다. 하지만 진짜 문제는 전 영의정 류성룡의 초상이었다. 그는 공신으로 봉한다는 임금의 뜻을 받들지 못하겠다고 전했다.

대신의 지위에 있으면서 관직을 문란케 하고 나라를 그르친 죄는 있어도 공이 없는데, 다시 공신에 책봉되어 임금께 수치스러움이 되게 하시니 신은 여기에 주야로 부끄럽고 두려워서 더욱더 말할 바를 모르겠습니다.

하지만 조정에서는 그의 고향으로 여러 차례 사람을 보냈을 뿐 아니라, 그의 초상을 그려오라는 명도 거두지 않았다.

"공께서는 낙향하신 지 이미 여러 해가 아닙니까."

"전하의 명이시니 어쩌겠는가. 풍산豊山으로 한 사람 다녀와야겠군. 애들 쓰게나."

모두가 난처한 지경이었다. 누구를 보낸단 말인가. 그려야 할 초상만으로도 도화서 전체가 밤을 잊어야 할 상황에, 그렇다고 전 영의정 대감 댁으로 신참 화원을 내려 보낼 수도 없는 일이었다. 게다가 그의 초상을 무사히 받아올 수 있을까. 탄핵을 받고 내려간 수상이었다.

"어찌하면 좋겠습니까. 아무래도 제가 다녀와야 할는지요."

이신흠李信欽(1570~1631)이 무명에게 조심스럽게 물었다. 초상으로 이름을 얻은 이신흠의 입장인지라 공신상 제작을 잘 마무리하는 데 책임을 느꼈을 것이다. 전란 중에 명나라 장수들의 초상을 그리며 진중을 오가던 그였다.

"아닐세. 자네는 일이 바빠질 터이니 내가 다녀오겠네."

무명의 말에 모두 깜짝 놀랐다. 그 길이 얼마라고 직접 걸음을 한다는 말인가. 하지만 그가 나서만 준다면 다들 한시름 놓을 일이긴 했다. 도화서 안에서의 무게도 그러하려니와, 류성룡과도 제법 알고 지내는 사이였다.

"먼 길을 어찌 오가시겠습니까."

"오랜만에 도성을 떠나는 것도 여행 삼아 괜찮은 일이지. 대감도 뵙고 싶으니. 자네는 남은 일들을 잘 맡아주게. 다들 열심히 도와야 할 것이야."

이런 일이 아니었어도 무명은 그를 만나러 한 번쯤 다녀올 생각이었다. 도성을 떠나 풍산으로 가는 길. 그리고 류성룡을 만나러 가는 길. 그에게 전해주고픈 것이 있었다. 묻고픈 것도 있었다. 하지만 그를 만난다는 설렘만큼이나 무거움도 따랐다.

나라의 안위가 그에게 기댄 시간이 얼마였던가. 하지만 전란의 끝에서 그를 기다린 것은 재상의 책임을 다하지 못했다는 탄핵과 삭탈관직이었다. 그리고 몇 년이 지난 후 호성공신扈聖功臣 2등에 봉한다는 교서가 내려왔다. 차마 위로라 하기에도 민망한, 그의 공을 치하하는 국왕의 마음은 그저 이 정도였던 것이다.

· 서쪽 벼랑 ·

류성룡은 본가에 머물지 않은 지 여러 해가 지났다고 했다. 충효당을 지키던 수노首奴는 서울에서 내려왔다는 말에 잠시 머뭇거렸다. 혹여 주인에게 또 다시 언짢은 일이 닥쳤는가 근심하는 빛이었다. 그에게 주인은 기꺼이 걱정해주고픈 사람이었던 것이다. 무명은 마음이 아렸다. 아랫사람의 진심을 얻는 것이 쉬운 일인가. 무명은 다시금 전 영의정 류성룡을 2등 공신에 봉한다는 국왕의 교서가 떠올랐다. 수상의 마음도 알지 못하는 국왕이니 낮은 자리에 처한 백성의 마음을 말해 무엇하겠는가.

"여름에도 조정에서 사람을 보내셨지요. 하지만 대감께서는 이제 북쪽 일을 바라보지 않는다며 모두 물리셨습니다."

"알고 있네. 나 또한 대감댁에 드나든 지 서른 해가 넘는 사람일세. 인사 여쭌 지도 참으로 오래되었군."

수노는 공신 초상 때문에 내려왔다는 말을 듣고서야 비로소 마음을 놓는 듯했다. 주인과도 잘 아는 화원이라는 말을 듣자 그제야 안타까움이 묻어나는 어투로 말을 이었다.

"대감께서는 옥연정사玉淵精舍에 계십니다. 저기 서쪽 언덕 위에……. 일국의 재상께서 머무시기에 너무도 작은 집이지요. 강을 건너셔야 하니 나룻배로 뫼셔다 드리겠습니다."

마을을 휘도는 강줄기는 서두름 없이, 그렇다고 게으름을 피우지도 않으며 묵묵히 흘렀다. 젊어서 그는 이 강물을 오래도록 바라보며 자신이 나갈 길을 고민했을까. 그러다 문득 건너편 훤칠한 서쪽 언덕이 눈에 들었던 것인지도 모르겠다. 그가 자신의 호를 서애西厓라 한 것은 이 서쪽 언덕에 대한 느낌이 남다른 까닭이었으리라. 강을 건너면 그를 만날 것이다. 무명이 하회河回에서 바라본 강 건너의 옥연정사는 벼랑 끝에 외로웠다.

"공신되기를 원치 않거늘, 공신 초상이 당키나 한 일인가."

"하오나 대감, 전하께……."

"전하께는 이미 공신이 넘치질 않은가."

서애의 한 마디 한 마디는 비난이 아니었으나 그보다 무심한 서늘함이 서려 있었다. 무명은 그의 마음을 돌이킬 수 없음을 깨달았다. 돌이키고 싶지도 않았다. 주화오국主和誤國의 죄인이라는 어처구니없는 오명을 얹고 고향으로 내려오면서 그의 마음 또한 지금의 서늘함 그대로였을 것이다. 임금에게는 공신이 넘치도록 많았다. 하지만 무명이 보기에는 서애야말로 전란 속에서 백성과 이 땅을 지켜낸 진짜 공신이었다.

"그저 내 탓으로 돌리면 될 것이야. 먼 길 오느라 애썼네. 하회로 내려가 편히 쉬었다 돌아가게나."

서애의 배려였다. 물론 무명은 그의 말처럼 며칠 쉬어갈 마음이었다. 하지만 하회가 아닌 옥연정사에 머물기를 청했다. 그를 곁에서 가까이 지켜보고 싶다는 마음 때문에 먼 길을 자처했으니. 지금이 아니면 언제 다시 그의 한가로운 시간을 나누어 가질 기회가 있겠는가.

하지만 서애가 이렇게까지 외따로 머물 줄은 무명도 짐작하지 못했다. 벼랑 안쪽에 깊숙이 들어앉아 무슨 생각을 할까. 무엇을 하는 것일까. 강줄기를 내려다보며 한동안 말이 없던 서애가 한숨을 내뱉듯 낮은 목소리로 읊조렸다.

"누구를 위한 공신인가. 전하인가, 아니면 이 나라와 백성의 공신인가."

· 옥연정사 ·

옥연정사의 하루는 고요함 가운데 멈추어버린 듯했다. 무명은 간간이 사각대는 댓바람 소리에 오래 귀를 기울였다. 그래서 강 쪽으로 낸 작은 문의 이름이 간죽문看竹門인 게로구나. 소박하되 단단한 느낌의, 깊고 어둑한 집이었다.

사위가 멈춘 듯한 고요함 속에서 서애의 하루 또한 그렇게 적막하기만 했다. 그가 이토록 깊은 고독을 불러들여야 하는 이유를 무명은 짐작할 수 없었다. 재상으로만 10년의 세월을 보낸, 전란과 무수한 시련 속에서 이 땅을 지켜낸 사내라 하기엔 지금 그는 차라리 은둔자에 가까워 보였다. 전설처럼 떠도는 그에 대한 이야기들 또한 벼랑 위 작은 집 속에 웅크리듯 들어앉은 이 과묵한 사내의 것이라고는 믿기지 않았다.

어쩌면 이것이 그의 참모습이 아닐까. 옥연정사는 주인을 닮아 있었다. 이 집을 그려드리면 어떨까. 사실 하회에서 서쪽 언덕을 올려보면서부터 들었던 생각이었다. 서애, 그의 이름을 기릴 수 있는 그림 한 점을 그렸으면 좋겠다고.

"초상을 원치 않으시니 옥연정사라도 화폭에 남기오리까."

"이곳을 남긴다……."

"예전에 명종 임금께서는 퇴계 공의 도산을 그리게 하시어 그 모습을 보듯 가까이 두셨다 하옵니다."

판서 이황李滉을 특별히 부른 것이 한두 번이 아니었으나 이황이 병으로 부름에 응하지 못하자 주상께서 궁중에서 은밀히 화공에게 명하여 이황이 사는 도산陶山의 경치를 그려서 올리도록 하였다. 항상 이황을 아끼는 마음이 있었기 때문에 그가 사는 곳을 그림으로 그려서 보았으니 어진 이를 좋아하는 정성이 어떻다 하겠는가. 중외中外의 사람들이 미담으로 여겨 여항간에 전파하였다.

서애야말로 퇴계退溪 이황의 큰 제자가 아닌가. 서애 또한 스승과 군주 사이에 전하는 미담을 들으면 마음이 밝아지기도 했다. 오직 학문만으로 한 생을 채웠던 스승, 말년 또한 도산의 자연 속에서 조화로운 은거의 시간을 누렸던 스승은 이 세상에 다시없는 귀한 운을 타고난 학자였다. 하지만 스승의 귀향이 자신의 처지와 같을 수는 없는 일이다.

"내 거처를 그려 무엇 하겠는가. 군주에게 바치기라도 할 것인가."

"대감께 드리고자 함이옵니다. 짧은 소견으로도 이곳이야말로 대감께서 마음을 담아두신 곳인 듯하여……."

무명은 송구스러워 어찌할 바를 몰랐다. 그가 간직해주었으면 좋겠다고, 그리 생각한 것이었는데. 게다가 주상께서 그를 대했던 마음이라면 명종 임금이 퇴계 공을 대하던 것과 무엇이 다를까마는. 어째서 임금은 이렇게까지 그를 멀리 떠나보냈을까.

류성룡은 조정에 선 지 30여 년 동안 재상으로 있은 것이 10여 년이었는데, 상의 권우眷遇가 조금도 쇠하지 않아 귀를 기울여 그의 말을 들었다. 경악經幄(경연)에서 선한 말을 올리고 임금의 잘못을 막을 적에는 겸손하고 뜻이 극진하니 이 때문에 상이 더욱 중히 여겨 일찍이 말하기를 '내가 류모柳某의 학식과 기상을 보면 모르는 사이에 심복할 때가 많다' 고 하였다.

"옥연정사가 어디 나의 땅이던가. 이 또한 조선의 한 조각일 뿐이지. 내 것이라 그려 간직함이 무슨 소용이겠는가. 나는 학문을 이루지도 처사가 되지도 못한 사람이다."

학자도 처사도 되지 못했다는 서애의 시린 자책 앞에서 무명은 그렇지 않다고 말해주고 싶었다. 감히 내가 그를 어찌 알 수 있을까마는, 조선의 백성이 모두 다 아는 사실만큼은 그가 알아주기를 바랐다. 무명 또한 그를 위해 자신의 붓을 다시 한 번 적시기를 원했으니, 이 마음이 그에게 은혜를 입은 여느 백성의 마음과 무엇이 다르랴.

· 무이구곡도 ·

무명은 서애의 마음을 풀어주고 싶었다. 그의 푸른 시절을 떠올리게 해드리면 좋겠는데. 혹시 퇴계 공께서 애완愛玩하시던 「무이구곡도」라면 어떨까.

"아니면 「무이구곡도」를 한 폭 바치오리까."

"「무이구곡도」…… 하긴 그 그림을 많이 그려보았겠구나."

「무이구곡도」는 조선 사대부라면 누구나 한 번쯤 보고 또 간직하기를 원하는 그림이다. 주자가 노닐었던 무이산의 아홉 절경을 깊은 뜻을 새기며 화폭에 담아냈으니 글 읽는 유학자로서 흠모하지 않은 이가 있겠는가. 「무이구곡도」를 때때로 꺼내 보며 음미한다는 것은 단지 그림을 감상함이 아니다. 이는 주자의 정신을 따르겠다는 결단의 드러냄이자, 그 시대를 살지 못했던 후학으로서 조금이라도 완전한 학문에 가까이 가고 싶다는 간절한 소망을 이야기하는 것이기도 하다. 그것이 바로 「무이구곡도」가 오래도록 모사模寫에 모사를 거치며 널리 퍼져나간 연유다.

무명 또한 여러 벌을 모사했다. 사실 서애의 이름을 처음 들은 것도 「무이구곡도」로 인해서였다. 그때가 벌써 언제던가. 무명이 아직 젊디젊던 화원 시절, 이담李湛(1510~1575)이 「무이구곡도」를 그려달라며 그를 불렀던 것이다.

"그림을 한 벌 모사해야겠다. 퇴계 선생께 글을 청할 것이니 각별히 정성을 기울이거라."

"이것은 「무이구곡도」가 아니옵니까. 명에서 들여온 진본인지요."

"알아보겠느냐. 역시 글을 읽는 화사라 다르구나."

퇴계 이황. 그야말로 조선 학문의 태산과도 같은 이름이 아닌가. 그에게 글을 청한다……. 비록 젊은 화원이었으나 그 말에 담긴 의미를 모르지 않는 무명이었다. 도화서로 들어서기 전부터 글 읽기에도 손을 놓지 않았다. 어떤 화원으로 살 것인가에 대한 자신의 답이었기 때문이다.

기량의 출중함 또한 화사가 갖추어야 할 아름다운 자질이다. 하지만 안목의 크기가 넉넉한 화원으로 사는 것은 어떠한가. 이것이 자신의 길이라면, 무명은 그 또한 근사한 이름이 될 것이라 생각했다. 글을 아는 화사. 무명이 여느 화원에 비해 학문 높은 대신들의 눈에 띄는 것은 당연했다. 특히나 「무이구곡도」 같은 그림이라면 더욱 그럴 수밖에 없었다.

이담이 내놓은 「무이구곡도」는 횡권橫卷에 담아낸 것이었다. 아홉 굽이의 장면을 하나하나 차분하게 감상할 수 있도록 이어져 있었다. 퇴계 공께서는 이 그림을 보고 무슨 말씀을 하실까. 주자의 흔적이 남은 그곳을 화폭으로 만나면서 조선의 대학자는 어떤 감회에 젖어들까.

세상에 전하는 무이도는 참으로 다양하다. 나 또한 여러 본을 구하여 화사로 하여금 모사하게 하였으나 원본이 소략한 까닭에 모사본 또한 미진하였다. 벗 이중구李仲久(이담)가 보낸 이 그림은 눈앞에 가득한 운연雲煙이 정묘하고 곡진하여 귓가에서 마치 무이도가武夷櫂歌가 들리는 듯하구나.

이황은 그림을 감상한 후 발문으로 자신의 마음을 생생하게 실었다. 그림은 그의 발문과 함께 주인에게 돌아왔다. 이담은 그림을 아끼는 퇴계의 마음을 읽었다. 결국 다시 한 본을 모사하여 그에게 전했던 것이다. 그렇게 무명은 그림이 놓아준 인연으로 퇴계를 만났다.

"무이구곡을 아는 화사라기에 궁금하던 참이었다."

"여러 대감께서 은혜를 더하신 덕이옵니다."

"네 필筆에 깊이가 있으니 선비들의 아낌을 받는 것이지."

넘치도록 따뜻한 말씀이었다. 환갑을 훌쩍 넘긴 퇴계는 사림의 중심을 지키는 이였다. 말 그대로 선비의 숲 속에서도 우뚝한 거목의 기운이었으나 마음이 한없이 다정하기도 했다.

"서애를 보았더냐."

그림을 펼쳐 보던 퇴계가 느닷없이 물음을 던졌다. 하지만 꼭 답을 듣고자 함은 아니었던지 다시 그림으로 눈길을 돌리는 것이었다. 무명은 그의 말뜻을 짐작하기 어려웠다. 서애를 만나보라는 뜻일까, 만나야 한다는 말씀이실까. 물론 이름 정도는 들어본 적 있었다.

무명은 궁금했다. 도대체 서애가 어떤 인물이기에 퇴계가 그를 이야기하는가. 스물다섯의 문과 급제가 대단하지 않은 것은 아니나 그 정도 수재라면 퇴계 공께서 굳이 이름을 들어 말씀하실 일도 아니지. 무엇일까. 하필 「무이구곡도」 앞에서. 곰곰 생각해보니 그런 말을 들었던 기억이 있기는 하다.

> 류성룡이 이황을 뵈온 지 얼마 후 금계에 사는 김성일金誠一(1538~1593)을 찾아갔다. 김성일은 류성룡에게 "우리는 퇴계 선생을 모신 지 오래되었으나 한 말씀도 칭찬받은 일이 없었는데 공은 선생을 한 번 뵈었는데 바로 '이 사람은 하늘이 내었다. 훗날 반드시 큰일을 할 것이다' 라고 하였으니 공은 어떻게 스승에게 이런 칭찬을 받게 되었소" 하였다.

조선 최고의 학자가 서애를 일컬어 한 점 주저함도 없이 하늘이 낸 사람이라 이야기했다. 그것도 불과 나이 스물의 젊은이를, 아직 과거도 치르지 않은 향리의 풋내기를 처음 본 자리에서 말이다. 도대체 퇴계 공께서는 무엇을 보셨음일까. 짐작할 수는 없었으되 그때부터 무명은 서애 류성룡이라는 인물을 마음속에 담았던 것 같다. 그리고 몇 해 후, 무명이 서애를 만난 것은 한강변의 독서당에서였다. 독서당의 계회를 기념하는 그림이 필요했기 때문이다.

· 독서당 ·

계회에 참석할 이들의 이름을 보고 무명은 이 계회도야말로 자신이 맡아야 한다고 생각했다. 아니, 열망했다. 서애 류성룡 때문이었다. 다른 누구도 아닌, 퇴계 이황이 그윽한 음성으로 그리워하던 이름이 아닌가.

독서당은 한강변의 한가로운 두모포豆毛浦(서울 성동구 옥수동에 있었던 나루터)에 자리해 있었다. 뒤로는 아담한 매봉이 조촐한 그늘을 드리우는 곳이었다. 편안하면서도 힘이 느껴지는 지형이었으니 선비들이 조용히 학문에 전념하기에 그만이었다. 공부에 지친 날이면 강변을 거닐면서 마음을 정돈하며 생각을 다듬었을 것이다. 산수화에 담기에 그럴듯한 풍광이기도 했다.

독서당의 사가독서에 뽑힌다는 것은 무슨 뜻인가. 이는 곧 그 인물을 향한 나라와 임금의 기대가 무엇인가를 알리는 일이었다. 학문이 높고 앞날이 밝은 인재에게 마음 편히 학문에 전념하도록 내려진 특별한 시간. 사가독서는 그 자체로 벼슬 못지않은 명예였다. 이 좌목에 이름을 올린 이들이 바로 조선을 이끌어갈 인물들이다. 그러니 그들의 모임을 기념하는 그림이 어떠해야 하겠는가. 독서당의 계회는 여느 계회와 달라야 했다. 그들의 남다른 포부며 고고한 자세를 드러내야 했다.

계회에는 모두 아홉이 참석했다. 정묘년丁卯年(1567)에서 경오년庚午年(1570) 사이에 사가독서의 은혜를 입은 선비들이었다. 쉰을 바라보는 구봉령具鳳齡(1526~1586) 이외에는 서른 중반의 학자들이 주를 이루었다. 율곡栗谷 이이李珥와 송강松江 정철鄭澈은 이미 학문과 문장으로 이름이 높았다. 윤근수尹根壽 또한 그 형인 윤두수尹斗壽(1533~1601)와 함께 명문가의 세력을 다지는 인물이었다. 서애만이 갓 서른의 젊은 학자였다. 이름 높은 선배들 사이에서, 그는 조심스럽되 위축되지는 않은 모습이었다.

> 고요하고 단아하여 말이 적었고 붓을 잡고 글을 쓸 때는 일필휘지하여 뜻을 두지 않는 듯하였으나 문장이 정숙하여 맛이 있었다. 책을 두루 많이 읽어 외지 않는 것이 없었는데 한 번 눈을 스치면 환히 알아 한 글자도 잊어버리는 일이 없었으며, 의리를 논설하는 데는 뭇 서적에 밝아 수미首尾가 정밀하니 듣는 이들이 탄복하였다.

사실 무명은 서애의 첫인상만으로 그 깊이를 가늠할 수 없었다. 다만 단아한 듯 힘이 느껴지는 몸가짐이 눈길을 끄는 것은 사실이었다. 말수도 적었고 소리도 크지 않았다. 그렇다 해도 이 젊은 선비가 스무 해 뒤에 나라의 안위를 책임질 재상으로 우뚝 서리라고는 예상하지 못했다. 당시 서애는 그저 퇴계의 제자라는 후광을 입은, 촉망받는 젊은 관료였다. 현실의 문제 앞에서 그의 학문이 어떻게 빛을 발할까, 무명은 그것이 궁금할 뿐이었다.

무명은 고요함 가운데 사색의 가파름으로 충만한 독서당의 푸른 기운에 한숨이 흘렀다. 바로 그 사람, 그의 느낌을 떠올리며 붓을 들면 될 것 같았다. 젊고 단아한 선비의 느낌 말이다. 화면의 상단에는 제호題號를 적어넣을 것이다. 그리고 하단에는 좌목座目을 써넣을 터이니 그림은 화면 중앙에 잘 채워넣으면 될 일이다. 제호는 전서篆書로 적게 마련이다. 예스런 서체에 맞춰야 하니 그림의 분위기 또한 그윽한 맛이 있으면 좋겠다. 단정한 해서楷書로 써넣을 하단의 좌목과도 적절히 어울려야 할 것이고.

선배들은 독서당의 계회도를 그릴 때 여백을 넓게 가져가면서 산수의 시원함을 드러내는 데 주력했다. 펼쳐진 강변 뒤쪽으로 역시 편안한 산세가 이어지고 저 멀리 봉우리 아래 자그마하게 독서당이 자리해 있었다. 풍광이 아련하기는 했으나 독서당의 모습을 잘 드러내지 못한 것이 무명의 눈에는 아쉬움으로 남았다. 독서당의 계회라 하면서도 어쩐지 독서당의 모습이 숨어 있는 것 같은 느낌이었다.

무명은 그런 생각이 들었다. 「독서당계회도」라 했으니 그날의 독서당을 생생하게 담아야 하질 않겠는가. 독서당의 모습, 나라 안 최고 인재들이 글을 읽는 그곳의 모습을 좀더 또렷이 그려내는 것이 좋지 않을까. 무명은 계회의 의미만큼이나 모임이 이루어진 자리의 무게에 마음이 쓰였다. 그렇다고 계회 장면만으로 화면을 가득 채우는 것도 마음에 차지 않았다. 그런 계회도가 없었던 것은 아니나 어쩐지 그날의 운치를 살려주기에는 어울리지 않는다 싶었다. 감상하기에도 그윽한 그림으로 남기고 싶었음이다.

산수의 느낌을 살릴 수 있다면 걸어두고 감상하기에도 그만일 터이다. 축화로 그려야 하는 계회도니 한눈에 보기에도 화면 속 경물景物들이 조화로워야 한다. 화면의 구성과 붓 맛이 어울려야 함은 물론이다. 독서당을 감싸는 산수는 어떤 형태로 살려내면 좋을까. 실제 풍광이어도 좋겠지만 있는 그대로 담는 것도 심심하다. 산수화가 지녀야 할 그것, 문인의 이상을 드러낸 그것 또한 필요한 순간이다.

생각 끝에 무명은 마음을 정했다. 실경과 이상이 조화를 이루는 그림, 산수와 계회가 조화를 이루는 그림으로. 그렇다면 그 산수는 문인들의 이상인 「무이구곡도」를 빌려옴이 어떠할까. 독서당에서 글을 읽는 이들의 면면을 보라. 사림이 나라의 일을 책임진 것이 벌써 얼마의 세월이던가. 그 사림의 중심인 퇴계 이황이 애완하던 「무이구곡도」가 떠올랐던 것이다. 그 정신을 계회에 생생하게 녹여낼 수만 있다면……. 무명은 벅찬 마음으로 큰 숨을 내쉬었다. 그래, 이렇게 해야겠다.

· 계회도 ·

차분한 호흡으로 화면을 가늠해보던 무명은 붓을 들고 그림을 그리기 시작했다. 화면의 중앙을 제법 기운찬 산세로 가득 채워넣고 좌측 우뚝한 봉우리 아래에 독서당이 반듯하게 돋보이도록 했다. 건물들 하나하나에도 꼼꼼하게 정성을 기울였다. 그리고 독서당의 주변으로는 나무들을 시원스레 둘러놓았다. 수목의 푸른 기운이 독서당의 느낌 그대로일 것이니.

화면의 하단은 역시 강물이 있어야 제격이다. 독서당에서 내려다보는 한강은 제법 시운詩韻이 감도는 멋이 있질 않던가. 촘촘하되 답답하지 않게, 소밀疏密의 묘를 살리며 그려 나갔다. 무명은 한참을 화면 속으로 빠져들었다.

"어찌 화면이 이리도 빽빽한가. 혹여 예전의 계회도 범본範本들을 보지 못하였는가."

도화서를 책임진 선배 화원이었다. 다소 어이없다는 그의 표정에는 가벼운 질책이 담겨 있었다.

"아닙니다. 하지만 그때의 계회도는 그 시대의 것이 아닙니까. 저는 새로운 그림을……."

물론 무명도 예전의 계회도들을 잘 알고 있었다. 익히 보았기에 자신의 화면을 이처럼 구상할 수 있었던 것이다. 신묘년辛卯年(1531) 독서당 계회에는 주세붕周世鵬(1495~1554)과 송순宋純(1493~1583)이 참여했다. 을사년乙巳年(1545)에는 퇴계와 김인후金麟厚(1510~1560), 노수신盧守愼(1515~1590)까지 함께했다. 그때의 계회도는 그들에게 어울리는 그림으로 그려졌던 것이다. 시대와 사람이 바뀌었으니 화면도 바뀌는 것이 당연하지 않을까. 하지만 무명은 속으로만 말을 이었을 뿐이다. 자신의 나이와 처지를 돌아보았음이다.

"새로운 그림을 그리겠다……. 계회도야 뭐 그냥 그리면 되는 것인데 그럴 필요가 있을까 모르겠군. 하여간 자네는 좀 별난 사람이야. 알아서 하게. 시일이나 지체하지 말게나."

물론 선배가 탐탁지 않게 생각한대도 고쳐 그릴 생각은 없었다. 마음에 들거나 혹은 들지 않거나, 참가자 아홉 명 또한 저마다 다른 평을 내놓겠지만 그 또한 어쩔 수 없는 일이다. 어찌 보면 그들에게 이 그림은 그저 그날을 기념하면 그만이다. 하지만 무명에게는 그렇지 않았다. 그림을 그리는 일은 내가 나로서 살아가는 길이 아닌가. 이런 생각 또한 내가 별나서일까.

다른 이들은 그렇게 생각할지도 모른다. 계회도 같은 그림은 그냥 그리면 되는 것이라고. 절필의 화가가 아니어도 그릴 수 있으니 굳이 최고 화원에게 명할 필요 없다고. 전하께 바치는 그림도 아니고 어진御眞도 아닌, 늘 주어지는 일 가운데 하나라고 말이다. 하지만 이 또한 한 폭의 그림이 아닌가.

게다가 무명은 독서당이 주는 느낌과 의미가 좋았다. 조선을 보여주기에 이만한 그림도 없지 않을까. 어느 시대가 글을 읽는 선비들이 함께 모인 그날을 그림으로 남기는, 이 뿌듯한 순간을 가졌더란 말인가. 그림이 할 수 있다면, 도화서의 화사가 할 수 있다면, 무명은 제대로 하고 싶었다. 세상을 만들 수는 없으나 세상을 남길 수는 있다. 그날의 독서당을 기억할 수 있다면, 조선 선비의 푸른 정신을 남길 수 있다면…… .

그림을 다 마치고 한숨 돌릴 무렵, 문득 스치듯 지나간 서애의 한마디가 떠올랐다. 독서당에서 처음 만난 그에게 인사를 올리고 돌아가기 전이었다. 서애가 그저 흘리듯 슬쩍 한마디를 던졌다.

"그림도…… 그 이름에 충실하면 아니 될까."

무명은 화폭 앞에서 한동안 그 말을 곱씹었다. 이름에 충실하라…… . 이게 무슨 소리인가. 불쑥 열기가 온몸에 끼쳤다. 적어도 그런 말을 남긴 그의 눈에는 드는 그림을 그려야 한다. 이름에 충실하라?

그러다 문득, 옛 계회도의 범본들을 다시 들춰내어 자신의 그림과 나란히 놓아보았다. 이름이라, 그림의 이름. 아, 이것이었구나! 무명은 어쩌면 그의 뜻이 자신의 마음과 같을지도 모른다는 생각에 가슴이 뛰었다. 자신의 화폭, 중앙에 반듯하게 자리한 독서당의 모습. 그래, 이것이다!

무명은 서애의 반응이 궁금해졌다. 계회도를 전하겠다며 굳이 그의 집을 찾은 것도 다시 그와 마주하고 싶어서였다. 하지만 그날 무명은 차마 서애에게 속뜻을 대놓고 묻지 못했다. 그저 그림의 주인을 다시 볼 수 있음이 기뻤을 뿐이었다. 그리고 치기인지 패기인지 한마디만 했던 것 같다.

"한 선비의 푸른 젊음을 화폭에 담아내고 싶었습니다."

· 이름 ·

무명은 서울에서 가져온 그날의 계회도를 서애 앞에 꺼내놓았다. 전란 가운데 잃어버리기 일쑤인 것이 그림인지라 깊이 간직해두었던 한 폭을 그에게 전해주기 위해 지니고 왔던 것이다. 하지만 그림 속 좌목에 나란한 이름들이 그의 심기를 건드리지 않을까, 두렵기도 했다. 그래도 부딪쳐보는 수밖에 없는 일이다.

"혹여 기억하시옵니까. 그날, 독서당에서 대감을 처음 뵈었던 날. 이것이 제 마음속의 선비를 생각하며 그려낸 계회도입니다. 그때 대감께서 그림도 이름에 충실해야 한다 말씀하시었습니다. 하여 이것이 제가 생각한 이 그림의 이름을 드러낸 화면이었습니다."

서애는 갑작스러운 상황에 다소 의아한 듯, 그저 눈빛만으로 이야기를 계속해보라 말하고 있었다. 무명은 오랜 기다림을 풀어내듯 말을 이었다.

"제게 답을 주십시오. 그림에도 이름이 있고 자리가 있거늘, 하물며 한 사람의 삶이겠습니까. 이름에 충실하라는 그 말씀 이후로 저 또한 제 이름을 고민하였습니다. 대감이시라면 그 의미를 밝혀줄 수 있을지 모르겠다고……. 오래도록 여쭙고 싶었사옵니다."

무명은 자신이 생각해도 엉뚱한 물음이지 싶었다. 하지만, 이유는 알 수 없으나 서애에게 묻지 않고는 견딜 수 없었다. 과연 그는 어떤 답을 할 것인가. 아니, 답을 해주시기는 할 것인가.

"자네는 이미 이름에 충실한 사람일세. 제 일에 충실한 것, 제 자리를 잘 지켜내는 것이 바로 이름에 충실한 것이 아니겠는가. 진심을 다해 그린 그림들이 자네의 이름을 이야기해주고 있음이야."

그에게서 내가 사는 시대, 이 나라의 의미를 찾고자 했음일까. 내 그림의 의미를 그의 삶을 통해 확인하고자 했음일까. 무명은 그 다음 이야기까지 묻고 싶었다. 그림을 그리는 작은 일일지언정 가치 있는 삶이라 자랑스러움을 품었다고. 하지만 그렇게 내 평생을 바친 그림이 과연 의미가 있느냐고. 그날 독서당에 모였던 선비들이 각자의 길로 나뉘었으니, 이 그림이 무슨 의미가 있느냐고.

"하오나, 저의 이런 그림이 이제 무슨 소용 있겠습니까."

"계회도가 무슨 의미인지 알겠는가. 그 시대를 역사 속에서 말해주곤 한다네. 때로는 사가史家의 붓도 자신의 이해를 따르곤 하지. 이 그림이 있어야…… 그날을 기억할 수 있지 않겠는가. 우리가 함께했던 독서당의 푸른 시절을 남길 수 있지 않겠는가."

서애의 음성은 기대보다 더 따뜻했다. 진심 어린 어조였다. 그 따스함을 조금 더 간직하고 싶어서였을까. 무명은 조금만, 조금만 더 그의 말을 듣고 싶었다. 투정하는 아이처럼, 첫 스승을 만난 어린 학동처럼 다시 물음을 던졌다. 자신도 모를 일이었다.

"저 또한 그리 생각하며 그림을 그려왔사옵니다. 세상을 만드는 일은 할 수 없을지라도 그 세상을 그림으로 남길 수는 있겠다고. 하지만 시대의 이름들이 이처럼 흩어져버렸으니 그림의 자취 또한 허망한 일이 아닌지요. 혹여 대감의 추억을 어지럽힐까 그 또한 저어되옵니다."

"자네의 말처럼…… 그날 모였던 이들이 모두 나의 벗으로 남지는 못하였지. 하지만 그 이름들이 남긴 아픔이 있다 해도, 그 시절을 부인하고 싶지도 잊고 싶지도 않다네. 그날은 그날 자체로 의미가 있는 것이야. 그 시절 나는 참으로 행복했다네. 그것으로 충분하지 않겠는가."

그는 정녕 괜찮은 것일까. 이제는 아픈 추억들마저 모두 가라앉혔다는 말일까. 나는 그에게 무모한 물음을 던졌건만 그는 여전히 의연한 자세 그대로다. 무명은 너무도 고마웠다.

"게다가 생각해보게. 지난 전란으로 이제 동호의 독서당은 불에 타 흔적조차 사라지고 말았으니 이 그림이 없었으면 어찌할 뻔했는가."

정말 그랬다. 독서당은 이제 그림으로만 볼 수 있을 뿐이다. 서애는 고민 많은 화가의 얼굴을 바라보았다. 그의 마음속에 그토록 큰 자리를 차지한, 스스로의 이름을 세우기 위해 애쓰게 만들었던 그림이 바로 이것이었던가. 그는 도화서의 여느 화원이 아니었다. 그야말로 이름의 의미를 아는 진정한 화가였다.

"이 그림의 주인은 내가 아니라 바로 자네인 것 같네. 그러니 자네가 간직해주게. 이것이 우리가 함께했던 시대를 이야기해준, 고마운 그림에 대한 마땅한 대접이 아닐까 싶군."

· 사림 ·

말은 편히 했으나 오래전의 그림 앞에서 서애는 긴 세월을 돌아보느라 조금 힘이 겨웠다. 무려 30년도 더 지난 시절의 이야기가 아닌가. 자신이 홍문관弘文館 수찬修撰의 젊은 기개로 풋풋하던 서른 무렵이었으니. 하지만 독서당 앞을 흐르던 강물의 찰랑임마저 어찌 이리 선명한지.

"이 그림…… 나는 그림을 잘 알지 못하는 사람이지만 내 마음에 들었다네. 반듯한 독서당의 자태가 바로 제자리를 찾았다 싶었지."

계회도 속의 독서당은 정말 그랬다. 젊은 선비의 모습인 양 단정하고도 기운이 푸르렀다. 서애는 좌목에 적힌 이름들 하나하나를 입술 사이에 잠시 담았다가 조용히 삼켰다. 그렇게 그때를 떠올렸다. 율곡 이이, 송강 정철…….
이제는 세상을 떠난 선배들이다. 그때는 함께 모임을 기념하며 그림 속에 나란했구나. 좋아하지 않았던 이도 있었지만, 그저 서로의 결이 달랐을 뿐이다. 하지만 어느 사이 우리가 권력의 중심으로 들어섰을 때, 결의 차이는 서로의 길을 갈라놓고 말았다.

사림의 시대가 이렇게 흔들려버리다니. 내가 독서당에 사가독서로 들어가던 경오년庚午年(1570) 겨울, 퇴계 선생이 돌아가셨다. 선생께선 사림끼리 척을 지는 모습을 보지 못하셨으니 그 또한 스승의 복이다. 공신과 척신들이 군주의 주변을 어지럽힐 때, 사림의 충정이 나라를 바로잡고자 세상으로 나온 것이 아니던가.

사림이 학문으로 군주를 보좌하던 시대의 시작이었다. 사화士禍의 피바람 속에서도 사림은 뜻을 굽히지 않았다. 스스로에 대한 떳떳함이 그들을 지탱해주었다. 그들의 이념은 절정에서 위태로웠으나, 그것이 바로 힘의 원천이 아니었던가.

사림들 사이에서, 같은 정신으로 글을 읽던 이들 사이에서 다시 당을 나누게 될 줄 그때는 아무도 몰랐지. 이렇게 될 줄은 나 또한 몰랐다. 결국 우리도 권력 앞에서 무너진 것이었을까. 내가 남인의 영수를 자처하였던가. 정녕 내가 북인과 서인들을 모두 배척해야 마땅한 무리라고 마음의 문을 닫았던가. 세상을 보는 눈이 달랐기에 서로 각을 세우며 마음에서 멀어져갔던 것이다.

내게 아직도 그들에 대한 앙금이 남았을까. 서인의 길에 섰던 이이. 그가 살아 있었다면 무슨 말을 했을까. 그는 전란을 겪기 전에 이 땅을 떠나갔다. 나는 그를 좋아하지 않았으나 혼돈의 시대에 나라는 인재 한 명이 아쉬웠다. 하여 나는 기꺼이 서인 윤두수와도 북인 이산해李山海(1539~1609)와도 재상의 자리를 함께한 것이 아닌가. 오직 나라를 위해서였다. 이이…… 그는 자신의 이름을 앞세운 후학들이 권력 앞에서 꺼내든 무서운 욕망의 칼날을 짐작이나 했을까.

차라리 그대와 나는 같은 시대에 태어나지 않았더라면 좋았겠다. 같은 자리에서 한 군주를 모시기엔, 우리는 서로 생각이 너무 달랐기에. 세상을 바라보는 우리의 눈 또한 좀처럼 거리를 좁힐 수 없는 것이었기에. 그대는 그대의 학문으로 세상을 경영하고, 나는 나의 배움을 따라 나라를 이끌어야 했기에.

하지만 우리의 꿈이, 그 근본과 지향이 달랐던 것은 아니다. 그저 산의 모양새가 제각기 다르듯, 물줄기의 흐름이 각각의 길을 따라 달리듯. 그렇다 해도 그들은 같은 뿌리요 하나의 근원인 것을. 이이…… 그에 대한 나의 묵은 마음은 그의 정자를 오르며 모두 털어냈다. 그 또한 조선을 근심하고 나 역시 조선을 사랑했던 것이다.

산의 형세 등지고 섰어도 근본은 같은 뿌리고
강물이 나뉘어 흐르나 역시 하나의 근원이네.
화석정花石亭의 옛 주인 이제 보이지 않으니
석양에 돌아가며 다시 마음 쓸쓸해지네.

나는 어찌 이 자리에 홀로 있는가. 나 또한 붕당의 책임을 면할 수 없겠다. 하지만 내가 결국 마지막까지 지키고자 했던 것은 조선이었다고, 나의 당파를 위한 마음 때문에 큰 길을 버린 적은 없었다고 스스로에게 나직이 다짐할 뿐이다. 나의 이름에 부끄럽지 않게, 그렇게 말이다.

· 진심 ·

"언관言官의 자리를 넘어 재상에 이름을 올렸을 때, 나는 이미 학자로 돌아올 수 없었다. 전란 중에 임금을 모시고 도성을 떠나던 날, 집에 남은 모친께서 무어라 하셨는지 아는가……. 이미 재상으로 나라에 몸을 허락하였으니 오직 충을 다하라 하시었네."

서애는 자신의 이름에 대한 이야기 앞에서 잠시 숨을 멈추었다. 그럴 법하다. 고향으로 돌아오기 전까지 무려 서른 해 동안 임금 곁에서 사랑을 받아온 그였다.

"나 또한 내 이름에 충실하고자 했으나 그 이름이 너무 지나쳤던 것일까. 차라리 그 자리를 내어놓던 날, 마음이 어둡지만은 않았다면…… 믿겠는가. 이제 이곳에서 스승님의 길을 잠시라도 따르고 싶군."

"퇴계 공께서는 무이구곡의 삶을 그 길이라 여기신 것인지요. 독서당을 둘러싼 산세를 그리면서 퇴계 공께 드렸던 무이구곡을 마음에 두었습니다."

"그랬는가. 산세가 닮긴 하였군. 「무이구곡도」는 스승님이 계시던 시절처럼 앞으로도 이어질 수 있겠지. 주자의 도가 흔들리지만 않는다면 말일세. 하지만 독서당의 계회도는 그렇지 못할 게야."

무명은 어찌 그럴까 싶어 다음 말을 기다렸다.

"정신은 이어갈 수 있으나 세상을, 그 세상을 움직이는 권력을 함께 나눌 수는 없기 때문이지. 이제 남인과 북인이 그리고 서인이 한자리에 모여 계회의 뜻을 함께할 수 있겠는가. 그건 우리 시대로, 자네가 그림을 그리던 시절로 마지막이 될 것이야."

서애는 회한에 잠기듯 말을 멈추었다. 한참이 지난 후, 다시 그는 스승의 「무이구곡도」를 떠올리며 말을 이었다. 스승이 꿈꾸던 세계가, 한없이 평온하던 그의 시대가 그리웠다.

"그래, 스승님께서는 「무이구곡도」를 참으로 기뻐하셨지."

무명은 그가 스승과의 좋았던 만남을 떠올리는구나 싶었다. 하지만 그의 이야기는 스승에 대한 추억에서 멈추지 않았다.

"스승께서 그림을 애완하시던 그때는 의당 그럴 수 있는 시절이었으니."

"어인 말씀이신지요."

"무이산의 구곡이 무엇 때문에 아름다울 수 있는지 생각해보았는가. 그것이 어찌 화폭의 절묘함만으로 이룰 수 있는 세계던가. 하지만 지금 내 눈앞에는 조선 땅만 있을 뿐이라네. 외적에게 짓밟힌 땅을 온전히 일으키지도 못한 처지에, 어디에 무이산의 구곡을 꿈꿀 수 있겠는가. 나라의 안위가 내게 기대 있을 때 그 책임을 온전히 다하지 못했으니. 그러니 나를 위해 「무이구곡도」를 그릴 필요 또한 없다네."

어찌 책임이 그만의 몫일까. 하지만 그의 마음은 진심이었다. 무명은 「무이구곡도」마저 지닐 수 없다는 그의 말에 가슴이 아렸다. 견디기 힘들었다.

"감히 아뢰옵니다. 「무이구곡도」에는 퇴계 공의 정신은 물론이려니와 대감을 사랑하시던 스승의 추억 또한 함께 깃들어 있기에, 그래서 드린 말씀이었습니다. 대감께서 무이구곡을 지니실 수 없다면 조선의 그 누가 감히 그 경지를 이야기하오리까."

무명은 거침없이 속마음을 내어놓는 자신에게 놀랐다. 어느새 소리마저 다소 높아졌던 것이다. 이 무슨 무례한 언사란 말인가. 감히 그 앞에서 무이구곡의 정신을 운운하다니……. 하지만 이미 시작한 말이니 끝을 맺지 않을 수도 없었다.

"나라의 안위가 대감께 기대었을 때 대감이 아니었다면 어찌 이 나라의 오늘이 있겠는지요. 소인, 진심으로 아뢰옵니다. 대감의 진정은 모르지 않사오나 부디…… 이제 마음의 무거움을 털어내셨으면 하옵니다."

서애 또한 다소 놀란 듯 무명을 바라보았다. 그저 화원이라 하기엔 젊은 시절부터 다른 면이 있기는 했지. 마음을 헤아리는 벗이란 때로는 알지 못했던 자리에서 불쑥 진심을 내어놓는 것일까. 자신도 모르게 쏟아낸 마음 때문에 무명은 난처한 표정으로 고개를 들지 못한 채였으나 서애는 오히려 그를 편히 대할 수 있었다.

· 징비록 ·

"징비懲毖의 뜻을 아는가. 이곳에 거하는 나의 마음이 그러하다."

《시경詩經》에 이런 말이 있다.

"내 지나간 일을 징계하고(懲) 뒷근심이 있을까 삼가노라(毖)."

이것이 바로《징비록懲毖錄》을 쓰는 연유다.

서애의 서안書案 곁에 작은 글씨로 촘촘히 채워진 두루마리들이 가득했다. 《징비록》이라니, 이건 또 무슨 말인가. 무명은 내친김에 모두 묻고자 했다.

"대감께서 친히 쓰신 것이옵니까. 소인이 좀 보아도 되겠사옵니까."

"그리하게. 전란을 돌아보며 또한 이 나라와 나를 돌아보았다네. 모두 마무리한 것이 두 달 전이군."

수상이 돌아본 전란이란 어떤 모습일까. 무명은 밤을 새우며 《징비록》을 읽어 나갔다. 참으로 놀라운 글이었다. 치밀하고도 명료했으며, 뜨거우면서도 다감했다.

무명 또한 전란 가운데 그가 어떤 일들을 해냈는지 알지 못했던 것은 아니다. 도화서라고 해서 그저 손을 놓고만 있었던 것은 아닌 까닭이다. 명에서 왜와의 협상을 위해 파견했던 심유경沈惟敬의 초상화 제작 명이 내렸던 을미년乙未年(1595)과 세조 임금의 어진을 봉안하던 그 이듬해 병신년丙申年(1596)은 도화서의 남은 화원들에게도 바쁜 시절이었다. 때문에 전란 가운데서 서애를 대할 수 있기도 했다.

계사년癸巳年(1593)에 수상으로서 홀로 경외京外의 기무機務를 담당하였다. 명나라 장수들의 자문咨文과 게첩揭帖이 주야로 폭주하고 제도諸道의 주독奏牘이 이곳저곳에서 모여들었는데도 성룡이 좌우로 수응함에 그 민첩하고 빠르기가 흐르는 물과 같았다. 당시 신흠申欽(1566~1628)이 비국備局(비변사備

邊司)의 낭관郎官으로 있었다. 문득 신흠으로 하여금 붓을 잡고 부르는 대로 쓰게 하였는데, 문장이 오래도록 다듬은 것과 같아 일찍이 점철點綴한 적이 없었다. 그래서 신흠이 항상 사람들에게 말하기를, 그와 같은 재주는 쉽게 얻을 수 없다고 하였다.

참혹했던 시절에 그처럼 깊게 고민하며 나라와 백성을 위해 애쓴 이가 있었던가. 무명은 새삼 마음을 적시며 《징비록》의 한 장 한 장을 읽어 내렸다. 왜의 새로운 권력자 풍신수길豊臣秀吉의 이야기에서 시작된 글은 긴 전란의 아픔을 거친 후 이순신의 장렬한 최후로 마무리되었다.

순신은 말이 적고 잘 웃지 않는 사람이었다. 용모는 수려하고 근엄한 선비와 같았으나 내면으로는 깊은 담력이 있었다. 그가 자신의 몸을 돌보지 않고 오직 나라를 위해 목숨을 바친 것은 평소의 수양에 그 바탕이 있었던 것이다.

이야말로 이순신 공의 내면까지 헤아리는 깊은 눈길이 아닌가. 전란 가운데서도 서애의 판단은 중심을 잃지 않았다. 그는, 어쩌면 그 자신이 조선의 조정인 것 같았다. 무명은 서애의 이름이 지니는 무게를 다시 한 번 되새겼다. 퇴계 공께서 나라를 위해 큰일을 할 인물이라 하신 말씀도 이런 순간에 빛날 그의 재능을 알아보셨음이 아니었을까.

무명은 순간, 오랜 사랑을 거두고 그에게서 마음을 돌린 임금이 떠올랐다. 어쩌면 그의 빛나는 이름이 그를 한적한 고향으로 내몬 근원이었을지도 모르겠다. 그렇다. 그를 떠나보낸 이는 바로 임금이었다. 임금의 뜻을 거스른 탄핵이 어디 있겠는가. 명의 사신이 말했듯이, 서애야말로 재조강산再造江山의 영웅이었다. 임금은 그것이 참기 어려웠을까.

그리고 여러 해가 지난 후, 임금은 삭탈관직한 직첩職帖을 돌려주고 다시 돌아오라며 서애의 이름을 불렀다. 이렇게 몇 해가 지났으니 그를 향한 세상의 간절함도 가라앉았을 거라고, 마음이 녹았던 것인지 모른다. 무명은《징비록》의 한 구절을 떠올렸다. 서울을 버리고, 백성을 버리고 피난길에 오른 국왕을 향한 한 농부의 생생한 외침이었다.

임금께서 우리를 버리고 가시니 우리는 어찌 살라는 것입니까…….

무명은 이제야 침묵한 채 서울로 돌아오지 않는 서애의 진심을 온전히 알 것 같았다. 물론 그가 수상의 자리에서 물러나게 된 정황을 몰랐던 것은 아니지만,《징비록》을 읽으며 그의 낙향이 그저 군주의 총애를 잃은 여느 수상의 그것과는 다름을 깨달았다. 그가 절벽 위에 웅크린 것은 탄핵의 섭섭함 때문이 아니었다. 스스로 징계하기도 쉽지 않은 일이거늘, 그는 뒷일을 근심하여 삼가는 마음까지 새겼던 것이다.

이순신은 왜적으로부터 이 땅을 지켰고, 류성룡은 흔들려 떨고 있는 사람들의 마음을 지켰다. 둘의 공이 다르지 않을 것이다. 그렇다면 서애는 무엇으로 자신의 마음을 지켰을까. 무엇이 그로 하여금 이토록 깊은 사랑으로 조선을 지키게 했던 것일까.

"내 이름이 그 자리에 있었기 때문이지. 하지만 나 혼자만 스스로의 마음을 지켜낸 것은, 이 나라의 오늘을 지킨 것은 아닐 게야. 백성 모두가 함께한 일이지. 긴 전란 동안 모두 저마다의 이름으로, 저마다의 자리에서 충실했다네."

이름이 그 자리에 있었기에 그 이름에 충실했다는 말씀이신가. 저 낮은 곳에 있는 이름 모를 백성 하나하나를 바라보는 그의 가슴은 이처럼 뜨거웠다. 전란 중에 공이 있는 백성들에게 신분의 어떠함을 묻지 않고 공에 맞는 상급을 내려야 한다던 재상이 아니던가.

"그리고 말이야. 마음이 서로의 길을 따라 갈라져버렸을지언정, 전란으로 찢기고 일그러졌을지언정, 그렇다고 이 시대를 버릴 수는 없지 않은가. 시대의 주인 된 자로서 할 일이 아니지. 그저 내 자리에서 견디어낼 뿐이라네."

이야말로 아무나 이룰 수 있는 경지가 아니다. 하늘이 내렸다는 그의 재능이, 그 의지를 따라 빛을 발한 것이리라.

· 모임과 은거 ·

서애와 함께한 며칠이 무명에겐 그가 살아온 세월만큼의 무게인 듯싶었다. 한 시대를 같이 걸어온 든든함이랄까, 이제 그 시대를 보내야 하는 아쉬움이랄까. 무명은 일국의 재상에게 그런 동질감마저 느꼈다. 무이구곡도도 계회도도 결국 그에게 남기지 못하는 것이 쓸쓸하기는 했으나 그의 뜻을 따라야 할 일이다.

한때 무명도 무이구곡도와 계회도는 전혀 다른 그림이라고 생각했다. 무이산의 은거와 독서당의 모임은 선비들이 꿈꾸던 서로 다른 두 길이라고만 생각했다. 하지만 꼭 그렇지만은 않은 듯싶다. 모임이란 은거로 인해 완전해진 것일 수도, 은거하지 못하는 자들의 모임이란 권력만을 향한 맹목의 향연일 수도 있겠다고.

게다가 무이구곡의 세계를 온전한 은거라 말할 수도 없지 않을까. 주자의 학문은 은거의 깊은 고독이 궁극의 지향은 아닐 것이다. 어쩌면 무이구곡의 은거란 세상을 향한 준비이자 세상에서 돌아온 자의 휴식일 것이다. 다만 어제의 은거가 오늘의 모임이 되고, 오늘의 모임이 내일의 은거로 이어지는 그 길들이 오직 스스로의 선택으로 평온할 수 있다면, 그야말로 선비로 태어난 자의 행운일 것이다.

두 그림이 결국 하나인 것은 아닐까, 그래야 하지 않을까. 서애를 보면서 무명은 문득 그런 느낌이었다. 그의 학문은 세상을 위해 쓰임으로 누구보다 아름다웠다. 그 자신은 다시 자연으로 돌아와 은거를 소망할지 모르지만, 그가 가장 빛나는 자리는 조선의 강산을 다시 세우던 수상의 이름이었다.

그렇다고 고향에서, 이 고요한 자연 속에서 자신의 남은 시간을 진정한 은거로 마무리하고 싶다는 서애의 마지막 소망을 탓할 수는 없었다. 이 또한 그의 진심인 것이다.

"대감, 평안하시옵소서."

인사를 올리며 무명은 울먹임이 치밀어 올랐다. 내가 무어라고, 그와의 이별 앞에서 느닷없는 감정을 내보이는 것일까.

"자네도 살펴가게. 서울은…… 가을이 한창이겠군."

무명이 떠나는 날에야 서애는 비로소 서울을 입에 담았다. 얼마나 토하고 싶던 말이었을까. 무심한 듯한 그 어조 아래 스스로도 어찌하지 못하는 깊은 그리움이 깔려 있었다. 무명은 서울과 옥연정사 사이에 놓인 길고도 무거운 길을 떠올렸다. 서애로 인해 서울은 다시 평온한 가을을 맞을 수 있었거늘, 서애는 서울에서 이리도 먼 곳에 외따로 서 있을 뿐이다. 서애가 없는 서울도 여전히 조선의 서울이었다. 이 사실을 받아들이기까지 그는 얼마나 많은 밤을 뒤척였을까.

하지만 무명은 서울로 돌아오지 않는 그의 선택이 진정 서애답다고 생각했다. 거듭되는 임금의 청에 못 이겨 돌아오는 일이 없기를 바랐다. 전란 속 이슬과 찬비 속에 얻었던 서애의 병은 이미 깊어진 상태였다.

내 병의 뿌리는 임진년 가을과 겨울에 생겼다. 간혹 안주安州의 백상루百祥樓에서 지냈는데, 백상루는 북풍을 받는 텅 빈 곳에 위치해 있다. 그때 매일 밤 허한 기운과 번열로 잠을 잘 이루지 못하였다. 1월부터 4월까지는 동파凍破 산곡에서 노천의 상태로 지냈는데 야외에서 머무를 때 한기와 습기를 많이 받았다. 이것이 병의 근원이다.

서애는 너무 오랜 시간을 이 시대와 나라를 위해 바쳤던 것이다. 그가 더 이상 변덕 많은 임금을 위해 자신의 남은 시간을 소진하지 않기를, 마지막 시간만큼은 자신을 위해 온전히 누리기를 무명은 진정으로 바랐다. 그로써 다른 어느 곳도 아닌, 자신의 마음속에 완전한 한 세상을 세울 수 있기를.

"부디 남은 날들은 대감을 위해…… 오직 대감만을 위해 쓰셨으면 하옵니다. 저의 마지막 소망이옵니다."

서애는 푸른 젊음을 화폭에 담고 싶었다고 말하던 이 화가와의 첫 만남을 떠올렸다. 그에게 자신이 무엇이기에 그는 간절함을 담아 마지막 소망을 이야기하는가. 그의 말 속에는 자신을 향한 열망의 흔적이 가득했다. 어쩌면 이것이…… 내가 살았던 지난 세월에 대한 세상의 진심 어린 위로일까.

"혹여 자네도 보았는가. 독서당에서 바라보는 매봉의 단풍도 꽤나 아름다웠다네."

무명은 눈물을 참느라 미처 답을 하지 못했다. 서울로 떠나는 내게 독서당의 가을을 자신을 대신하여 보아달라는 말씀이신 게다.

"그래, 나는 독서당의 그 젊은 선비로 남고 싶군. 공신 초상 같은 것은 모두 다 부질없는 일이 아닌가."

· 조화로 돌아가는 길 ·

주인도 없는 옛 집터에 사람들이 몰려와 곡을 하기 시작했다. 하나 둘…… 몰려든 이들이 어느새 골목을 가득 메우더니 거대한 물결처럼 흐느낌으로 출렁였다.

전 의정부 영의정 풍원부원군 류성룡이 졸卒하였다. 3일 동안 조회와 시장을 정지하였다. (……) 도성 각전의 백성들이 빠짐없이 묵사동墨寺洞에 모여 조곡弔哭하였는데 그 수가 1천여 명에 이르렀다. 묵사동에는 류성룡의 고가의 터가 남아 있었다. 각 아문의 늙은 아전 30여 명도 와서 곡하였다.

시민과 서리 등이 그의 본가가 청빈하여 치상治喪을 하지 못할 것이라 하여 포布를 모아 부의하였다. 그가 조정에서 발자취가 끊어졌고 상喪이 천리 밖에 있었는데도 온 성안 사람들이 빈 집에서 회곡하였다. 시사가 날로 잘못되어가고 민생이 날로 피폐해지는데도 그를 이어 수상이 된 자들은 모두 앞 사람만 못하기 때문에 이렇게 추감追感하기에 이른 것이 아니겠는가. 지금의 백성들 역시 불쌍하다.

서애는 10년 세월을 권력의 절정에 있었으나 상을 치르기에도 벅찰 정도로 청빈한 재상이었다. 사람들은 그의 죽음 앞에서 진정 나라와 백성을 위해 일했던 옛 수상의 이름을 그리워했다. 무명 또한 곡하는 무리 가운데 있었다. 이토록 많은 이들이 그의 죽음을 슬퍼하는 것은 그의 학문이 세상을 울렸기 때문은 아니리라. 그가 사람들의 마음을 울린 것은 그 학문으로 나라와 백성을 위했기 때문이다. 그는 평생의 뜻을 경세제민經世濟民에 두었다고 했다.

나의 쇠약함을 어찌 말로 다하랴.
다시는 꿈속에서 주공을 뵙지 못해.
경세제민이 평생의 뜻이었건만
전쟁으로 절반도 이루지 못하였네.

무명은 서애의 공신상을 남기지 못한 자신을 돌아보았다. 그의 모습이라도 볼 수 있다면 이들의 슬픔을 위로할 수 있었을까. 하지만 수많은 공신들 사이의 2등 공신 류성룡이라니. 그렇게 옹색하게 자리하기에는 그의 이름이 너무 크지 않은가. 그를 공신상들 가운데 그저 하나인 초상화 속에 가두어둘 수는 없는 일이다.

그는 한 시대의 이름이었다. 하여 마지막 순간까지 그 책임을 다하고자 하였다. 그가 남긴 《징비록》이 그렇지 않은가. 작고 적막한 집에서 끔찍한 전쟁의 하루하루를 기록하며 그는 전쟁을 다시 치르는 것처럼 힘겨웠을 것이다. 그런데도 그는 그 고통을 자신의 몫으로 받아들였다. 다시는 이 나라와 백성이 그런 참혹한 혼돈 앞에 내던져질 수는 없기에, 그래서는 안 되겠기에, 그는 기꺼이 두 번째 전쟁을 홀로 치러냈던 것이다.

한 시대가 이렇게 지나는 것일까. 시대의 큰 이름들, 계회도 속의 그들은 세상을 떠나갔다. 무명은 문득 그림 속의 그들이 서로 다른 길을 걸었을지라도 그들이 사랑한 조선의 모습은 어쩌면, 아주 많이 다르지 않았을지 모르겠다는 생각이 들었다. 서애는 죽음 앞에서 그들을 모두 받아들였을까. 무명은 그랬기를 진심으로 바랐다.

떠나는 날, 서애는 이렇게 말했다고 한다. 나는 이제 조화로 돌아간다고. 그의 삶과 어울리는 마지막이 아닌가. 시대와 역사가 내린 소명에 누구보다도 충실했던 그였으니, 이로써 자신의 이름에 주어진 책임 또한 오롯이 이루어냈던 것이다. 그의 죽음은 남은 자들에게는 슬픔이었으나 그 자신에게는 조화로 돌아가는 평화롭고 온전한 맺음이었으리라. 떠나는 그에게 평안이 있었기를. 그대, 내 마음 속 푸른 선비, 우리 시대의 진정한 재상이여.

· 마지막 그림 ·

시대를 그리는 것이 도화서의 일이다. 이제 모임이 흩어지고 선비들의 이상도 저마다의 색채로 잘게 쪼개어진 시대가 되었으니, 나는 어떤 그림을 그리며 남은 생을 채워 나가야 하는가. 무명은 붓을 가다듬고 종이 한 폭을 펼쳐놓았다. 문득 서쪽 벼랑 위에 작게 숨어 있던 서애의 집이 떠올랐다. 서애는 자신의 집을 그려 남기기를 원치 않았으나, 그를 기리는 누군가가 그의 거처를 그림으로 간직하는 것 정도라면 괜찮지 않을까.

"옥연정사를 그려서 무엇 하려는가."

무명은 이번만은 그의 말을 어기려 했다.

"그대의 거처가 제게는 무이구곡인 셈입니다. 저를 위한 그림이니 허락해 주시지요."

무명은 그림을 시작했다. 하지만 어찌된 연유인지 화폭은 어느새 익숙한 장면으로 채워져갔다. 분명 벼랑 위에 자리한 옥연정사와 그 앞을 흐르는 낙동강 물줄기, 그리고 집 뒤로 펼쳐진 산을 떠올리며 붓을 움직이던 중이었다. 그런데 어찌된 일인지 그의 거처가 독서당의 풍광으로 겹쳐져 있는 것이 아닌가. 무명은 무엇인가에 홀린 사람마냥 그대로 손을 따를 뿐이었다. 붓을 놓고도 한동안 그림 앞에 멍하니 앉아 있었다.

그랬다. 독서당의 젊은 선비로 남고 싶다는, 그림은 더 이상 필요치 않다는 서애의 말이 옳았다. 그날의 독서당으로 충분했는지도 모른다. 그는 계회도 속의 선비로 남고, 나는 그의 시대를 그리던 화원으로 기억된다면…… 그것으로 족한 일이다.

무명은 자신을 위해 그렸던 그림을 두 손으로 조심스레 들어 올려 한참 동안 그대로 바라보았다. 나의 붓, 나의 먹, 나의 숨결. 그래, 이것으로 되었다. 그리고는 천천히 화로 위로 그림을 가져갔다. 작은 불꽃 하나가 종이 끝에 닿았다. 어느새 한 그루 나무가 사라지고 강의 줄기가 끊어지는가 싶더니, 그의 작은 집마저 타오르기 시작했다. 그것이 담았던 먹의 흔적이 무이산의 구곡이었든, 독서당의 그날이었든, 한 선비의 고독한 집이었든 그렇게 한 줌 재만이 화로 위에 남았다.

마음이 차분해졌다. 자신을 돌아보았다. 거기 도화서의 한 화원이 있었다. 무명이라 불렸으나 자신의 이름에 충실했던, 그 화원이었다.

자아

나는 누구인가

윤두서「자화상」

자화상 自畵像

작가 | 윤두서尹斗緖

제작년도 | 1710년대

크기 | 세로 38.5cm, 가로 20.5cm

종류 | 종이에 담채

소장 | 해남 녹우당

전해지는 조선의 자화상 가운데 가장 오래된 작품이다. 윤두서는 실학의 선구로 그림에서도 매우 참신한 주제를 시도한 인물인데, 묘사력 또한 직업 화가를 넘어서는 놀라운 치밀함을 보여주기까지 한다. 당시의 초상화 양식을 벗어난 정면상의 이 자화상은 몸체와 관모를 생략하고 오직 얼굴만으로 화면을 채움으로써 팽팽한 긴장감을 더해준다. 그런데 1930년대에 촬영한 사진에는 상체의 옷깃선 등이 남아 있으나 현재 육안으로는 그 선묘가 확인되지 않는다. 배면선묘법背面線描法으로 그린 흔적이 남은 것이어서 화가의 의도에 대한 궁금증을 더한다.

나와 너

해남 녹우당綠雨堂에서 윤두서尹斗緖(1668~1715)의 「자화상」을 실견實見한 것은 겨울이 막 시작되던 무렵이었다. 상쾌하도록 차가운 바람을 맞으며 해남으로 내달리는 내 마음은 그저 기대라는 말로는 부족했다. 자화상을 그리던 윤두서는 이런 만남 자체를 전혀 예상치 못했겠으나, 나에게는 오랜 기다림 끝에 우연처럼 다가온 기회였다. 녹우당을 지키는 집안의 종손은 조심스레 선조의 자화상을 열어 보였다. 우리는 그렇게 만났다.

윤두서는 단호한 듯 고독한 표정이었다. 어떤 결단의 순간이 닥쳐왔던 것일까. 시대가 시대였던지라 그럴 수도 있었겠단 생각이 든다. 작은 것을 빌미삼아 당론이 격돌하고 패배한 당파에게 유배와 사약이 내려지던 시절이었으니.

그런데 난감한 것은 그의 이력이다. 조선 최고의 시조시인 윤선도尹善道(1587~1671)의 후예로 나라에서 손꼽히는 부유한 집안의 종손. 벼슬은 하지 않았으나 학문과 예술로 인정받았던 선비이며 무려 아들 열 명을 둔 자식복도 많은 남자. 이것이 공식적으로 알려진 윤두서의 모습이다. 그의 이력 어느 사이로 결단을 요구할 만큼의 외로운 갈등은 끼어들 틈이 없어 보인다. 문인화가로 유명하기는 했지만, 그렇다 해도 그의 이력에서 자화상을 그려내야 할 만큼의 도발을 찾기는 좀처럼 쉬운 일이 아니다. 그에게 무슨 일이 있었던 것일까.

시대의 자화상

조선 시대의 회화라 하면 주로 산수화를 떠올리게 된다. 하지만 조선 회화의 탁월함을 보여주는 장르라면 단연 초상화를 빼놓을 수 없다. 조선의 초상화는 전신사조傳神寫照라는 말 그대로, 인물의 외형은 물론 정신세계까지 오롯이 담아낸 것으로 유명하다.

하지만 초상 가운데서도 자화상만큼은 좀처럼 그려지지 않았다. 초상화는 순수한 감상이 아닌 '기념'의 목적이 강한 그림이다. 자화상을 그린다는 것 또한 그 정도의 의미를 부여해야 하는 일이었을 것이다. 흔히 '화가의 자의식' 정도로 압축해서 이야기하곤 하지만 조선이라는 나라에서 자의식이 넘쳐 자화상을 그릴 정도의 화가라니, 흔한 예는 아니다.

여기에 화가의 기량도 문제가 된다. 소략한 필치도 멋으로 받아들이는 산수화와 달리, 초상화는 인물을 똑같이 닮게 그릴 수 있는 숙련된 솜씨가 받쳐줘야 한다. 화원 가운데서도 초상화를 전문으로 하는 화가가 따로 있을 정도였으며, 특히 어진도사御眞圖寫 등에 참여하는 도화서 화원에게는 큰 상이 내려지기도 하는 등 대우도 남달랐다. 초상은 신분이 높은 이들이 남기게 마련인데, 초상이 요구하는 세밀한 묘사력은 여느 문인화가로서는 넘볼 수 없는 경지였다. 사정이 이러하니 조선 시대 자화상이 드물 수밖에 없다.

이런 면에서 윤두서의 「자화상」은 여러모로 그 의미가 크다. 1710년대에 그려진 것으로 추정되는 이 작품은 현존하는 조선 시대 최초의 자화상일 뿐 아니라 작품의 수준 또한 최고의 초상화로서 부족함이 없다. 문인화가가 자화상을 그렸다는 사실만으로도 전례를 찾기 힘든데, 그림의 구성이나 표현 또한 새롭다 못해 충격적일 정도다.

회화는 시대의 변화에 매우 예민한 장르다. 특히 사회와 문화의 변화를 주도했을 지식인 계층의 화가가 그린 작품이라면 시대상과 더욱 밀접한 연관이 있을 수밖에 없다. 윤두서가 살았던 17세기 후반에서 18세기 초에 걸친 숙종 시대를 생각해보자. 당파 간 경쟁이 단순히 정권을 잡은 정당으로서 힘을 겨루던 정도를 넘어선 이 시대는, 그 여파로 인해 출사를 포기해야 하는 문인들이 늘어났다.

게다가 건국의 이념으로 지위가 흔들리지 않던 성리학은 이제 존재 의미 자체를 고민해야 할 만큼 노쇠한 지경이었다. 그런데도 여전히 권력은 그 이념으로 무장한 상태였다. 세상을 향해 나갈 수 있는 길 자체가 막혀버렸다고 느꼈을 때 지식인이 택할 수 있는 길이란 그리 많지 않다. 그렇다고 학문 자체를 멈출 수도 없지 않은가. 그것이야말로 자신의 정체성을 포기하는 일이었을 테니까.

그러니 권력과 등진 곳에서 새로운 학문과 문화에 대한 열망이 생기지 않았다면 오히려 이상한 일이다. 이즈음 세상을 향한 눈을 자신의 내면으로 돌려 스스로의 존재를 고민하는 선비들이 등장하는 것은 당연한 결과였다. 이런 삶을 살아내야 하는 나의 존재는 무엇이냐 묻는 것이다. 윤두서의 자화상은 이 지점에서 읽어야 할 그림이다.

언뜻 보기에도 윤두서의 학문과 예술은 깊이가 상당했는데, 후대에 끼친 영향 또한 지대했다. 회화로 보자면 윤두서가 시도한 풍속화가 다음 세대에 이르러 빛을 발하며, 서체에서도 그가 지기인 이서李漵(1662~1723)와 함께 시도했던 동국진체東國眞體가 이광사李匡師(1705~1777)에 이르러 큰 결실을 맺는다. 특히 이들 그룹이 추구한 실학實學이 이서의 동생 이익李瀷(1681~1763)과 윤두서의 외증손인 정약용丁若鏞(1762~1836)에 의해 집대성될 정도였다.

그런데도 윤두서는 자신의 내면을 돌아보고자 했다. 나는 누구인가. 자신이 심취했던 다방면의 학문이나 부유한 명문가의 자부심으로는 채울 수 없었던 무엇인가를, 스스로의 삶을 정리하면서 문득 고독하게 대면했던 것은 아닐까. 당시 조선에서 자신의 내면을 그대로 드러내는 일은 일반적이지도, 품위 있는 행동으로 받아들여지지도 않았을 것이다. 하지만 윤두서는 당당히 이 장르에 도전한다. 실학에 바탕을 둔 그의 학문적 고민이 회화적 결과물로 나타난 작품이 바로 자화상이다. 실존에 대한 진지한 성찰 없이는 '창조'할 수 없는 그림이었다.

윤두서의 두 얼굴

윤두서의 일생은 맏아들 덕희德熙(1685~1776)가 쓴 〈공재공 행장恭齋公行狀〉에 자세히 담겨 있다. 그런데 행장을 읽다 보면 자화상 속의 모습과 좀처럼 겹치지 않는 윤두서가 등장한다. 두 자아가 절묘한 균형 속에서 공존하는 느낌이랄까. 서울에서 해남으로 가는 길은 현대의 거리 감각으로도 결코 가깝지 않다. 하물며 1713년, 마흔여섯의 윤두서가 서울의 생활을 정리하고 해남의 고향집으로 내려가던 마음은 어떠했을까. 그의 자아 찾기는 오히려 자신의 정신적 고향인 서울을 떠나옴으로써 본격화되었을지도 모르겠다.

윤두서가 말년을 보낸 해남에는 두 군데에 전장田莊과 저택이 있었다. 그는 이 두 곳을 오가며 생활했다고 전해진다. 바로 녹우당이라는 사랑채의 당호로 유명한 백련동白蓮洞(연동)에 있는 종가와 바닷가에 있는 백포白浦의 집이다. 이 두 공간은 윤두서의 두 모습만큼이나 서로 다른 이미지로 남아 있다.

나는 연동과 백포를 오가는 윤두서의 모습을, 행장과 자화상에 드러난 두 자아를 오가는 그의 마음에 포개어 그려내보고자 했다. 물리적 공간이 한 개인의 심리적 공간으로 치환되는 느낌으로 읽어주면 좋겠다. 공적 자아와 내적 자아 사이에서 그들과의 대화를 통해 자신의 정체성을 찾아가는 한 남자. 그는 화가로 자처하지 않았을지 모르나 자신의 내면과 그토록 진지하게 마주한 화가는 일찍이 없었다. 윤두서와 그의 내면, 그리고 행장이 나누는 이야기가 궁금하지 않은가. 그들을 만날 시간이다.

◆ ◆ ◆

· 백포 1 ·

한 남자가 나를 보고 있다. 그의 눈동자는 흔들리지 않는다. 좀처럼 종잡을 수 없는 눈빛이다. 서로를 마주한 채 한동안 말이 없다. 문득 그의 눈동자가 흔들리는 것 같다. 그가 묻는다. 그대는 누구인가.

"해남 윤씨 가문의 종손으로 이름은 두서, 호는 공재恭齋, 자는 효언孝彦이라 하오. 어초은漁樵隱 공의 후손이며, 고산孤山 윤선도 공께서 증조부가 되시오."

"부유한 명문가의 종손이로군. 하지만 나는 그대가 어떤 사람인지 궁금한 것이오."

"부모님께 효를 다하고 형제간의 우애를 중히 여기며 자녀를 바르게 가르치면서 살고자 했소. 거느리는 종복에게도, 전답을 일구는 작인作人에게도 사람 사이의 마음을 어기지 않으려 했다오. 사람의 도를 지키는 것이 삶의 중심이 아닌가 하오."

"그래도 아직 모르겠군. 그대가 무엇을 하는 사람인지."

"나는…… 뜻 맞는 벗들과 어울려 학문을 닦고 예술을 즐기며 산다오."

"그러한가. 이 모두가 훗날 그대의 행장을 향기롭게 채워줄 이야기들이 되겠군. 하지만 그것이 그대의 전부일 수 있을까. 그대는 누구인가."

바람이 인다. 물결이 살랑이고 사내의 표정이 흔들리더니 이내 그 속으로 흩어져버린다. 윤두서는 그의 눈빛을 떠올렸다. 행장을 향기롭게 채워줄 이야기들을 위해 나의 사십여 년이 흘렀던 것인가. 그 말을 하던 순간, 그의 눈빛이 촉촉하게 젖는 듯했다. 나의 마음을 근심한 때문인가.

그의 목소리가 가라앉질 않는다. 지금까지 누구도 내게 너는 누구냐고 묻지 않았다. 나는 누구인가. 그리고 그렇듯 깊은 울림으로 나의 존재를 묻는 그 사내는 누구인가.

· 연동 1 ·

"어찌 자신이 누구인지 알지 못하겠다 하십니까. 그대의 선조들을 보십시오. 그 영예로운 이름이 바로 공에게로 이어지는 것입니다."

행장은 윤두서에 대한 이야기를 시작한다. 어초은에서 고산을 거쳐 그의 양부와 생부의 이름이 등장했다. 길고 긴 집안의 내력을 거쳐간 후에야 비로소 윤두서를 만날 수 있다. 해남 윤씨의 종손으로 출생하는 길은 결코 쉽지 않았다.

성은 윤씨이며 이름은 두서, 자는 효언, 호는 공재이며 관향은 해남이다. 선조에 효정孝貞이란 분이 있었으니 호는 어초은이다. 어초은은 덕행과 문장이 유명하여 성균 진사가 되었으며 호조참판을 증직받았다. 이분이 아들을 낳으니 이름이 구衢이며, 호는 귤정橘亭이었다. 귤정 공은 문과교리로서 학행과 문장이 세상에 널리 알려졌다. 아들 두 분이 있었으니 홍중弘中예조정랑인데 예조판서를 증직받았고, 의중毅中은 예조판서와 좌참찬을 지냈다. 정랑 공이 아들이 없어 참찬 공의 둘째 아들 유기唯幾로 대를 이었는데 강원도관찰사를 지냈다. 이분 또한 아들이 없어 백씨인 예빈시부정 유심唯深의 둘째 아들인 선도로 뒤를 이었다. 이분이 고산 선생이다.

고산 선생은 문과에 급제하여 예조참의가 되었으며 도의와 문장이 당세에 유명했다. 강개한 마음으로 시사를 말해 여러 차례 귀양살이를 했다. 고산 선생은 아들 다섯을 두었으니, 큰아들은 인미仁美인데 문과에 급제했으나 아버지 때문에 관리가 될 수 있는 자격을 박탈당했다. 그 아들 이석爾錫은 종친부의 전부였다. 고산의 둘째 아들 의미義美는 성균 진사인데 선언의 양자가 되었다. 두 아들 가운데 둘째 아들인 이후爾厚가 계부인 도덕랑 예미禮美의 양자가 되었다. 모부인은 영인 전의 이씨다.

공재 공은 순문왕純文王 9년 무신 5월 20일 해남 백련동 옛집에서 태어났다. 공재 공은 형제들 가운데 넷째다. 전부 공의 양자로 들어가 종가의 제사를 받들었다. 전부 공이 아들이 없을 때 충헌 공이 공재 공 형제가 처음 태어나자 점을 쳐보니 공재 공이 가장 길하여 전부 공으로 하여금 아들을 삼게 했다.

"공께 종손으로서 제사를 받들게 하신 고산 공의 선견이 대단하지 않으십니까. 공께서 이미 여러 아드님을 두어 종가의 근심을 덜었으니 이만한 효도 없겠지요."

어찌 모르랴. 윤두서 또한 난 지 이레 만에 강보에 싸여 종가로 입적된 이야기를 잘 알고 있었다. 어초은 공과 고산 공에 대한 존경의 마음으로 부모에 대한 효에 있어 온 마음을 다한 그였다. 하지만 자랑스러움이 클수록 마음속에 의구심이 더해졌다. 그것이 바로 나, 윤두서의 모든 것이란 말인가.

선뜻 밝은 얼굴로 수긍하지 못하는 그의 표정을 읽었을까. 행장은 더 이상 말을 잇지 않았다. 이 정도라면 가히 남들에게 부러움을 살 만한 삶이지 않은가. 나보다 그를 더 잘 아는 이가 있을 리 없건만 자신의 주인이 어째서 그런 고민에 빠져 있는지 의아했다. 혹시 지난해 모친상을 치른 후 올봄의 낙향으로 인해 상심하신 것인지도 모르겠다.

임진년 숙인 심씨가 별세했다. 경卿, 사대부로부터 의역醫譯, 서리胥吏

에 이르기까지 앞을 다투어 조문하여 그 행렬이 거리를 메웠다. 조객이 너무나 많아 사람들은 재상의 집이라도 이보다 더할 수는 없다고 말했다.

대상을 마친 뒤로 가세가 점점 기울어 여러 식구를 먹여 살릴 계책이 없었다. 어쩔 수 없이 계사년癸巳年(1713) 봄에 온 집안이 해남으로 내려왔다. 연동과 백포 두 군데에 장이 있었다. 모두 전택田宅과 장호庄戶가 있었다. 백포는 큰 바다와 닿아 있어 공기가 매우 좋지 않았으므로, 두 곳을 왕래하기는 했으나 거의 백련동에서 지냈다.

주인은 몇 해 정도 머물며 집안을 다시 일으킬 생각으로 고향에 내려온 것이었다. 마음이 편치는 않았겠으나 해남의 전장이 넉넉하니 크게 어려운 상황은 아니었는데.

고향으로 내려왔으니 자신의 지난날을 돌아보고 싶었음일까. 행장은 주인의 물음을 다시 생각해보았다. 그의 삶을 남기는 것이 나의 몫이거늘, 내가 그를 알지 못한다면 그야말로 큰일이 아닌가. 그는 누구인가. 행장은 곰곰이 주인의 삶을 거슬러보기 시작했다.

· 백포2 ·

봄에 떠나왔건만 서울의 생활이 제법 옛 시절인 것만 같았다. 마음이 크게 무거운 낙향은 아니었으나 마냥 행복한 걸음일 수도 없었다. 해남에 있는 전장을 서울에서 돌아봐가며 큰 집안을 이끈다는 것이 예삿일은 아니었다. 생부가 살아 계실 때만 해도 해남 일은 걱정을 덜했건만 이제 모든 것을 스스로 결정해야 한다.

지난해 양모의 상을 치르느라 여력이 없는 것도 사실이었다. 여전히 챙겨야 할 식솔이며 가업의 크기는 감당하기에 버거웠다. 그렇다 해도 낙향 또한 쉬운 결단은 아니었다. 하지만 윤두서는 잠시 고향으로 내려가 숨을 고르기로 했다. 열 살 남짓부터 서울에서 살기 시작했으니, 고향이라고 해야 어린 시절의 추억일 뿐이었다. 집안의 큰일들을 챙기느라 오가기는 했어도 그저 짧은 시간을 스쳐가곤 했으니.

서울이야말로 그의 그릇을 키워준 고향이었다. 다양한 학문의 세계를 맛보고, 지기들과 우정을 키우고, 내일을 위한 포부를 품었던 곳. 윤두서는 해남에서의 몇 년을 기약하며 서울을 떠났다. 먼 남쪽으로 이어진 길 위에서 자신의 한 시대가 이렇게 정리되는가, 묘한 감상에 젖기도 했다. 해남에서 만나게 될 또 다른 삶은 어떤 것일지 그 자신도 짐작하지 못했다.

서울과, 벗들과 떨어져 지내는 일은 생각보다 외로웠다. 몸은 한가롭지 않았으되 마음의 허기가 그를 흔들었다. 하지만 어쩌면 이런 시간이 필요한 때가 왔는지도 몰랐다. 외로움으로 지친 눈을 스스로에게 돌려보리라. 그런데 불쑥 그 사내가 나타났던 것이다.

여느 때처럼 홀로 방 안에서 책을 펼친 채 있었건만 자꾸 따라오는 사내의 눈빛을 피할 수가 없다. 무언가 답을 해야 할 것 같다. 백포의 습한 바다 기운은 여전히 몸을 힘들게 한다. 바다냄새가 온 방에 가득하다. 넘기는 서책에도, 서안에도, 붓끝에도 바다 냄새가 스며들어 있다. 온몸을 끌어내릴 듯한 습한 기운에 정신이 몽롱해지곤 한다. 집 뒤쪽 작은 언덕에 올라 보면 바다가 한눈에 들어온다. 짠 내와 습기로 가득 찬 백포의 바다.

겹겹이 둘러싸인 크고 너른 집이건만, 백포의 사랑채는 연동 녹우당에서처럼 편안히 쉴 수 있는 공간이 아니다. 하지만 이상한 일이다. 백포의 습기로 온몸이 힘들 때마다 오히려 마음의 옷을 한 겹씩 걷어내는 느낌이 없질 않았다. 자신을 들여다보라고 주어진 마음속 유배의 시간인가. 정말 이상한 일이다. 녹우당으로 돌아가 며칠을 지내며 그 힘겨움을 추스르노라면 다시 백포의 전택을 감싸 안은 뿌연 바다 안개가 희미하게 떠올랐다.

바다의 가을은 바람 소리에서 시작된다. 들판의 바람이 여문 곡식 사이를 헤집으며 찰랑이듯 힘찬 소리로 내달릴 때, 바다의 바람은 찬 물결에 젖어 무거운 소리를 내며 천천히 다가온다. 윤두서는 백포에서 맞는 첫 가을을 바람에 실려오는 바다의 소리를 들으며 실감했다. 어린 시절에 들었던 바다 소리도 이처럼 낮고 어둑한 빛깔이었을까. 오래도록 잊고 지낸 자신을 새삼 들여다보는 느낌이었다. 그 소리에 잠겨 한 밤을 꼬박 새기도 했다.

그날은 해가 지기 전 연못가로 나섰다. 작인들도 모두 집으로 돌아가고 조용히 생각에 잠길 만한 시간이다. 해가 바다로 떨어질 무렵이면 집 앞 연못에는 차분한 색조의 석양이 수줍게 제 몸을 담근다. 시든 연잎들 드문드문한 사이로 잘게 쪼개진 석양의 색채를 즐기는 것도 미처 알지 못했던 울렁임이다.

이곳에서 그를 만났다. 다시 그와 이야기를 나누고 싶었다. 연못을 들여다보며 한참을 그대로 앉아 있었다. 하지만 물결 위로 낮게 반짝이던 마지막 석양빛이 다 꺼져가도록 좀처럼 그는 나타나지 않았다. 조금 섭섭했다. 행장에게도 하지 못할 이야기를, 어쩌면 그 낯선 사내에게는 할 수도 있을 것만 같았는데…….

날이 밝으면 연동으로 돌아가 글이나 다듬어야겠다. 차라리 잘된 일이다. 그를 만나면 차분히 붓을 쥐고 글을 적기 어려울지 모른다. 그의 눈빛에 빠진 밤에는 좀처럼 나를 가눌 수 없었다.

· 연동 2 ·

"아직도 마음이 어지러우십니까."

녹우당 서안 앞에 홀로 앉은 윤두서에게 행장이 말을 건넨다. 며칠 전 주인의 느닷없는 독백에 조금 당황한 터였다. 백포에서 누구를 만났던가. 백포의 습한 기운을 견디기 힘들어하는 듯 보였다. 하지만 주인은 다시 평소의 단정한 모습 그대로다. 아무리 좋아도, 아무리 슬퍼도 과하게 감정을 드러내지 않는 분이다. 그의 몸가짐은 사대부가의 선비가 가져야 할 반듯함에서 한 치도 흐트러짐이 없다. 나는 주인의 그런 모습을 그대로 옮겨 적을 뿐이다.

"옥동玉洞이 보고 싶군."

윤두서가 작은 소리로 되뇌었다. 바람 소리 때문이다. 집 뒤 우거진 비자림 사이로 바람이 불 때, 마치 푸른 비가 내리는 것 같다 하여 붙여진 당호堂號가 녹우당 아닌가. 옥동 이서가 현판의 글씨를 써주었다. 물 흐르듯 유려한 그의 현판 글씨는 정말 금방이라도 푸른 빗소리를 몰고 올 듯싶었다. 윤두서와 함께 서법을 공부하며 새로운 서체를 만들어낸 빼어난 서예가의 면모였다.

어디 글씨뿐이랴. 두 사람은 함께하지 않은 시간이 없을 정도였다. 이서 또한 가학家學의 깊이가 남다른 가문 출신이었다. 해남 윤씨와 여주 이씨 두 집안의 형제들은 함께 학문을 익히고 세상을 논하며 서로에게 힘이 되었다. 이서의 형 이잠李潛(1660~1706)은 기개가 강직했으며, 아우 되는 성호星湖 이익李瀷 또한 학문의 끝을 짐작하기 어려운 천재라 했다.

> 이옥동 선생과는 일찍부터 금란金蘭의 의를 맺었다. 만나면 경서의 뜻을 토론하여 활달한 이야기로 회포를 풀었다. 혹 서로 오랫동안 만나지 못하면 번거로움을 가리지 않고 편지를 왕복했다. 서로의 허락과 기대가 매우 깊어 다른 사람으로서는 감히 엿볼 수 없는 지경이었다. 이옥동 선생과 함께 영자팔법永字八法을 연구하여 옛사람이 전해주지 않는 뜻을 깊이 체득하여 옛날 연습했던 법을 모두 버렸다. 고법古法에 얽매이지 않고 일가의 체體를 스스로 완성했다.

행장은 둘의 깊은 사귐을 잘 알고 있었다. 어느새 주인은 이서 공에게 전할 시 한 수를 읊는 중이었다. 얼마 전 서울에서 이서 공이 보낸 그리움의 시에 대한 답일 것이다. 주인의 문장은 담백하면서도 진솔했다.

> 공재 공은 평소 문사에 능한 선비로 자처하지는 않았다. 그러나 공이 지은 시문은 대범한 것이어서, 안목이 높은 사람들이 공의 시문을 보면 감히 속유俗儒들이 미칠 바가 아니라고 했다.

그대는 누구인가. 평생의 지기와 함께 새로운 서체를 만들고 빼어난 시문으로 세상에 맑은 이름을 알린 선비. 어쩌면 이것이 주인이 찾는 존재에 대한 답일지 모른다. 이것이 그의 참모습이 아닐까.

하지만 주인은 그러한가, 라고 혼잣말처럼 답했을 뿐이다. 행장은 아직도 자신이 그에 대해 잘 알지 못하는가 싶어 마음이 편치 않았다. 이래서야 어찌 그의 삶을 온전히 세상에 남길 수 있으랴. 그가 찾고 있는 자신은 어떤 모습일까. 학문으로 일가를 이룬 학자라면 어떤가. 하긴 조선 땅에서 좀처럼 보기 힘든 박학의 열정을 갖춘 인물이 아닌가.

> 오직 고대의 전분典墳과 경적經籍에 전심하여 모두 널리 꿰뚫고 극치를 추구했다. 이밖에 읽지 않은 책이 없었으며 백가百家와 중기衆技에까지 모두 그 지취를 연구했다. 공은 제가諸家의 서적을 연구하되 다만 문자만 강구하여 귀로 듣고 입으로 말하는 천박한 학문의 재료로 삼는 데 그치지 않았다. 반드시 정확히 연구, 조사하여 옛사람의 입언立言의 뜻을 파악하여 스스로의 몸으로 체득하고 실사實事에 비추어 증험證驗했다. 그러므로 배운 바는 모두 실득實得이 있었다.

이것이 주인이다. 고대의 경적은 물론 근래의 온갖 기물에 이르기까지, 그는 세상의 모든 학문에 관심이 깊었다. 그것도 그저 책만 읽는 것으로는 만족하지 않았다. 오죽했으면 지리서를 연구하며 직접 지도를 그리기까지 했을까. 조선과 일본의 전도를 그려내면서 지형 하나, 지명 하나에도 어긋남이 없도록 꼼꼼히 살피던 주인의 눈빛이 떠올랐다. 역시 학문의 요체는 '실實'에 있는 듯했다. 행장의 이야기를 여기까지 듣던 윤두서는 잠시 생각에 잠겼다.

"실득이라…… 그리 보이는가."

윤두서는 실득이라는 말을 몇 번 낮게 읊조렸다. 마음에 든 것일까.

"내일은 백포로 가야겠군."

백포의 생활을 알지 못하는 행장은 의아했다. 연동으로 돌아온 지 이틀 만에 다시 백포로 가시겠다니. 그곳 생활이 편치 않다 하셨는데 무슨 일일까. 주인의 삶을 가까이서 지켜보는 것이 행장의 일이었지만, 자신의 눈이 닿지 못하는 그의 마음속 파도까지는 어쩔 수 없었다. 그가 먼저 이야기해주기를 기다릴 뿐이었다.

· 백포3 ·

윤두서는 연못가에서 사내를 기다렸다. 좀 지친 낯빛이었다. 하지만 오히려 그가 되물었다.

"힘에 겨운 것인가. 그대의 낯빛에 그늘이 보이는데."

"백포와 연동을 자주 오간 탓이 아닌가 싶소. 멀지 않은 곳이거늘, 마치 전혀 다른 세상을 오가는 느낌이라오. 그저 기분 탓인가."

윤두서는 속을 털어놓았다. 마음을 쉬이 내보이지 않는 편이었거늘, 스스로도 모를 일이었다. 하지만 사내는 의당 그러하지 않겠냐는 듯한 말투였다.

"그곳에는 행장이 그대 곁을 지키나 이곳에서는 나를 만날 수 있으니 전혀 다른 세상일 수밖에."

"그런데도 왜 이곳 백포에서 마음이 더 힘든지 모르겠소. 아무도 나를 지켜보지 않는데, 나를 편히 내려놓을 수 있는 곳인데. 바닷바람 때문인가."

"자신의 내면과 솔직하게 마주하는 데 익숙하지 않기 때문이겠지. 그것이 오히려 세상의 눈앞에서 바르게 앉는 것보다 어려운 일이기에 많은 이들이 이 순간을 외면하는 게 아니겠는가. 하지만 그대는 나의 질문을 진지하게 마주하기 시작했으니 이것이야말로 그대의 남다름이라 할 수 있으리."

"그런 물음을 던진 것은 그대가 처음이었소. 행장이 실득을 이야기하더군. 생각해보니 내 삶의 지향이 바로 '실'에 있었던가 하오."

윤두서는 사내의 반응을 기다렸다. 그사이 해는 더욱 기울고, 그의 얼굴은 이제 희미한 윤곽만으로 어렴풋할 뿐이었다.

"실득…… 그러하군. 실을 지향하는 선비라……. 그렇다면 어떠한가. 그대의 모습 또한 실에 담아 초상으로 남겨보는 것이. 실을 탐구하는 참의미와도 멀지 않을 터이니."

실을 추구한다는 것은 학문의 의미를 다시 물음이다. 학문에서 실을 추구한 것은 자신의 성정 때문이기도 했으나 또한 자신이 사는 시대의 모순 때문이기도 했다. 세상의 학문이 무엇을 할 수 있는지, 해야 하는지에 대한 고민으로 시작되었으니. 실을 궁구하던 눈길을 이제 자신의 내면으로 옮겨 실존을 고민해보라는 이야기인가. 스스로의 모습을 그려보라는 말은 그런 뜻이겠지. 세상의 학문만 다시 물어서야 되겠는가. 내면의 자아를 새롭게 물어보라는.

하지만 이 무슨 느닷없는 말인가. 아무리 그렇다 해도 내가 나를 그리다니. 윤두서는 자신의 놀라는 표정을 사내가 알아채지 못하길 바랐다. 사방이 제법 어둠에 싸인 것이 다행이었다. 사내는 자신의 침묵을 머뭇거림으로 받아들인 것 같다. 다소 빠른 어조로 말을 이었다.

"행장에 담겨질 그대의 행적이 그대가 아니라 할 수는 없겠지. 하지만 그것이 그대의 전부일까. 마음을 알지 못하고서야 사람을 온전히 안다고 할 수 없을 것이니. 그대만 아는, 다른 이들이 알지 못하는 그대의 모습을 남기는 것도 의미 있는 일이 아니겠는가."

"나의 초상을 그린다……. 과연 사대부가 할 일인지."

"물론 그대는 문벌 높은 사대부지. 하지만 그대는 또한 화가가 아닌가. 지금까지의 초상과는 다른 새로운 초상을 그릴 수 있는 누군가가 있다면, 나는 바로 그대가 아닐까 하거늘."

윤두서는 사내의 말에 답하지 못했다. 내가 화가로 자처한 적이 있었던가. 사내는 다시 힘주어 말했다.

"그대는 화가가 아닌가. 그림이 자오自娛의 경지를 넘은 것이 이미 오래거늘. 자화상이야말로 통찰과 필력을 모두 갖춘 자가 아니면 생각할 수 없는 그림이지. 가까운 것을 깊이 보는 능력이 바로 그대의 장처長處가 아닌가."

"학문뿐 아니라 회화에 있어서도 실득을 중히 여기는 바가 큰 것은 사실이오. 허나 내가 화가인가. 잘 모르겠소."

사대부라 하여 화가로 살지 못할 것은 없다. 정선鄭敾(1676~1759) 같은 이가 그러하질 않던가. 하지만 그는 스스로 그 일을 업으로 삼은 이다. 자신처럼 벗들과 즐거움을 나누기 위해 붓을 든 이가 아니었으니 나란히 논할 수는 없겠지 싶었다. 물론 자신의 뜻과는 상관없이 그림으로 사람들의 입에 오르내리는 것도 사실이었다. 자신의 이름을 정선이나 조영석趙榮祏(1686~1761)과 함께 이야기하는가 하면, 심지어 화원과 비교하는 이들까지 있었다. 마음이 썩 편치만은 않았다. 그러면서도 슬쩍 궁금증이 인 것도 사실이다. 그래서 누구의 그림이 더 좋다고 하던가.

"그대의 필이 따라주지 못할까 저어함인가."

자신의 마음속을 들여다보며 던진 듯한 마지막 독촉이었다. 자신의 붓이 인물에 뛰어나다는 세간의 평이 아주 그른 것은 아니었다. 하지만 자신은 회화로 업을 삼는 화원이 아니다. 자화상이라니……. 기량도 기량이려니와 사대부가 자신의 모습을 직접 화폭에 담다니, 어찌 그런 일을.

하지만 어쩐 일일까. 윤두서는 그의 말을 들으며 몹시도 설레는 자신을 보았다. 오랫동안 맛보지 못했던 뜨거움, 낯선 희열이었다. 그렇다면 마음 한켠을 끌어당기는 망설임은 왜일까. 사대부라는 신분 때문에? 아니면 화원의 기량과 견주어진다는 불편함 때문에? 그것도 아니라면…… 그 겨룸에서 당당할 만큼 잘 그리지 못함을 저어함일까?

그때, 화가라고 생각하며 온 정성을 다했던 순간이 떠올랐다. 몇 해 전, 지기 심득경沈得經(1673~1710)의 초상을 그리던 때였다. 나는 누구인가. 화가라 하기엔 불편하고 화가가 아니라 하기엔 좀 서운한 마음이다.

· 연동3 ·

"정재定齋의 초상을 기억하는지……."

간만에 그림이라도 그리시려는 것일까. 붓을 고르던 주인이 불쑥 정재 심득경 공의 초상 이야기를 꺼냈다. 기억하다 뿐인가. 그림 앞에서 놀라던 느낌까지 생생하다. 심득경 공의 부고를 들은 것은 더위가 한창이던 때였다. 마흔도 채우지 못한 지기의 부음 앞에서 주인은 세상의 절반이 무너져내린 듯 슬픔에 잠겼다. 주인에게 6촌 동생이 되는 그는 어린 시절부터 함께 어울려 지내며 남다른 우애를 다진 벗이기도 했다.

한 사람, 두 번째 나를 잃었네.
슬픈 천지가 나를 바보로 만들었네.
이젠 종애鍾愛의 집 나들이 하지 않으리.
흰 수염 둘만이 쓸쓸히 마주할 테니.

이서 공의 시구에 담긴 슬픔은 과장이 아니다. 주인과 두 친구는 한몸인 듯 깊은 정으로 사귐이 남달랐다. 주인은 허망하게 세상을 버린 벗을 생각하며 좀처럼 마음을 잡지 못했다.

"어떻게 하면 추억 속의 그를 불러낼 수 있을는지. 함께한 시간들을 끌어올리고 싶은데……. 초상을 그려야겠다. 내가 하지 않는다면 누가 세상에 그 모습을 남겨주겠는가."

행장은 깜짝 놀랐다. 선비가 초상을 그리는 일은 일찍이 보기 어려웠다. 게다가 초상은 어지간히 숙련된 솜씨가 아니고서야 감히 맞설 수 없는 그림이다. 치밀한 관찰과 세밀한 필력이 함께해야 하니 여기餘技로 즐기는 사대부가 할 수 있는 일이 아니기도 했다. 평생을 그림에 바친 이라 할지라도 핍진한 묘사를 얻는 것이 얼마나 힘든 일이던가.

주인 또한 모르지 않으실 게다. 하지만 그런 것에 개의치 않았다. 그를 추회追懷하며 온전히 그려낼 수 있을 만큼 그를 잘 아는 화가가 없었으니. 주인만큼 정재 공을 가까이서 보아온 사람이 없는 것도 사실이었다.

물론 그렇다. 주인은 그림을 그리는 분이기도 했다. 아니, 사실은 매우 잘 그렸다. 당대의 화원과 견주어도 부족함이 없는 실력이었다. 이 시대에 명성을 나누어 가질 이가 없다는 평을 듣기까지 했다. 주인의 그림은 여느 화가가 넘볼 수 없는 격조로 충만하다. 하여 세상이 그의 작은 그림 한 점만 얻어도 능히 보배로 여기는 것이다. 하지만 그림은 그가 갖춘 재능 가운데 일부일 뿐이다. 그를 화가로 일컫는 것이 오히려 그의 이름에 누가 되는 것은 아닐까.

> 그림에 대해 공은 조촐히 여기지는 않았다. 그러나 글을 짓고 글씨를 쓰는 여가에 때때로 내키는 대로 그림을 그렸다. 공이 그림을 그릴 때는 오직 물체의 형상을 그대로 그리는 것을 주로 하였지만 정신과 의태意態가 완전히 생동했다. 그 광운曠韻과 고치高致는 학문을 많이 쌓은 사람의 능력으로 미치지 못할 점이 있었다.

"그의 성품에 어울리는 모습으로 남겨주면 좋겠지. 천편일률 똑같은 모습으로 정좌한 초상을 원했다면 이름난 화원을 부르는 편이 나을 것이야. 사대부라 하여 갇혀 있는 듯 딱딱한 초상으로 남겨질 이유는 없지 않겠는가."

주인은 벼슬을 하지 않은 조촐한 선비의 모습 그대로면 좋겠다고 생각한 듯했다. 사실 심득경 공의 초상을 보며 행장도 할 말을 잃었다. 형상을 그대로 그리되 정신이 생동한 그림이란 바로 이런 것이리라. 보내야 하는, 떠나야 하는 슬픔 때문이었을까. 초상 속의 심득경 공은 마지막 날의 모습처럼 창백하고 안쓰러운 낯빛이었다. 기억 끝에 붓을 달아 하나하나 옮겨내듯, 주인의 붓끝은 다정하면서도 섬세했다. 그 눈길은 어찌 이토록 많은 기억을 촘촘히 간직했단 말인가. 놀라웠다.

“정재의 초상을 보니 정말 그 사람이 다시 살아온 것만 같네. 그가 이렇게 곁에 있는 것 같건만, 어찌 그리도 무정하게 우리를 저버리고 떠나버렸단 말인가.”

남은 벗들 또한 초상 앞에서 놀라움을 감추지 못했다. 그것이 벌써 서너 해 전의 일이다. 그런데 무슨 생각으로 주인은 새삼 그의 초상을 떠올렸을까. 다시 초상을 그리려는 것인지도 모르겠다. 하긴 대상을 바라보는 치밀한 눈과 섬세한 손을 지닌 그가 아닌가. 능히 그 정신과 마음까지도 담아낼 수 있으리라. 혹 주인이 화가였다면 한 시대를 가지고도 남을 이름이었다.

“다시 초상을 그리려 하시는지요.”

“그릴 수 있을까 모르겠군.”

주인의 목소리는 설렘과 망설임 사이를 오갔다. 차마 누구의 초상인지 묻지 못했으나 어조로 짐작하건대 간절히 그리는 누군가일 것이다. 한시라도 떨어져 있음을 아쉬워하던 이서 공은 아닐까. 아니면 그림으로 사귀었다는 이하곤李夏坤(1677~1724) 공일지도 모르겠다. 하지만 다시 주인의 얼굴을 바라보니 그의 마음속에 자리한 인물이 두 친구는 아닌 듯했다. 그들을 떠올릴 때의 표정과는 다른, 낯선 그리움이 떠돌았다. 누구일까. 초상을 그려주고 싶을 만큼 마음 깊이 이해하고 사랑하는 이가 또 있는 것일까. 행장은 요사이 주인의 마음을 짐작할 수 없었다. 아무도 들어설 수 없는 혼자만의 방이 생긴 듯했다.

· 백포 4 ·

자화상을 그려보라는 사내의 말은 나를 다시 돌아보라는 말과 다르지 않다. 해남에서, 서울 시절의 젊음과 기대와 벗들을 모두 떠나온 이곳에서. 그것도 바닷가 한적한 백포의 사랑채에서 윤두서는 자신과 대면하기로 했다. 나는 누구인가.

그려보겠노라 마음먹고 나니 스스로도 어떤 자화상이 그려질지 궁금해지기 시작했다. 거울을 보며 윤두서는 자신의 모습이 새삼스럽다고 느꼈다. 자신을 이처럼 오래도록, 진지하게 바라본 적이 있었던가. 학문을 하는 것 또한 그 궁극은 나를 바로 세우고자 함인데, 이제야 자신을 돌아보게 되다니.

우선 안면의 윤곽선을 잡아봐야겠다. 거울에 비친, 자신을 뚫어지게 바라보는 얼굴을 솔직하게 담기로 했다. 보이는 그대로 그려보자. 하지만 거울 앞에서 윤두서는 망설였다. 보이는 그대로 담아보자 했으나 거울 속의 인물은 정면으로 거울 밖을 바라보았던 것이다. 정면상이라…… .

정면상을 화폭에 담은 초상이 있었던가. 초상 속의 인물은 7분면 정도의 옆얼굴로 그려지곤 했다. 얼굴의 윤곽과 특징을 드러내기에 그 정도가 적당한 까닭이다. 초상을 마주할 이들이 화면 속의 인물을 편히 바라보게 해주는 배려이기도 했다. 윤두서 또한 심득경의 초상을 그리면서 그리했다. 옷차림과 자세며 음영을 표현하는 데는 여느 초상화의 형식에 구애받지 않았으나, 얼굴은 7분면의 측면상을 택했다.

하지만 자화상을 측면으로 그린다? 내가 나를 비스듬히 바라본다? 어쩐지 이건 아니지 싶었다. 자신을 위한 그림이 아니던가. 무엇에 얽매이고 거리낄 일도 아니었다. 그대로 정면상으로 윤곽을 그렸다. 기울어지지 않도록 균형을 잘 맞추는 것에 신경을 쓸 뿐이었다.

"놀라운 일이군. 정면을 바라보는 초상이라니!"

사내의 목소리에 놀라움이 묻어났다. 그 들뜬 어조에 윤두서 또한 마음이 살짝 들떠 올랐다. 다소 긴장이 풀어졌을까. 장난기 어린 어조로 대꾸했다.

"내가 옆모습을 볼 수는 없질 않소. 혹 그대가 나를 그린다면 모를까."

그의 기분도 편안한 듯 보였다. 제법 솔직하게 자신의 느낌을 털어놓기도 했다.

"자화상을 그려보라 했던 날, 그대가 아니라면 할 수 없을 것이라 했지. 정면의 자화상이라니……. 이야말로 누구도 생각지 못한 파격이 아닌가. 이제 초상을 그리는 이들은 그대가 시작한 이 길을 따르게 되겠군."

"나를 위한 그림이니 초상의 법칙이 무슨 소용이겠소. 그건 주문에 응해야 하는 이들이 따라야 할 길일 터이니. 나는 그저 내 생각을 그릴 뿐이오."

주문에 응하는 그림이 아니니 마음 가는 대로 그리고자 한다……. 말은 그리했으나 윤두서는 자신의 그림이 이미 비싼 값으로 거래됨을 알았다. 심지어 자신의 이름을 빌린 가짜 그림까지 나돈다고 했다. 그것이 내가 재주 넘치는 화가이기 때문인지 아니면 지체 높은 사대부이기 때문인지, 그림을 구하는 이들의 마음을 알 수는 없었다.

"자신과 당당하게 마주하겠다는 마음이로군. 그래, 그것이 그대의 삶이었지. 그렇다면 그대 안의 욕망과도 정면으로 마주해야 하지 않겠는가. 그것이야말로 그대만이 그릴 수 있는 자화상의 의미일 터이니."

사내가 덧붙인 말이었다. 자신과 정면으로 마주하는 자화상……. 삶을 마주하는 자세로는 그렇다 치자. 사내는 내 안의 욕망과도 당당히 맞서보라 한다. 물론 그리할 것이다. 자화상을 그리겠다고 마음먹은 일, 그것이 바로 나의 욕망을 시인한 첫 걸음이었다. 아무에게도 말하지 못한, 스스로도 채 알지 못했던 나와 마주하겠다는 결심이었다. 나는 화가라는, 누구도 생각지 못했던 자화상을 그리는 화가라는, 떨리는 고백이었다.

"이 자화상이 완성된다 해도 그저 나 혼자만의 그림으로 남겨야 하겠지. 누군가에게 보여줄 수는 없겠지."

윤두서의 어조에 아쉬움이 담겼을까. 사내가 윤두서의 얼굴을 조용히 바라보았다. 이미 그 마음을 알고 있다고, 더 이야기하지 않아도 다 알고 있다고 그렇게 말하는 듯했다. 그가 정말 내 마음을 알까. 누군가에게 보여줄 마음으로 그리는 자화상은 아니다. 나의 존재를 궁금해하던 사내의 물음에 대한 답일 뿐이다. 그런데도 누군가 나의 초상을 보아준다면……. 그 마음이 아주 없지는 않았다. 이 또한 화가로서의 욕망일지도 모르겠다. 내 자화상을, 그들은 어떻게 보아줄까.

그때 담헌澹軒 이하곤이 떠올랐다. 이 순간 옥동이 아닌 담헌이 떠오른 것은 스스로도 조금 의외였다. 그의 높은 안목이 내 그림을 대할 때, 그에게서 흘러나올 평을 기다릴 때의 긴장된 순간 때문일까. 자화상에 담긴 내 속마음을 읽어줄 사람이라면 역시 담헌이 제격이지 싶다.

어쩌면 그와의 사귐 자체가 정면으로 당당하게 살겠다는 마음이 없이는 힘든 것이었기에, 그래서 더 그랬을지도 모를 일이다. 세상은 그를 소론少論이라 하고 나를 남인南人이라 부른다. 둘의 사귐을 탓하는 이들도 있다. 하지만 내 그림을 그처럼 온전히 이해해주는 이가 없으니 세상의 시비是非가 다 무엇이랴. 나는 그의 사람됨을 사랑하고 재능 있음을 아끼는 것이다.

그의 사랑에서 함께 서화를 즐기던 시절이 그리웠다. 언젠가 서울로 다시 돌아가게 되는 날, 그는 달라진 내 그림을 보며 깜짝 놀랄 것이다. 이것은 그대의 그림일 리 없다며, 그대가 이런 사람이었느냐고 웃으며 물을지도 모르겠다.

· 연동4 ·

주인에게 무슨 일이 생겼음이 틀림없다. 그렇다고 남들이 알아챌 만큼 달라진 무엇이 있는 것은 아니다. 그는 여전히 진중하고 온화하며, 단호하면서도 여유롭다. 집안의 종손으로서, 아버지로서, 지아비로서 그의 하루하루는 차분하고도 정갈했다. 40년이 넘도록 그를 보아온 행장이 아니었다면 그의 입 꼬리에 잠시 머물다 떠나는 미소를 알아채지 못했을 것이다. 그리고 또 하나. 주인이 가끔 독백처럼 물어오곤 한다. 예전과는 달리 그의 물음은 자신을 향해 있다. 스스로에 대한 고민이 생긴 것만은 분명해 보였다

"내가 세상을 정면으로 마주하며 당당히 살아왔다고 말할 수 있을까."

이건 독백이 아니라 물음이다. 그것도 답하기에 아주 좋은 물음이다. 행장

은 힘주어 그렇다고 말했다. 주인은 세상의 시비에서 의연했을 뿐 아니라, 헛된 이름을 위해 세상과 타협하지도 않았기 때문이다.

붕당朋黨의 화는 이미 고칠 수 없는 폐단이 되어버렸다. 취사取捨, 선악을 자신의 호불호好不好에 따라 낮췄다 높였다 하여 세상에 옳고 그름이 없는 지 이미 오래되었다. 충헌 공이 고충직도孤忠直道 때문에 당시 사람의 미움을 받았다. 그러므로 후세 자손이 선대를 위하여 드러나기도 어렵게 되었다. 그러나 공은 마음속에 맞고 안 맞음이 없어 동인이니 서인이니 하는 말을 입 밖에 내지 않았다. 또한 자신을 굽혀 남을 따라 세상에 아첨하지 않았다.

붕당으로 선과 악을 나누는 이들 사이에서도 주인은 당색을 묻지 않고, 벗을 사귐에 사람됨을 생각했을 뿐이다. 행장은 이하곤의 사랑에 스스럼없이 출입하는 주인에게서 그런 당당함을 느꼈다. 주인에게 남인이란 이름을 씌운 것은 세상이었을 뿐이다. 세상이 주는 이름이란 이처럼 헛된 것이다.

한 줌 권력을 위해 사람들은 서로에게 기대며 서로의 이름을 섞는다. 이제 자신이 원하든 그렇지 않든, 누군가의 이름이 홀로 서기는 힘든 시대가 되었다. 임금은 그들의 붕당을 기회 삼아 신하들 사이를 오가며 끊임없이 줄타기를 계속했다. 권력이 무엇인지 잘 알았던 임금은 누구에게도 온전한 마음을 주지 않았다. 그 자신에게는 강한 힘을 가져다주었을지 모르나, 정작 신하들 입장에서는 말 그대로 제대로 신하 노릇을 할 수가 없었다. 말 한마디에 목숨을 걸어야 할 시절이었다.

주인의 집에는 그들, 조금은 쓸쓸해서 서로의 만남이 살가웠던 벗들이 모였다. 그들은 출사出仕가 아니더라도 의미 있는 삶이 있음을 보여주어야 한다고, 그렇게 서로를 다독이고 격려하며 정진했다. 마냥 시절을 한탄하지 않았다. 세상에서 멀어진 젊은 선비들이 눈을 돌려 실을 중시하는 학문에 빠져드는 것도 어찌 보면 당연한 일이었다.

옥에 흙이 묻어 길가에 버려 있으니
오가는 사람 모두 흙으로만 알고
옥인 줄은 알아보지 못하는구나.
알 사람 알 것이니 흙인 듯 가만히 있거라.

주인의 시 한 구절 한 구절이 곧 그의 마음이다. 선대의 길을 버릴 수 없어 현달하지 못했을지라도 그는 그 또한 넉넉히 품어 다독였다. 그것이 주인의 힘이었다. 사실 그는 출사하지 않았을 뿐, 무엇 하나 부족함이 없었다. 부지런히 학문을 닦으며 이름 있는 가문을 굳건히 지키면서 사는 것 또한 대단한 자부심이다. 하긴 한번은 조부의 삶에 대해 이런 말을 하기도 했다.

“세상 사람들이 부유하고 풍족함만을 알았지 조부의 부지런함과 어려움의 실재를 어찌 알았겠는가.”

이는 곧 자신의 부유함을 부러워하는 이들을 향해 던진 말이기도 하리라. 부유함 뒤에는 부지런함이, 풍족함 뒤에는 누군가의 수고가 있다. 그는 선조로부터 받은 풍요 속에 안주하지 않았다. 오히려 자신을 끊임없이 돌아보며 채우는 쪽을 택했다.

“세상이 이러하니…… 내가 누구인지, 어디에 서 있는지 경계하지 않는다면 나를 지킬 수 없을지도 모를 일이다.”

“모임이 잘못이겠습니까. 그 모임이 당을 이루고, 기어이 욕심으로 이어짐을 한하는 것이지요.”

“참으로 우스운 일이 아닌가. 중심 없이 흔들리는 이 시절이 오히려 나를 성찰하지 않을 수 없게 만드니. 이 또한 차라리 복이라 해야 하는가.”

행장은 주인이 하려는 말을 잘 알았다. 자신을 지키며 사는 것은 때로 온 세상을 지키는 것보다 힘든 일이다. 주인은 내면 깊숙한 곳을 바라보며 스스로를 지켰다.

공은 교유를 즐겨하지 않았다. 조용히 들어앉아 자수自守하면서 지냈다. 문상이나 문병 이외는 밖에 나가지 않았고, 손님이 방문해도 손에서 서책을 놓지 않았다. 그러므로 아무리 두꺼운 책이라 할지라도 하루가 채 못 되어 남김없이 열람할 수 있었다.

어쩌면 주인이 읽는 수많은 책들이야말로 혼돈의 세상에서 자신을 지키는 방편이 아니었을까. 그가 학문으로써 이기고자 한 것은 바로 붕당으로 무너진 세상의 도였는지 모른다. 하여 그와 지기들이 심취했던 학문을 '실학'이라 불러도 좋을 것이다. 주인은 세상에 연연하지도, 흔들리지도 않았다. 행장은 그런 주인이 자랑스러웠다.

· 백포5 ·

화면은 한 남자의 얼굴로 가득했다. 한 올 한 올 정성을 다해 그려넣은 수염이 얼굴을 감싸 올려 표정이 더욱 선명하게 살아났다. 양감을 더해주는 맛까지 새롭기만 했으니, 이제껏 누구도 그리지 못했던 처음 보는 초상이었다. 화가로서 윤두서가 내린 결단이었다.

사내는 만족스러운 얼굴로 그림에 몰두해 있는 윤두서를 바라보았다. 참으로 근사하지 않은가. 보는 이의 시선을 붙들어놓을 만한 절묘한 필력이다. 적당히 살집이 느껴지는 두 볼에 단정하게 자리 잡은 이목구비까지. 정면상의 당당함을 담은 그의 얼굴 그대로다. 드디어 눈동자를 그려넣는구나. 지금이 중요한 순간이다.

“어째서인가. 눈이야말로 사람의 정기를 그대로 드러내는 한 점이거늘. 그대의 눈빛에 쓸쓸함이 감도는 까닭이 무엇인가.”

윤두서는 답하지 않았다. 그림으로 그렸으면 그만이지 말마디를 보태어 무엇할 것인가. 자신이 그려낸 눈빛을 다시 바라보았다. 사내의 말이 옳았다. 화면 속으로 보이는 그의 눈빛은 단호한 듯 어딘가 우울했다. 단정한 눈매를 짙은 먹선으로 그려넣은 후 곰곰이 자신을 살펴가며 조심스레 살려낸 눈동자. 보일 듯 말듯 섬세한 붓질로 옅은 속눈썹을 눈동자 위로 덮어나갔다. 속눈썹의 짧은 그늘이 사내의 눈매에 은근함을 더했다. 감정을 함부로 드러내는 것 또한 조심해야 할 일이었으나, 거울 속 자신의 눈빛은 그려낸 것 그대로였다.

깊게 감추어진 눈빛 앞에서 윤두서는 젊은 날의 자신을 떠올렸다. 묻어두었다고 생각했으나 아직은 묻히지 못했던가 보다. 어찌 입신을 꿈꾸던 시절이 없었겠는가. 내 한 몸의 보신을 위해 세상에 대한 관심을 닫은 것이 아니다. 글 읽는 자로 태어났으니 의당 책임을 다해야 할 것이다. 학문은 실득하지 않으면 안 되는 것처럼, 실득한 학문을 그저 책장 위에 머물게 해서도 아니 될 일이다.

과거를 보고 진사가 되던 스물 몇 시절까지도 그 꿈이 있었다. 집안의 기대도 모르지 않았다. 비록 당색으로 진퇴가 오가던 시대였으나 그래도 기회가 자신을 비켜가리라 생각하진 못했다. 어려움이 닥친다면 견디고 맞서리라 마음먹으며 준비하고 또 기다리던 시절이었다.

진사가 된 다음해, 양부의 상을 치르고 3년간 복服을 입었다. 이제 해남 윤씨의 큰 살림을 자신이 맡아야 했으니 마음의 무게가 가볍지 않았다. 하지만 종가에 입적된 그날부터 그것은 자신의 운명이었다. 일신을 들여다볼 여가가 없었으나 그래도 글을 읽으면서 시대의 부름을 기다렸다. 마냥 지루하고 힘겨운 일만은 아니었다. 이립而立의 문 앞에서 3년의 복을 벗은 윤두서는 자신 앞에 놓인 새로운 시대를 생각했다. 이제 세상으로 나아가 뜻을 펼쳐야 할 것이다. 하지만 거기까지였다. 윤두서는 그날을 생생히 기억했다. 서른 살의 늦봄이었다.

"아아, 이럴 수가 있단 말이냐. 하늘이 어찌 이리하신단 말이더냐."

좀처럼 목소리를 높이는 일이 없던 둘째형 흥서興緖의 탄식이었다. 지난해 섣달에 올린 상소문으로 인해 유배되었던 셋째형 종서宗緖가 국문鞫問을 받다가 결국 옥에서 숨을 거두고 말았다. 당쟁의 소용돌이에서 잠시 비껴나 있던 집안에 다시금 피 냄새가 밀려왔다. 노론老論 정권을 정면으로 비판하며 시작되었던 증조부 고산 공의 오랜 유배 생활. 송시열宋時烈(1607~1689) 집안과의 깊은 앙금으로 삭탈관직과 명예 회복이 반복되는 와중에 집안의 후손들은 저절로 나랏일에 들어가고 나옴을 조심하게 되었다. 그런데 유배도 아닌 옥사라니.

멀리 고향에서 소식을 들었을 생부의 얼굴이 그려졌다. 쓰러진 채 자리에서 일어나지 못하실 것이다. 형의 나이 겨우 서른넷. 도성 안, 서로 멀지 않은 곳에 거처가 있었던지라 형제들은 함께 공부하면서 명문가의 후손다운 포부를 다지곤 했다. 그런데 형제 가운데 하나가 억울한 죽임을 당한 것이다. 어둠이 온 집안을 뒤덮었다. 슬픔을 소리 내어 하소연하지도 못할 부모를 생각하며 윤두서는 가슴이 무너져내렸다.

옳다고 믿는 바를 당당히 밝히는 일이야말로 젊은 선비로서 마땅한 기개다. 조선은 그런 선비들의 고민과 소신으로 지탱해온 나라가 아니던가. 하지만 어느 때부터였을까. 옳고 그름은 양심을 따르지 않았다. 당색만 따랐을 뿐이다. 보령이 한창인 임금은 노회한 정치가였다. 그 마음 한 자락이 흔들릴 때마다 신하들의 이름과 목숨이 땅으로 떨어졌다. 어디 권력 사이를 오가던 이들뿐이랴. 포의布衣의 몸으로 상소를 올리는 선비들도 예외는 아니었다. 자신의 형이 그랬던 것처럼 그 끝이 죽음인 경우도 적지 않았다.

하긴 당파의 세력 다툼을 등에 업고 왕비의 자리까지 뒤바뀌는 시절이 아닌가. 왕비 민씨를 폐하고 세자의 생모 희빈 장씨를 왕비로 삼더니, 얼마 후 다시 폐해진 민씨를 왕비로 불러들였다. 후에는 결국 장씨에게 사약을 내렸으니, 일찍이 왕실에 이런 법은 없었다. 사대부가의 여느 지아비로서도 차마 할 수 없는 일이거늘 하물며 임금이겠는가. 당파의 골은 점점 더 깊어져만 갔다. 이런 세상에서 출사를 한다는 것이 과연 가능할까. 그것이 바른 선택일까.

윤두서는 오래도록 생각에 잠겼다. 서른 살의 윤 진사는 세상을 향해 이야기하고 싶었다. 하지만 해남 윤씨의 종손 윤두서는 상황을 조심스레 살필 수밖에 없었다. 노론의 세상에서 더 이상 윤씨의 이름을 시빗거리에 올릴 수는 없었다. 내가 이 가문의 종손이 아니었다면, 그저 내 이름 하나만을 책임질 여느 사내였다면 세상에 부딪쳐 그 과정을 온몸으로 겪어내기를 소망했을지도 모른다. 한 장 상소로 자신의 목숨을 바꾼 가형家兄의 선택이야말로 선비로서 당당한 모습이다.

윤두서는 집안의 종손으로서 자신이 가야 할 길을 결정했다. 이름을 빛내는 길이 아닌, 집안을 지키는 일을 택했다. 대과를 포기하고 출사의 마음을 접었다. 그것이 자신이 할 수 있는 최선의 길이었다. 진사로 불릴 때마다 어찌 쓸쓸함이 솟구치지 않았으랴. 하지만 그 정도의 한스러움을 내색해서는 안 되었다. 나라가 아닌, 이 집안에 내가 필요한 것이라면 그 운명 또한 담담히 받아들일 작정이었다.

세상의 움직임에 조금씩 염증을 느꼈던 것도 사실이다. 서른 나이에 벌써 흰머리가 간간이 보였다. 남인의 세상은 좀처럼 돌아오지 않았다. 그리고 자화상을 그리던 이 순간까지도 그들의 세상은 열리지 않았다.

출사에 대한 기대 같은 것은 잊은 지 이미 오래라고 생각했다. 학문이란 나를 위한 것으로 충분하다고 다짐했다. 그런데, 그럴 수는 없었던가. 학문이 나를 힘겹게 한 것은 아니다. 하지만 세상으로 나가지 못하는 선비의 학문이 쓸쓸하지 않다면 그 또한 나를 속이는 것이다. 그림 속 사내의 눈빛은 속일 수 없는 자신의 마음이었다. 윤두서는 눈빛 속에 떠오른 오랜 쓸쓸함과 새삼스레 마주했다. 이제는 이 눈빛 속에 모두 묻어두리라……. 그래야 하리라.

· 연동5 ·

주인은 요즘 다른 세상에 사는 것 같다. 곁에서 그를 바라보며 그의 삶을 이야기하는 것이 내게 주어진 일이거늘. 그를 만날 수가 없다. 행장은 주인의 속마음을 엿볼 수 없었다. 엿보아서도 안 될 일이었다. 할 일을 찾지 못한 채 행장은 여느 때의 그를 떠올렸다. 주인은…… 이 모습 그대로 다시 돌아올 것이다.

> 공은 젊어서부터 연로할 때까지 아무리 급하고 졸지에 일을 당하더라도 말을 빨리 하거나 서두르는 빛이 없었다. 말을 할 때나 웃을 때나 혹은 해학을 할 경우에도 집 안이 떠나갈 정도로 큰 소리로 하시는 일이 없었다. 공은 밖으로 나타난 용모와 말씨가 중후하고 존엄하시어 자연히 사람으로 하여금 존경의 염이 일게 했다.

· 백포6 ·

윤두서는 좀처럼 마음을 정하지 못했다. 이제 마지막 결단을 내려야 한다. 처음 생각은 이렇지 않았다. 하지만 안면을 완성하고 몸체를 그려넣으려는 순간, 마음을 가로막는 무엇이 있었다. 분명 초草를 잡을 때는 어깨선으로 이어지는 몸의 윗부분까지 편안하게 표현하려 했다. 하지만 안면을 모두 그리고 보니 이것으로 충분하다는 생각이 들었다.

그렇다고 어찌 얼굴만 덩그러니 내놓는단 말인가. 아무리 혼자만을 위한 초상이라지만 이건 있을 수 없는 일이다. 전신全身을 담아내지 않은 것은 자신의 모습을 보아가며 그려야 하는 자화상이니 그러려니 하겠지만, 얼굴로만 채워진 화면이라니. 하지만 붓을 쥔 화가는 그의 마음을 자꾸 충동질한다. 무엇이 더 나은 그림이 될지 잘 생각해보라는 것이다. 어차피 정수리 윗부분까지 잘라버린 자화상이다.

"아니, 관모冠帽를 어쩌려는 것인가."

사내는 안면 위쪽이 그저 탕건으로 간단히 마무리된 모습에 놀란 듯했다. 그나마도 탕건은 중간에서 툭, 하고 잘려진 채였다. 위쪽으로 더 이상의 여백도 남겨두지 않았으니 마저 다 그리지 못한 위쪽은 어쩔 셈이냐는 물음일 것이다.

“화면이 부족해서가 아니오. 이 초상은…… 관모가 필요 없는 것이지.”

사내는 더 묻지 못하고 넋을 잃은 듯 초상만을 묵묵히 바라보았다. 한참이 지나, 사내는 윤두서의 기분을 살피듯 조심스런 어조로 말을 꺼냈다.

“아픔 때문인가. 어떤 관모로 그대를 표현하지 못하는, 포의의 쓸쓸함이 이렇게 이어지는 것인가.”

사내의 말도 그르지는 않다. 고관대작의 빛나는 관모를 얹을 수도 없는 마당인데, 그렇다고 그저 관습을 따른 똑같은 관모로 그리고 싶지도 않았다. 하지만 그것이 전부는 아니다.

“그것 때문만은 아니오. 관모야말로 그 사람의 신분이며 자리를 드러내는 자부심의 표현이지 않소. 내가 정수리를 잘라버린 것은…… 이 초상에서 나를 드러내주는 그 어떤 것도 더하고 싶지 않았기 때문이오. 윤두서라는 한 사내, 그의 마음만을 온전히 담고 싶었을 뿐이오. 나머지는 나의 행장이 대신해주겠지.”

말하고 나니 마음이 편안해졌다. 윤두서는 마지막 고민을 의논할 생각이었다. 도대체 이 자화상을 어떻게 마무리해야 할 것인가. 사내 또한 그것이 궁금한 듯했다.

“정면상으로 시작한 순간부터 내면을 온전히 담아낸 눈동자, 신분에 연연하지 않겠다는 잘려진 탕건…… 이런 자화상이 그려지다니, 믿을 수 없는 일이야. 그대는 갈수록 나를 놀라게 하는군. 이제 무엇을 더 그려 나를 놀라게 하려는가."

사내의 목소리가 기대감으로 잔뜩 들떠 있었다.

"정녕 그대가 놀랄 일이 남아 있기는 하지. 이제…… 아무것도 더 그리지 않으려 하오."

사내는 좀처럼 이해하지 못하겠다는 표정이었다. 그때였다. 윤두서가 불쑥 곁에 놓인 촉을 꺼버렸다. 방 안은 이제 초저녁 기울어가는 가을 햇살만이 어스름 비쳐들 뿐이었다. 윤두서는 사내가 자화상을 바로 볼 수 있도록 그 앞으로 그림을 가까이 놓아주었다. 사내는 어인 일인가 싶어 눈길을 거두어 자화상 쪽으로 돌렸다. 이윽고 탄성이 터졌다.

"아! 이것이 어찌된 일인가."

윤두서는 다시 촉을 밝혔다. 빛을 받은 그림은 원래의 모습으로 돌아갔다.

"어느 쪽이 좋겠소?"

묻는 쪽도 답해야 할 쪽도 생각에 잠겼다. 원래 초를 잡을 때는 종이의 뒷면에서 가볍게 선묘線描로 그려넣게 마련이다. 그 선을 비춰가며 다시 앞면에서 붓으로 섬세하게 하나하나 그려나간 화면에서 이제 남은 것은 상반신의 몸체뿐이었다. 선묘로는 어깨선으로 이어지며 두루마기 앞섶의 옷고름까지 대략 자리를 잡아둔 상태였다. 그런데 촉을 꺼버린 방 안, 희미한 빛 가운데서는 흐릿한 뒷면의 선묘가 보이지 않았다. 상반신 없이 오직 완성된 얼굴만이 화면 안에 선명하게 드러나 보였던 것이다.

상반신의 몸체가 보이지 않는 자화상은 인물의 표정만이 더욱 강하게 도드라졌다. 하지만 이것을…… 초상이라 말할 수 있을까. 희미하나마 그 옷깃과 어우러져 있을 때의 자화상은 정면상의 충격이 조금 덜어지는 것 같았다. 인물의 표정이 옷깃에 묻히는 느낌이기도 했다. 겨우 옷깃과 어깨선이 있고 없을 뿐이건만, 둘은 전혀 다른 사람처럼 보였다.

몸체를 그리지 않더라도 얼굴만으로 충분하지 않을까. 오히려 이쪽이 자신의 내면에 가까운 것은 아닐까. 하지만 옷깃과 어우러진 인물의, 품위 넘치는 진중한 모습 역시 마음에 들었다. 상반신의 옷차림을 마저 붓으로 확실하게 그려낼 것인가, 아니면 선묘를 무시하고 얼굴만으로 초상을 마무리할 것인가. 윤두서의 고민을 알아챈 사내가 넌지시 말했다.

"그리는 것은 화가이나 보는 자들의 몫도 남겨둠이 어떠한가."

윤두서는 사내의 제안이 마음에 들었다. 다소 무례한 듯 너는 누구냐고 느닷없이 물어오던 사내였는데 어느덧 그의 무뚝뚝함이 오래된 친근함처럼 느껴졌다. 아니, 만남이 계속되면서 어느새 그의 어조에 진심 어린 연민이 담긴 것만은 사실이었다.

그의 말을 따르리라. 내 자화상에 물음 하나를 남겨두자. 붓을 들어 더 그리지도, 그렇다고 선묘를 지우지도 않을 것이다. 보일 듯 말듯 이대로 남겨둘 것이다. 때로는 이런 표정의 윤두서를, 때로는 저런 얼굴의 윤두서를 만나게 되겠지. 어차피 세월이 흐르면 그 흔적 또한 사라져버릴 테니. 세상과 내면 사이에서 고민하는 두 얼굴이 어찌 나 하나뿐이랴. 어쩌면 이것이 바로 내가 살았던 이 시대의 자화상일지도 모르겠다. 윤두서, 혹은 윤두서들의 자화상이 될 것이다.

·이별, 백포·

생각해보면 힘겹던 순간이 행복한 순간이었다. 백포의 집에서 오직 자신에게만 집중하며 그려냈던 자화상. 어떤 모습으로 완성될지는 자신조차도 몰랐다. 그런데 눈동자에 담긴 쓸쓸함은 무엇이며 정수리가 잘려나간 탕건은 또 무엇인가. 미처 알지 못했던, 저 깊은 바닥에 가라앉혔던 슬픔과 소망들이 그렇게 하나씩 떠올라 자신과 마주했던 것이다. 깊은 우물 속처럼 자신조차도 오래도록 바라보지 못했던 곳이었다.

누군가가 내 눈에서 쓸쓸함을 읽는다면 어째 멋쩍을지도 모르겠다. 하지만 아무도 내 눈에서 쓸쓸함을 읽어내지 못한다면 조금은 슬플 것 같다. 학문에 전념해야 할 선비가 붓을 희롱하는 것으로도 모자라 자화상을 그린다…… . 놀라는 이들도 적지 않겠지.

내 얼굴에는 출사하지 못했던 한 사내의, 시대의 뒤편에서 학문이 즐거움으로 남아야 했던 한 사내의 쓸쓸함이 담겨 있어야 한다. 그리고 그 얼굴을 그려낸 붓 끝에는 사대부의 이름만으로는 만족할 수 없었던, 한 화가의 뜨거움이 설레고 있어야 한다.

"그대는 누구인가."

그의 목소리였다. 내게 누구인가를 나직이 묻던, 자화상을 그려보라 부추기던 그. 자화상은…… 그를 닮아 있었다. 처음 만나던 날, 해질녘 연못에 비치던 얼굴. 거울 속에서 나를 바라보며 진지하게 이야기를 나누어주던 얼굴. 나보다 더 나를 잘 알던 그였다. 해남 윤씨의 종손이 아닌, 붕당의 혼돈 속에서 학문에 열중했던 선비가 아닌, 혼자의 사색으로 자아를 고민하던 한 사내였다.

그가 아니었다면 자신조차도 스스로에 대해 잘 모르고 지났을 것이다. 고마운 친구였다. 그대와의 만남도 이것으로 마지막이로구나. 윤두서는 완성인 듯 미완성인 자화상을 조심스럽게 말아 작은 나무상자에 넣었다. 자신의 내면을 그렇게 차곡차곡 담아 넣었다.

하지만 상자를 봉하려던 순간 행장이 떠올랐다. 이 사내에 대해 행장에게 이야기해야 하지 않을까. 그대가 보아온 윤두서 말고도 또 다른 내가 있었다고. 영원한 이별이 오기 전에 솔직하게 고백하고 싶었다. 이제 그럴 수 있을 것 같았다.

· 이별, 연동 ·

"그동안 나를 지켜봐줘서 고마웠다."

겨울 바닷바람이 예사롭지 않은가 싶더니, 주인은 갑자기 얻은 감기로 힘든 며칠을 보냈다. 해남으로 내려온 지 3년도 되지 않았는데, 그의 나이 아직 50도 되지 않았는데 벌써 작별을 고해야 하는가. 행장은 고맙다는 그의 말이 고마워 눈물이 고였다.

"고맙다니요……. 그대가 곧 내가 아닙니까."

"하지만 내 평생 흔들리지 않고 나를 지키며 살 수 있었던 것은 오로지 그대의 공일 것이야."

"나는 오직 그대를 그대로 드러낼 뿐입니다. 누가 알겠습니까. 지금의 세상이 알아주지 못하는 그대의 참모습이 다음 세상으로 이어져 향기로운 꽃으로 피어날지. 그대의 실득하는 학문도, 조선의 새로운 서체도, 마음으로 사랑했던 그림도, 그 뜻이 밝혀질 때가 있을 것입니다. 그대가 나의 주인이어서…… 행복했습니다."

진심이었다. 주인 윤두서는 넉넉히 한 세상을 빛낼 만한 재능을 지닌 선비였다. 행장으로서, 그 뜻을 마음껏 펼 수 있는 세상을 만나지 못한 것이 한이었을 뿐이다. 하지만 주인은 그 한마저도 모두 삼켜버리고 더 이상 입에 담지 않았다. 행장의 이야기를 듣던 주인이 한 번도 들어본 적 없는 떨리는 음성으로 말을 건넸다. 따뜻하게 울리는 목소리였다.

"그대에게 하지 못한 말이 있다. 백포에서 한 사내를 만났다. 그가 내게 물었지. 그대는 누구인가……. 나는 그 답으로 자화상을 그렸다. 그대가 곧 나의 모습인 것처럼 이 자화상 또한 나의 모습일 터이니…… 만나보겠는가."

그것이었구나. 그래서 그 가을을 온통 백포의 바닷바람 소리 속에서 힘겹도록 행복해했던 것이구나. 주인은 내면의 자신과 그렇게 만났던 것이다. 도대체 흠잡을 곳 하나 없는 이 사내의 내면은 어떤 세계일까. 궁금했다. 주인의 자화상과 자신이 만난다면 그야말로 온전한 주인의 모습을 이루는 것이 아닌가.

하지만 행장은 그러지 않기로 했다. 주인의 마음까지 들여다보는 것은 자신이 할 일은 아니었던 까닭이다. 자화상을 만나게 된다면…… 자신이 평생 보아온 주인의 이야기를 다시 시작해야 할 것 같은 두려움이 일었기 때문이기도 했다. 행장은 행장으로, 자화상은 자화상으로 각기 제자리를 지키면 될 터이니. 행장은 주인의 깊은 배려만으로도 충분하다고 생각했다. 이제 그를 보내주어야 할 때가 온 것이다.

공재 공은 을미년乙未年(1715) 겨울 우연히 감기를 앓다가 마침내 그해 11월 26일 백련동의 옛집에서 별세했다. 향년 48세에 불과했다. 이옥동 선생이 애사哀詞를 지어 이렇게 말했다.

그대의 선하고 믿음성 있는 자세를 흠모했고, 그대의 공명하고 평형한 의시를 존경했네. 넓고 넓은 바다에서 그대의 모범적인 마음을 알았고, 화창한 봄 날씨에서 그대의 따뜻한 성정을 보았노라. 나는 항상 그대의 충국의 지혜를 생각했고, 그대의 영공한 정성을 앙모했다오. 그대의 절륜한 예능은 오히려 덕을 기렸고, 까닭 없이 중대한 명망을 숨겼네. 슬픈 일이도다.

주인의 지기인 이서의 애사를 나직이 읊으며 행장은 주인과 이별했다. 그리고 그 또한 깊은 어둠으로 제 몸을 덮었다.

· 그 후 ·

그리고 여러 해 뒤. 해남을 지나던 이하곤은 벗의 옛집에서 그의 자화상을 만났다. 자신을 너무도 핍진하게 담아낸 까닭이었을까, 어디서도 보지 못한 낯선 화면 때문이었을까. 그때까지 누구의 찬문撰文도 곁들이지 않은 채였다.

육 척도 안 되는 몸으로
사해四海를 초월하는 기개를 지녔네.
긴 수염 나부끼고 얼굴은 붉고 윤택해
바라보는 자, 도사인지 검객인지 미심해하지만
그 공손하고 삼가는 풍모 역시
독행篤行의 군자에 부끄럼 없어라.
내 일찍이 그를 평하여 가로되
풍류는 고옥산顧玉山에 절예는 조승지趙承旨라.
행여 천년 뒤 후인이 그를 알려거든
꼭 먹색의 빼닮음에서 구할 필요가 무엇 있으리.

윤두서의 회화를 가장 깊이 이해했던 벗의 눈에도 이 자화상은 두 자아 사이에서 고민했던 한 사내의 내면이 충돌하듯, 묘한 긴장을 간직한 얼굴로 보였던 것이다.

풍경

그 달밤을 보았는가

김홍도 「소림명월도」

소림명월도 疏林明月圖

작 가 | 김홍도金弘道

제 작 년 도 | 1796년

크 기 | 세로 26.7cm, 가로 31.6cm

종 류 | 종이에 담채

소 장 | 리움

김홍도의 대표작인《병진년화첩》은 조선 최고 화가의 절정이 무엇인가를 그대로 보여주는 명작이다. 그 가운데서도「소림명월도」는 소재나 시점 모두가 여느 조선 산수화와 다르다. 관념 속의 이상적인 산수도, 조선의 절경을 그린 진경산수도 아닌, 주변에서 흔히 볼 수 있는 풍경을 담아낸 그림이다. 평범한 일상이 그림의 주제가 될 수 있다는 이야기를 하고 있는 것이다. 새로운 주제에 어울리게 시점 또한 전통적인 다시점多視點에 얽매이지 않는 자유로움을 보여준다. 남다른 화가의 눈만큼이나 유려한 붓으로 이루어 낸 다채로운 먹의 아름다움이 놀랍다.

진경과 일상

이 작품에 대해 잘 알지 못한 상황에서 마주했다면 그리 당황하지 않았을 것 같다. 그림의 재료가 먹물인 것이 좀 의아하긴 했겠지만 근대의 어느 화가가 새롭게 해석한 작품이려니, 다만 붓이며 먹의 느낌이 기가 막히다, 이 정도로 감탄하지 않았을까.

문제는 그 화가가 단원檀園 김홍도金弘道(1745~1806?)였으니, 이를 어쩌면 좋을 것인가. 그는 분명 18세기 후반 조선을 뒤흔든 화가였다. 그런데 산수화라 부르기에는 살짝 난감한, 풍경화라 불렀으면 차라리 좋을 것 같은 이런 그림이 어쩐 일인가. 게다가 엄청난 존재감이라니. 고백하건대 나는 이 그림으로 김홍도를 다시 보게 되었다. 화가로서의 기량은 너무도 빼어나지만 결정적 한 방이 없다고 느끼던 중이었다. 그때까지는.

김홍도를 전통 회화의 분류 방식에 따른 산수화가가 아니라 근대적 의미의 '풍경화가'로 불러도 되겠다는, 그런 엉뚱한 생각을 하게 만든 그림이 바로 이 「소림명월도」다. 이 또한 그가 살았던 18세기의 한 단면이었을까.

조선의 풍경

18세기 조선의 문화는 다채롭다. 무엇인가 새로운 것이 시작될 때의 설렘이라 해도 좋겠고, 이런저런 색채들이 뒤섞인 율동감이라 불러도 어울릴 듯하다. 영·정 시대라 일컫는, 탕평蕩平군주이자 문화군주인 두 임금의 시대가 끌어올린 힘이었다. 그림으로 보자면 그 다채로움에 한 자리씩을 차지한 정선과 김홍도가 있다. 새로운 산수를 고민하면서 각자의 방식으로 '풍경'을 그려낸 천재들이다. 이제 조선은 자신의 땅을 당당히 바라볼 수 있는 시대가 된 것이다.

그들이 등장하기 전까지의 조선 산수화는 대체로 이런 모양새였다. 전통적으로 산수화라고 이야기할 때의 산수는 실재하는 장소가 아닌 경우가 많다. 이상화된 자연이 그 주인공이었던 것이다. 게다가 한자 문화권 중심에 있던 중국 산수화의 영향을 받는 것은 당연한 일이었으니, 조선 산수화에 등장하는 자연이 조선 땅의 모습과는 어느 정도 거리가 있었던 것 또한 사실이다. 물론 특정 장소를 그린 실경산수實景山水가 없었던 것은 아니지만, 큰 흐름은 역시 관념산수觀念山水 쪽에 있었다.

진경산수眞景山水의 대가로 널리 알려진 정선의 시대에도 마찬가지였다. 영조 시대를 대표하는 두 화가인 겸재謙齋 정선이나 현재玄齋 심사정沈師正(1707~1769) 또한 전통적인 산수화를 많이 남겼다. 하지만 정선의 이름이 다른 무게를 지니는 것은 그가 여기서 멈추지 않았기 때문이다. 게다가 그의 진경산수는 그때까지의 실경산수화들과도 다른, 회화로서의 매력을 더한 그림이었다.

정선은 금강산을 비롯한 조선의 명승을 화면 속으로 불러들여 우리 땅의 아름다움을 드러냄으로써 회화사에 자신의 이름을 우뚝 세웠다. 시대적 요구이기도 했다. 당시 한다 하는 문인이라면 꼭 한 번은 가야 할 명소가 바로 금강산이었다. 산수를 유람하면서 글을 짓고 풍류를 즐기는 것이 일종의 유행이기도 했으니, 정선의 진경산수는 시대와의 멋진 호흡으로 탄생한 것이다. 그 배경이 우리 것에 대한 자각이든 관념산수에 대한 반발이든 소중화小中華 의식의 편린이든, 그의 진경산수는 새로운 회화적 언어로 시대적 요구에 부응했다.

정조 시대는 앞 시대와는 닮은 듯 다른 문화적 취향을 보인다. 영조 시대의 것들이 무르익으면서 거기에 새로운 멋을 더했다고나 할까. 특히 여항閭巷 문화가 저변을 넓혀가면서 이 시대의 문화를 더욱 풍성하게 채워넣었다. 그의 치세는 도화서 화원들의 전성기이기도 했다. 문인의 교양까지 두루 갖춘 화원들까지 등장했으니, 직업 화가들의 기량과 의식이 절정에 이른 것 또한 시대 의식의 한 발로였을 것이다.

그렇다면 이 시대의 대표 화가 김홍도는 어느 지점에서 자신의 천재를 발휘했을까. 우리에게는 풍속화가의 대표로 알려져 있지만 사실 이것은 그의 이력의 극히 일부분일 뿐이다. 그는 조선 시대 여느 화가들과는 달리, 주력 장르가 어느 한두 분야로 한정되지 않았던 것으로도 유명하다. 전통적인 산수에서 진경산수는 물론 인물이며 기타 화조花鳥 등에 이르기까지 장르를 가리지 않았다. 여기에 정조의 전폭적인 지원까지 함께했으니 조선의 회화사가 바로 그의 시대에서 정점을 찍었던 것이다.

하지만 김홍도가 18세기를 대표한다고 말하려면, 이것만으로는 좀 아쉽게 느껴진다. 생각하기에 따라서는 무엇을 더 요구할 게 있나 싶기도 하다. 하지만 회화사의 시점에서 보자면 딱 하나가 더해졌으면 싶다. 이 정도의 화가라면 정선의 진경산수를 뛰어넘을 무엇이 있어야 하지 않을까.

일상의 풍경

이 지점에서 그의 「소림명월도」를 이야기하고 싶다. 흔히 '병진년화첩丙辰年畫

帖'이라 부르는 《단원절세보檀園折世寶》의 20점 가운데 한 폭에 불과한 작은 그림이다. 하지만 정선의 「금강산도金剛山圖」가 지닌 무게만큼이나, 아니 그 이상의 회화사적 의미를 담은 작품으로 보인다.

동양의 산수화에 비교되는 서양의 장르는 풍경화라고 할 수 있겠지만, 두 장르의 간극은 산수와 풍경이라는 의미의 거리만큼이나 엄청나다. 산수가 일종의 이상화된 자연이라면, 풍경은 현재 화가 앞에 펼쳐진 특정한 자연에 가깝다. 그리고 이만큼의 차이가 자연을 바라보는 화가의 시점에도 나타난다. 풍경화와 달리 산수화는 서구적인 원근법으로 따지기 어려운 독특한 시점을 보여준다. 일반적으로 산수화 속 화가의 시점은 한 자리에 고정되어 있지 않다. 산 위에서 혹은 앞에서 혹은 아래에서, 끊임없이 움직이며 그 전체를 화면으로 옮겨오는 것이다.

물론 새로운 산수이긴 했지만, 진경산수 창작의 기본 역시 산수로서의 접근이었다. 산수 속의 진경은 여전히 아름다운 자연의 표상이었으며, 그리는 시점 또한 전통적인 방식에 기댄 것이었다.

그런데 김홍도의 「소림명월도」는 먹을 찍어 그리는 전통 회화에서 산수가 아닌 풍경의 시선으로 대상을 마주한다. 그것은 화가의 눈앞에 펼쳐진 광경이었으되 이전까지 누구도 그림의 대상으로 받아들이지 못했던 '일상'일 뿐이었다. 금강산과 같은 절경도 명소도 아닌, 아무것도 아닌 어느 달밤을 그림으로 옮겼으니 이야말로 하나의 '사건'이라 해야 옳을 것이다. 게다가 시점 또한 전통적인 산수와 달랐다. 서구의 풍경화에서 흔히 볼 수 있는 단일 시점으로 그려졌다. 이미 절정에 선 화가였으나, 그는 여전히 자신만의 새로운 절정을 묻고 있었으리라. 그 달밤을 보았느냐고, 이제 그 달밤이 그림이 될 수 있겠느냐고.

그렇다고 새로운 시도를 위해 억지로 맞추어 그린 것도 아니었으니, 회화로서의 아름다움으로 꼽아도 그의 작품 가운데 최고라 할 만하다. 화려하지도 장대하지도 않은 화면이건만 단순한 구도를 살려내는 이 유려한 필묵이라니. 소품의 매력을 아는 대가다운 면모다.

이 사건은 단지 새로움이라 이야기할 수 있는 무엇이 아니다. 진경산수는 산수에 대한 하나의 해석이었다. 하지만 「소림명월도」는 '이런 장면도 산수화가 될 수 있는가' 즉, 현대의 어법으로 바꿔 묻자면 '어느 달밤의 풍경이 그림이 될 수 있는가'에 대한 답을 요구했다. 김홍도는 어떻게 이와 같은 질문에 직면했을까. 아니, 그 자신이 던지지 않았다면 18세기 말의 어느 누구도 생각지 못했을 질문일 것 같다. 이 '사건'에서 그를 만나고 싶다.

◆ ◆ ◆

· 정조의 시대 ·

젊은 임금이 왕위에 올랐다. 폐세자의 아들이라는 짐을 진 그였으나 보령 스물다섯의 눈부신 젊음답게, 그가 다스리는 세상은 정말 달라지기 시작했다. 임금은 옛 세종 시대의 영광을 자신의 이상으로 삼았다. 부강한 나라의 풍성한 문화적 자부심을 본받고자 함이었다. 규장각을 세워 학문을 일으켰으며, 신분과 당색을 넘어 널리 인재를 불러들였다. 그리고 임금의 치세 스무 해에 접어들던 을묘년乙卯年(1895), 임금은 대규모의 능행陵幸으로 자신의 포부를 세상에 알렸다. 비참하게 생을 마감한 아버지를 묻은 땅에 화성華城을 세우고, 자신의 새로운 조선을 꿈꾸었다.

나라의 부름을 받아 그림을 그리는 도화서의 화원들에게도 뿌듯한 시절이 열렸으니, 새로이 자비대령화원差備待令畵員 제도를 둔 것이었다. 임금은 재능 있는 화원 열 명을 가려 뽑아 가까이서 그림을 그리도록 격려했다. 시대의 변화는 가히 날과 달을 달리했다. 조선도, 도화서도, 그리고 화원들의 그림까지 모든 것이 순조로워 보였다.

하지만 을묘년 가을, 도화서의 최고 화원 김홍도의 마음은 그렇지 못했다.

그리고 다음해인 병진년 늦은 봄, 동갑내기 화원 이인문李寅文(1745~1821)은 이 오랜 친구로부터 편지 한 통을 받았다. 얼마 전 보았던 그림과 함께였다.

· 편지 ·

내게, 외로움이 있다고, 차마 어쩌지 못하는 지독한 외로움이 있다고 털어놓았던 지난가을 밤…… 그대가 말했지. 조선의 화원으로서 더 이상 바랄 것이 무어 있겠느냐고. 이미 모든 것을 갖지 않았냐고. 그대의 말에 담긴 따뜻한 격려, 두터운 우정을 알지 못함은 아니야.
나의 외로움이 자만이거나 혹은 자책이었을까. 그대의 말처럼, 내게 무엇이 부족하여 외로움에 뒤척이는가 답하고 싶었다네. 오래도록 내 마음속을 바라보았지. 하지만 나 또한 그 연유를 알지 못하였기에 그대에게 토해낸 것이었다네.

단원檀園의 이야기는 지난해 둘의 만남을 회상하며 시작되었다. 이인문은 오랜 친구의, 여전히 가까이 오가는 그가 보낸 느닷없는 이야기에 조금 당황했다. 멀리 떠난 사이에 주고받은 글도 아닌, 지척에서 밤을 보내고 있을 그에게서 이토록 긴 글이라니 어인 일일까.

그의 말 그대로였다. 지난해 그가 외롭다, 는 말을 했을 때 사실 나는 조금 의아했다. 외로움이라? 다른 누구도 아닌 단원 김홍도가? 물론 그럴 수 있다. 아무리 세상의 사랑을 받는 천재라 해도 가끔씩 몰려드는 쓸쓸함이 없지는 않을 것이다. 하지만 차마 어쩌지 못하는 외로움이라니……. 그림을 그리는 자의 느낌이 사실이라면 그의 외로움은 바로……. 하지만 그래서는 안 될 말이었다. 이미 그의 붓이 이르지 못한 자리가 없지 않은가.

언제부터였을까. 이 외로움이 불쑥 내 일상 속에서 무게를 지니기 시작한 것은. 그대에게 털어놓던 그 어느 때쯤이었다고 생각했지. 하지만 마음속 이 시린 느낌을 외로움이라 이름하기 시작하면서, 아니 그대가 나의 외로움이 대체 무엇 때문인가 의아해했던 그날. 비로소 깨닫기 시작했다네. 사실은 이 외로움이 제법 오래도록 내 안에 자리해 있었음을 말이야. 모른 채 할 수 없었다네. 차라리 이 친숙하면서도 힘겨운 감정을, 그 근원을 찾아 마주하기로 하였지.

오래도록 자리해 있던 외로움이라……. 그저 잠깐의 뒤척임으로 지나갈 바람이 아니었구나 생각하니 이인문 또한 새삼 마음이 아려왔다. 벗으로서의 아픔이기도 했다.

단원 김홍도. 그를 처음 만난 것이 벌써 서른 해가 넘었던가. 우리의 오랜 사귐 가운데 힘든 시간은 있었을지언정 그가 스스로 외롭다고 말한 적은 없었다. 외로울 틈조차 없을 만큼 그를 향한 임금의 사랑과 세상의 시선은 따뜻한 기대로 가득했다. 그런데 내가 알지 못했던 또 다른 단원이 있었던가.

그의 이름은 내가 화원이 되어 도화서로 들어갔을 때부터 이미 알았다. 을유년乙酉年(1765) 겨우 스물을 갓 넘긴 나이로 주상께서 자리하신 연회의 병풍을 그려 바쳤던 그였기 때문이다. 그리고 얼마 후 세손의 진영을 그리면서 지금은 주상이 되신 그분의 마음을 얻었다. 단원은 서른이 되기도 전에 이미 조선에 그 화명畵名이 널리 알려진 화원이었다.

김홍도로 인해 도화서는 더욱 특별해졌으나 그는 도화서의 여느 화원과는 달랐다. 그는 국왕의 화가였다. 시·서·화에 빼어난 예인이자 안목 또한 높았던 임금은 시대를 맞춰 태어난 이 걸출한 화가를 그에 맞는 그릇으로 대접했다. 충분히 그럴 만한 재능이기도 했다. 인물에서 산수, 속화俗畵에서 화조에 이르기까지 그의 붓이 미치지 못하는 곳이 없질 않던가. 30년 넘는 인연을 이어가며 김홍도는 임금의 사랑 속에서 자신의 재능을 꽃피웠다. 사실 그처럼 임금의 모습을 가까이 살피며 마음을 얻은 화가는 일찍이 없었다.

김홍도는 그림에 솜씨가 빼어난 자로서 그 이름을 안 지 오래다. 30년 전 초상을 그렸는데, 이로부터 그림에 관한 일은 모두 홍도에게 주관토록 하였다.

그렇다고 단원이 그림만 묵묵히 그리는 화사는 아니었다. 진정한 풍류객이라고나 할까. 시, 문장, 글씨까지 무엇 하나 나무랄 데가 없는 그였던지라 문인들과의 사귐 또한 두터웠다. 절친했던 시인 홍신유洪愼猷(1722~?)가 단원과의 사귐을 따뜻한 어조로 이야기하기도 했지.

> 김사능金士能(홍도)은 나이 서른이 못 되어 그림으로 세상에 이름이 났으니 대저 하늘이 준 재주가 높음이다. 또 그 모습이 수려하고 맑으며 훤칠하게 키가 크니 속세의 사람이 아니다. 그 사람이 이와 같은 고로 그림 역시 그와 같다. 나는 그 인물과 그림을 사랑하고 사능 또한 내 시와 글씨를 사랑한다.

이처럼 맑고 시원스러운 인품으로 벗을 사귀는 그였으나 억지로 마음을 맞추는 달콤한 말에는 능하지 않았다. 자신의 생각을 드러내는 데도 거침이 없는 쪽에 가까웠다고나 할까. 심지어 그림의 호오好惡를 묻는 국왕 앞에서도 자신의 안목을 그대로 이야기할 정도였으니. 신해년辛亥年(1791)의 일이던가. 전하께서 어진御眞의 초본 석 장을 나란히 놓고 어진화사인 이명기李命基와 김홍도를 부르셨다. 전하와 여러 신하들 사이의 의견이 서로 달랐기 때문이다.

"짐과 좌상은 서쪽 초본이 좋다고 하였으나 제신들의 의견은 상초上綃 족자본이 낫다고 한다. 너희의 생각은 어떠하냐."

이명기는 공손히 서쪽 초본이 좋다고 아뢰었다. 그런데 김홍도는 아예 주상께서 언급하지도 않은 세 번째 초본을 골랐다.

"동쪽 초본과 족자본을 서로 비교하여 상초하는 것이 좋겠습니다."

국왕 앞에서 자신의 안목을 주저하지 않고 내어놓는 화원이라니…… . 함께 자리한 여러 신하들도 조금은 난처했을지 모르겠다. 그런 김홍도였다. 작품 앞에서라면 화가의 눈은 솔직해야 한다고 말이다. 하여, 전하께서 그의 그림과 사람됨까지 아끼셨던 것이 아니겠는가.

그의 그림을 사랑하기로 치면 나 또한 누구에 덜하지 않다. 동갑내기인 우리는 도화서 내에서도 가장 가까운 벗이었다. 같이 그림을 그렸고, 시를 나누었으며, 서로의 그림에 제발題跋 남기기를 즐거워했다. 그림에 대해 주고받는 이야기 또한 얼마나 진지한 고민으로 깊었던가. 같은 길을 걷는 동지이자 서로의 마음을 알아주는 지기의 느낌이었다. 그런데 그가 불쑥 외롭다고 한다. 어찌 내가 당황하지 않겠는가.

· 화원의 시대 ·

그대, 나의 느닷없는 말에 의아했던가. 그럴 테지. 지난해 을묘년은 도화서의 우리 모두에게 바쁘고도 뿌듯한 한 해였으니까. 나라의 큰일을 제대로 끝마친 후에, 그래서 힘겨운 것일지도 모르겠다는 그대의 말. 그래, 그럴 수 있다고 나 또한 생각했다네.

나, 화원이 되어 전심으로 우러르는 군주를 위해 일할 수 있음을 얼마나 기뻐했는지 그대야말로 누구보다 잘 알 터이니. 하여 우리는 그처럼 충심을 다해 그림을 그렸던 것이 아니었는가. 그렇지. 내게 내린 군주의 은혜는 참으로 과한 것이었으니.

그래, 지난해에는 정말 잘하고 싶었다네. 화성을 향한 전하의 마음을, 나 또한 아주 모르지는 않았기 때문이지. 그 땅에 성을 세우고 능행을 떠나시는 마음이 그저 효심만은 아니셨을 테니까. 비록 이처럼 작은 일일지언정 화원으로서 할 수 있는 모든 것을 쏟아 전념하고 싶었다네. 그런데 지난해의 큰 왕실 행사를 무사히 마무리한 후에 문득 외로움이 치솟은 것은 어쩐 연유일까.

그랬다. 지난해 가을 밤, 단원이 문득 외롭다는 말을 꺼냈던 그때는 화성 능행을 기념하는 의궤도儀軌圖 제작을 무사히 마친 것만으로도 가슴이 벅차던 무렵이었다. 을묘년, 임금은 장헌세자莊獻世子(1735~1762)가 묻힌 땅에 궁을 세우고, 자궁慈宮이신 혜경궁惠慶宮(1735~1815)의 환갑을 축하하는 장대한 능행으로 자신의 새로운 치세를 알렸다. 그 행사를 기념하는 의궤도는 바로 군주의 꿈을 그린 것이라 할 만했다. 규모가 규모인지라 「원행을묘정리의궤園幸乙卯整理儀軌」는 도식 작업 또한 엄청난 일이었다. 원행에 담긴 의미를 생각하면 더욱 정성을 다하지 않을 수 없었다.

행행行幸이라는 것은 백성이 거가車駕의 행림行臨을 행복하게 여긴다는 것이다. 거가가 가는 곳에는 반드시 백성에 미치는 은택恩澤이 있으므로 백성이 다 이것을 행복하게 여기는 것이다.

도화서는 임금을 위해, 그리고 도화서의 명예로운 이름을 위해 을묘년을 기록했다. 세세한 의궤도는 물론 장엄한 의궤 병풍까지 따로 제작하여 바쳤으니 이전의 그 어느 의궤도도 우리가 함께해낸 을묘년의 그것만큼 정묘하지 못했다. 전하께서 의궤도에 관한 모든 일을 김홍도에게 맡긴 것 또한 여느 때와 다름이 없었다.

을묘년의 행사는 그간의 어느 일보다 중요했으니, 김홍도 또한 남다른 정성을 기울였음을 그 자신도, 나도, 그리고 누구보다 전하께서 잘 아셨다. 우리가 몸담았던 도화서는 어느 시대보다 풍요로웠다. 기량 또한 가히 절정이라 할 만한 자부심으로 당당하질 않았던가. 조선의 화단이, 가히 화원의 시대라고 말해도 좋을 정도였다. 그리고 그 자부심의 한가운데 단원 김홍도가 있었다.

그런데 바로 이 순간에 외로움으로 가슴 시린 그의 모습이라니. 혹시 개운치 못한 파면으로 그의 마음이 다친 것일까. 사실 의궤도감이 설치되던 그때 김홍도는 연풍延豊에서 막 돌아온 참이었다. 어진도사의 공을 인정받아 연풍 현감으로 내려간 지 3년. 사랑하는 화원에게 베푸신 전하의 은혜였다. 그 또한 무난히 현감 노릇을 잘하던 중이었는데, 불쑥 터진 탄핵 건에 연루되는가 싶더니 어이없는 파면으로 돌아왔던 것이다.

미천하고 미미한 환쟁이로 나라의 은혜를 입고도 보답할 것은 생각하지 않고 제멋대로 악하기가 여기에 이르렀으니, 직책을 교체하는 것으로만 끝낼 수 없습니다. 의금부에 명령하여 붙잡아다 문초하고 엄하게 벌을 주어 다스려야 합니다.

세력가들의 당론에 얽혀 일개 화원 출신인 작은 고을의 현감에게까지 죄를 물은 것일 터. 모호한 질책이었으나 이것이 화원 출신 현감을 향한 그들의 시린 눈길이었으리라. 그나마 전하의 사랑으로 죄인의 이름을 벗은 것만도 다행이었다. 나 또한 어리둥절한 채 그의 안부를 염려할 뿐이었다.

현감도 죄인도 아닌, 다시 예전의 화원으로 돌아온 단원. 그것이 깊은 아픔이 되어 문득, 견딜 수 없는 외로움 속에 스스로를 가둔 것은 아닐까. 사대부의 자리를 넘보아선 안 된다는, 그런 현실에 대한 슬픔 때문이었을까. 이인문 자신 또한 그러한 마음이 없지 않았으니 그의 서러움을 짐작하지 못할 바 아니었다. 역시나 단원의 생각 또한 연풍으로 이어져 있었다. 다만 이인문의 짐작과는 조금 다르게 흐르는 중이었다.

· 화원의 자리 ·

어쩌면 연풍에서 지낸 몇 해, 결국 좋지 않은 모습으로 돌아온 스스로에 대한 상실감이 문제였을까. 그것 때문에 문득 내 모습이 서글퍼서였을까. 그리로 생각이 미치지 않았던 것은 아니라네. 연풍에서 돌아오던 날, 조용한 위로를 담은 그대의 눈길이 이야기했지. 마음 다치지 마라, 돌아온 자리에서 다시 화가의 아름다운 이름을 이어보자고. 그대의 말이 옳아. 나 역시 화가의 자리로 돌아왔음이 마음 편했으니까 말일세.

물론 그 일 때문에 마음 상하지 않았다면 그 또한 거짓이겠지만. 내 자리에 쓸쓸함을 생각지 않을 수 없었겠지만. 그 또한 모두 삭여내는 중이었다네. 견디지 못할 정도의 외로움 같은 것은 아니었던 셈이지. 분명 나는 연풍의 그 시절을 통해 삶의 또 다른 기쁨을 맛보았지. 전하께서 내리신 은혜인 것이야. 그러나 거기서 멈춘 것이 순리가 아니겠나. 내가 그곳에서 무엇을 더 할 수 있었겠는가. 게다가 그리 형편없이 돌아온 내게 전하께서는 아무것도 묻지 않고 다시 붓을 주지 않으셨던가. 어쩌면 그 시련이 나의 눈과 마음을 열어준 고마운 시간이라 생각해도 좋을 것 같군.

우리에게 새로운 조선을 열어주신 것만으로도 나는 전하께 감사하다네. 그림을 그리는 나같이 작은 자에게도 이름을 부르시고, 저마다의 자리에서 재능을 드러낼 수 있도록 하셨으니 이것이 바로 새로운 조선의 모습이 아닌가. 도화서의 화원에게 이처럼 많은 것이 주어진 시대가 있었던가. 감히 우리의 시대는 달라지고 있다고…… 어느 시대의 화원들도 누리지 못한 자부심으로 그림을 그리면서 나, 더 이상 바랄 것 없다고 생각했다네.

그대와 나, 우리 화원들이 타고난 어쩔 수 없는 운명에 가끔 작은 한숨 정도를 내쉴 수도 있겠지. 하지만 우리는 그림으로 한 생을 사는 것이 어울리는 이들이 아니겠나. 그래…… 우리가 글을 읽고 시를 지으며 선비의 모습을 닮고자 한 것은 우리 자신의 수양을 위한 것이었을 뿐, 어쩌면 더 나은 그림을 그리기 위한 것이었을 뿐, 그런 생각이 들더군. 하여 다른 삶을 누리지 못하는 데서 오는 쓸쓸함 따위로 나의 지난겨울이 힘겨웠던 것은 아니라네. 그런데 이 또한 이상한 일이지. 바로 이런 시대기에…… 나는 외로움을 깊이 마주하는지도 모르겠군.

그랬구나. 이인문은 적이 안심이 되었다. 단원이 그런 좌절감으로 외로운 것이라면 그를 위로할 수도, 그 무엇으로 도와줄 수도 없는 일이었으니. 그는 자신의 마음을 삭이는 중이라고 했다. 그 과정이 어찌 봄날의 꽃바람 같으랴. 하지만 그는 화가로 태어난 이가 아니던가. 그의 말처럼 시련의 시간은 그의 눈과 마음을 더욱 열어줄 것이니. 화가로서 기꺼이 받아들일 만한 힘겨움일지도 모르겠다.

연풍으로 내려가기 전, 송석원松石園에서 시사詩社를 즐긴 무더웠던 밤을 기억하는지. 보름의 달빛은 세상을 감싸 안고 시운을 따르는 벗들의 웃음소리라니. 시를 노래하는 자도, 그림을 그리는 자도 온전히 그 정취에 취해버렸지. 그 시정을 담아낸 그대의 화면 또한 그날의 운치를 넘어서질 않았던가. 마음의 흥에 따라 이리도 또 저리도 흐르는 것이 붓을 쥔 화사들의 성정일지니. 그래…… 화사의 붓이란 그런 것이지. 하여 그날도 그대는 그대의 붓으로, 나는 나의 먹으로 서로의 흥을 함께한 것이 아니던가.

그래…… 돌이켜 생각해보면 그때도 그랬던 것 같군. 마음의 흔들림 말일세. 하지만 우리의 붓이 저마다의 색채로 다양한 것이려니, 그저 그런 생각으로 머물렀던 것 같아. 외로움이라 부를 수 없는 감정이었다네. 그때까지는 그랬지.

연풍의 일까지 털어내고 나니 마음이 조금 편안해졌음일까. 단원의 이야기는 송석원의 즐거웠던 시절로 접어들었다. 연풍으로 떠나기 전인 신해년 여름의 추억이었다. 그날, 우리는 송석원의 맹원盟員들과 함께 시사를 즐겼다. 여러 시인들은 향기로운 운율을 읊조리고 단원과 나는 붓을 들어 그날을 그림으로 남겼지. 같은 날의 풍류를 담은 것이라곤 하나 그와 나의 화면은 전혀 다른 느낌이었다. 그래서 우리는 서로의 그림을 사랑했는지도 모른다.

그런데 그는 문득 그날의 그림을 이야기하며 마음의 흔들림을 내비쳤다. 서로 다른 화면이 그에게 어떤 상념을 불러일으켰을까. 그러면서도 외로움은 아니라고 한다. 하지만 외로움과 관련이 없지는 않다는 어조가 아닌가.

그렇다면 이 외로움의 이유는 무엇일까. 기억을 거슬러 올라간 그곳에서 만나게 된 나의 머뭇거림…… 그것 때문이었는지도 모르겠다는 생각이 들더군. 나의 붓이 숨죽이던 순간, 붓을 쥐는 것이 두려웠던 그 순간 말일세.

· 금강산 ·

김홍도의 붓이 두려움으로 망설이던 순간. 그런 순간이 있었던가. 그랬다. 다른 이들은 알지 못하는 일이겠으나 언젠가 그가 큰 짐을 내려놓듯 낮은 소리로 이야기했다. 벌써 여덟 해 전, 무신년戊申年(1788) 가을이었다.

그대도 짐작하겠지. 바로 금강산으로 떠나던 그때, 나 또한 그 순간에는 알지 못했다네. 내 망설임, 아니 두려움의 연유가 어디에 있었는지 말이야. 산속으로 들어갈수록 묘한 느낌에 휩싸였지. 처음 와 보는 산, 하지만 너무도 익숙한 기운 때문에 어찌나 혼란스럽던지. 도대체 내가 금강산과 언제 낯을 익혔다는 말일까. 그 생각에 골몰하느라 산의 한 조각도 그리지 못한 채 여러 날을 힘겨워했다네.

그래, 바로 겸재 때문이었지. 겸재의 그림에서 보아온 금강의 기운을 그 산에 들어와 대면했던 거야. 어찌 보면 당연한 일이 아니던가. 금강이야말로 겸재로 인해 완전한 아름다움을 얻었으니. 하여 나는 그 산에서 어쩔 수 없이 겸재를 만나게 되었음을. 감춰두었던 겸재의 그림자가 금강에 이르자 점차 실체로 변하며 내 마음을 재촉했던 것이라네.

차라리 두려움의 이름을 알고 인정하고 나니 마음이 편안해졌네. 그리고 그대의 말이 겹쳤지. 떠나는 나를 배웅하던 그날, 그대는 내게 단원의 금강을 가져오라 했지. 단원의 금강. 겸재와는 다른 금강이라는 뜻이었음을. 그대 또한 금강 앞에서 겸재를 생각했음이 아니었던가. 나 또한 오래도록, 아니 기억할까 두려워 남몰래 묻어둔 이름이었던 게야.

붓을 쥐고 누군가를 두려워하거나, 혹은 누군가의 눈길을 의식하느라 머뭇거리지 않았던 것은 나의 허튼 자만 때문은 아니라 생각하네. 세상은 모른다 해도 그대만은 알아주겠지. 화가란, 자신의 마음을 따라 붓을 드는 자가 아닌가. 헌데 어느 날, 마음이 주인을 따라주지 않더라는 말일세. 내놓고 말하기에도 난처한, 그런 곤혹스러움이었다네.

겸재를 향한 오랜 선망이 그처럼 두려운 한숨으로 모습을 바꾼 것이지. 더 이상 내가 그릴 금강이 남아 있기나 할까. 그것이 두려웠던 거야. 이미 겸재의 붓끝에서 새로 태어난 금강이 아니던가. 조선의 수많은 화사들이 그가 걸어간 길 위에서 금강을 그려냈음을 탓할 수도 없는 일이었지. 도대체 그의 힘찬 붓질을 따르지 않고서 어떻게 금강을 화폭으로 불러들일 수 있을지…… . 어쩌면 그때가 시작이었을까. 이 외로움. 그렇게 나를, 내 그림을 돌아보게 되었다네.

금강산으로 떠나던 날, 단원의 모습이 생생하게 떠올랐다. 전하께서 조선 최고 명산의 모습이 궁금하시다며 그를 금강으로 보내셨다. 군주의 명을 받들고 금강산으로 사경을 떠났던 단원. 기대감으로 들뜬 것은 단원만이 아니었다. 나 또한 그가 그려올 금강의 모습이 몹시도 궁금했다. 때맞춰 회양淮陽에 머물던 표암豹菴 강세황姜世晃(1713~1791)이 함께한다고 했다. 스승과의 금강산 유람이니 그림 또한 얼마나 더 깊은 흥취로 출렁일 것인가. 그런데 그때 단원의 붓이 두려움으로 멈칫했다고 했다.

상대가 겸재였으니 그럴 법하다고 해야 할까. 하지만 이미 조선 최고의 화가인 단원이 아니던가. 그는 세상을 떠난 천재의 화면까지 염두에 두었던 것이다. 겸재와 단원이라…… 이야말로 시대와 시대의 겨룸이라 할 만하지 않은가.

표암 선생의 말씀처럼 겸재의 그림이 사진寫眞한 것은 아니었지. 하지만 그의 화면은 그만의 아름다움으로 터질 것만 같았다네. 누구라 해도, 그 어떤 필력이라 해도 따를 수 없는 깊고도 힘찬 먹의 기세였지.

아, 화면 앞에서 그토록 오래 생각에 잠긴 적이 있었던가. 겸재와 똑같은 방식으로는 도저히 겸재를 넘을 수 없었어. 나만의 다른 길이 필요했던 거지. 그의 붓이 이르지 못했던 길을 찾아야 했어. 내가 찾은 답은 그것이었지. 있는 그대로의 금강산을 화폭에 담는 것이었다네. 이 산에 발걸음을 들여놓지 못한 그 누구라도 이 산의 모습을 눈에 본 듯이 지닐 수 있도록 말일세.

장안사長安寺 이르는 길 붉다 못해 서러웠던 서리 내린 그 단풍을, 만폭동萬瀑洞 폭포소리 은빛으로 부서지던 일만 갈래 물보라를. 금강의 속살까지 하나하나 보여주고 싶었다네. 이것이 바로 나를 금강으로 보내 자신이 다스리는 아름다운 땅을 보여달라 하신 군주의 뜻에 합하는 것이라는 생각이기도 했고.

표암 선생의 전송을 받으며 서울로 돌아오는 길 위에서 얼마나 가슴이 벅차올랐는지. 내 그림에 흡족해하시던 스승께서 이별의 글 한 장으로 나를 더욱 들뜨게 하시질 않았겠는가. 그리곤 겸재에 대한 두려움을 털어냈던 것 같아. 겸재는 금강의 기氣를 불러냈지. 나는 금강의 육肉을 보여주리라. 이것이 나의 금강이라고 말일세. 어쩌면 내가 넘어야 할 산은 금강이 아니라 바로 겸재였던 것이지.

평소 겸재의 그림에 온전히 만족하지 못하셨던 표암의 표정이 음성과 함께 그대로 보일 듯했다. 그는 겸재는 물론 현재 또한 금강을 제대로 드러내지 못했다는 것이었다.

금강산은 그림으로 완성된 적이 없다. 근세에 겸재 정선과 현재 심사정이 화명이 높아 각기 그린 바가 있다. 정선은 평생 익힌 필법으로 마음대로 휘둘러 바위의 기세나 봉우리의 형태를 막론하고 하나같이 열마준법裂麻皴法으로 어지럽게 그렸으니, 이는 똑같이 그린다(寫眞)는 점에서는 더불어 논하기에 부족하다. 심사정은 정선에 비하면 다소 나으나 역시 높은 식견, 넓은 안목을 갖추지 못하였다.

사정이 이러하니 단원을 향한 표암의 기대가 어떠했겠는가. 그러하기에 누가 금강의 모습을 제대로 그려야 하겠느냐, 이제 네 붓이 해야 하지 않겠느냐고 격려를 아끼지 않으셨으리라. 평소 사진한 필법을 중시하시는 선생인지라, 빼어난 제자의 그림에 더할 나위 없는 기쁨을 느꼈을 터이다. 표암이 단원에게 건넨 이별의 글은 나 또한 알던 대로다.

보따리를 풀어보니 그림 백여 폭이 있었다. 조선에 아직 없었던 신필神筆이다. 혹자는 말하기를, 산천에 영靈이 있으면 필시 모사模寫가 너무 치밀하고 완벽하여 숨을 데가 없음을 꺼려 할 것이라 한다. 이는 크게 잘못된 생각이다. 오히려 전신傳神을 닮게 그려냄을 기뻐할 것이다. 같이 머문 지 오래지 않아 서쪽으로 돌아간다 이별을 고하니, 슬픈 마음이 들어 이 글을 써 준다. 영동 산천의 신령도 필시 은근한 석별의 뜻이 있을 것이다.

이것이 바로 단원의 금강산이었다. 금강의 신령 또한 석별의 아쉬움을 느낄 것이라는, 바로 그의 그림이다. 표암의 시원스러운 칭찬 그대로, 전신을 닮게 그리기까지 뒤척였을 단원의 긴 고민이 내 마음을 흔들었다. 같은 시대의 화사로서, 나는 그의 고민이 지닌 무게를 충분히 헤아리기 때문이다. 겸재야말로 놀라운 기세로 몰아치듯, 금강의 새로운 전형을 만들어내었으니. 그 이후의 많은 조선 화가들이 쉬이 벗어날 수 없었던, 눈부신 아름다움이었다.

그에게서 벗어나는 길은 그가 가지 않은 길을 찾는 것이라……. 단원은 겸재와는 다른 길을 만들어 그와 맞서고자 했다. 봉우리 하나, 골짜기 하나까지, 섬세한 율동감으로 가득한 단원의 필은 그윽한 운치 또한 놓치지 않았다. 과연 단원의 탁월함이었다.

나 역시 단원의 금강산 그림을 사랑했다. 하지만 그사이 무슨 일이 있었던 것일까. 언제부터인가 그는 다시 겸재의 이름 앞에서 서성이기 시작했다. 그 서성임이 문제였는지도 모르겠다. 바로 그것이 외로움의 근원이었다는 말을 하고 싶어 그는 오래된 금강산 이야기를 다시 꺼내들었을까.

· 겸재 ·

그런데 말일세. 지난해 화성 행사를 무사히 마치고 마음을 가다듬을 무렵이던가. 나를 향한 세상의 이야기가 혀 아래 모래마냥 서걱대기 시작하는 거야. 다시 겸재의 「금강산도」가 눈앞에 떠오르더군. 그리고 내가 담아온 화폭 가득한 금강의 이 골짜기 저 골짜기들도. 문득 이건 아니다 싶어졌다네.

단원의 쓸쓸함을 다독이고자, 아니 나의 진심을 전하고자 오랜 이야기를 나누었던 날이다. 겸재의 이름을 대하는 그의 서성임이 안타까웠기 때문이다.

"그리 생각할 것은 무언가, 단원. 자네의 금강산 그림 또한 천하의 보배일세. 전하께서 그리도 기뻐하시질 않던가. 진심으로 하는 말이야. 자네의 붓이 이미 겸재를 넘어섰음을 어찌 모르는가."

단원이 나의 진심을 모르지 않았을 것이다. 하지만 다시 겸재의 금강 앞에서 그의 한숨은 깊어 보였다.

"나의 붓이 겸재를 넘어섰다……. 자네의 마음을 모르는 바 아닐세. 하지만 그래도 금강산은 겸재의 것이지. 내 아무리 조선 땅 곳곳을 아름답게 옮긴다 해도 그건 이미 겸재가 지나왔던 곳이니……. 더 잘 그리지 못해서가 아니야. 금강산의 이름을 제대로 세상 밖으로 끌어낸 이가 바로 그이기 때문이지. 아무래도 붓의 문제가 아닌 것 같아."

"붓의 문제가 아니라 했는가. 그렇다면 단원, 자네는 산수가 무엇이라 생각하는가. 그림은 아름다움이 우선이어야 한다고 생각하네. 그것이 금강이든 서호西湖든 그것이 무어 그리 중요한 일인가. 산수는 붓으로 이루어낸 운치를 먼저 논해야 하질 않겠는가."

다소 어조가 높아졌던가. 하지만 단원은 대답 없이 조용할 뿐이었다. 그의 마음을 돌리고 싶어 나는 다시 말을 이었다.

"겸재의 뛰어남이 힘찬 붓과 깊은 먹에 있음을 모르는 게 아니야. 하지만 단원, 자네는 그의 붓을 이었을 뿐 아니라 이미 그 경지를 넘어섰거늘. 게다가 군주의 은총이 가득하거늘. 어찌 겸재 앞에서 아직도 서성이는지 모르겠군. 우리가 함께 이룬 이 시대의 산수가 영조대왕 시절의 겸재와 현재에 미치지 못하다 여기는가. 문인화가들이 이루어낸 산수의 격조를 도화서 화원들이 너끈히 따라잡고 그 위에 핍진한 솜씨까지 더하질 않았던가."

단원은 그래, 우리가 이루어낸 그림이 선배들의 시대에 미치지 못하진 않을 것이야…… 하며 생각 속으로 잠겨 들어갔다. 그런데 여전히, 아니 더욱 그 속으로 깊이 빠져들고 있었던 것이다.

그래, 그때 우리가 나눈 이야기를 나 또한 되새겼다네. 하지만 아무리 생각해봐도 역시 문제는 붓과 먹이 아니었어. 금강이라는 그 땅이 오직 겸재와 함께 완전할 수 있었던 까닭은 그게 아니었던 거야. 필치의 어떠함으로 이야기할 무엇이 아니었던 거야. 낭패감이 들었다네.

겸재로 인해 중국이 아닌 조선의 산수 또한 너끈히 아름다움을 겨룰 자리를 찾은 것이 아닌가. 어디 태산과 서호만이 우러러볼 절경이겠는가. 금강산과 한강 또한 흠모하며 즐길 만한 명승이 된 것이지. 그가 만들어낸 것은 바로 조선의 한 귀퉁이가 넉넉히 산수의 주인이 될 수 있음을 알리는 엄청난 무엇이었다네. 그것도 아주 아름다운 화면으로 말일세. 누군가의 붓이 겸재보다 더한 아름다움으로 금강을 그린다 해도…… 겸재의 걸음을 앞설 수 없다는 생각이 들더군.

그런 물음이 나를 놓아주지 않았다네. 무엇이 겸재를 금강으로 보냈을까. 그는 어떻게 이처럼 새로운 산수를 내놓을 수 있었을까. 겸재 또한 자신의 화폭 앞에서 물었겠지. 산수란 무엇인가. 조선의 명승도 산수의 주인이 될 수 있는가. 시대의 물음이기도 했을 거야. 그리고 그는 답을 찾은 거지. 나는 그의 선명한 물음과 그보다도 더 선명한 그 답이 부러웠다네.

그리고 그에게 묻기 시작했어. 겸재, 그대 또한 외로움으로 지쳤냐고. 지독한 고독 끝에 그 답에 이른 것이냐고. 하지만 그의 화면은 외로움에 빠져 허우적대는 스산함이라곤 찾을 수 없었다네. 그는 도대체 어찌 그렇게 쉬이 자신의 금강을 만날 수 있었을까. 시대를 이끄는 화가에게 저 홀로 잠겨드는 힘겨움이 없을 리 없건만, 겸재의 화폭은 건강한 기운으로 가득했을 뿐이야.

어쩌면…… 그의 금강은 그의 시대가 함께 걸었던 길 위에서 만났기 때문인 게 아닐까. 있어야 할 순간에 딱 맞추어 만난 인연처럼 말일세. 금강을 사랑했던 것은 바로 그가 살았던 시대였던 게지. 그들의 사랑이 한 천재를 금강으로 이끌어 그 기운을 화폭으로 남기게 한 것은 아닐까. 그렇다 해도 바로 그 시대에 겸재가 없었더라면 금강은 이처럼 아름다운 이름으로 우리에게 이어지지 못했을 거야. 천재의 힘이란 진정 이런 것이 아니겠는가.

겸재에게 외로운 순간이 없었을지도 모르겠다고 느끼게 되었을 때 내 외로움은 그만큼 더 무겁게 나를 흔들기 시작했다네. 그리고 생각했지. 더 깊이 외로워야 할지도 모르겠다고. 내겐 그대가 있고, 도화서가 있고, 이 시대가 함께하건만. 그래도 혼자 걸어야 할 길이 있을 수 있겠다고 말일세.

나의 외로움이 먼저였는지, 금강으로 인한 낭패감이 먼저였는지. 아마도 이 낭패감으로 인해 외로움을 깨닫게 되었다는 말이 옳을 것 같아. 외롭다고 느끼기 시작하니 견딜 수 없는 폭풍처럼 온몸을 뒤덮어오기 시작했음을. 그대 앞에서 털어놓지 않으면 정말 그 속에 빠져 숨마저 멈추어버릴 것 같았다네.

겸재가 만들어낸 금강은 그들 시대의 것이었어. 하여 다시 금강에 발을 들이는 자, 더 아름다운 금강을 지닐 수는 있을지라도 새로운 금강은 얻지는 못할 테지. 그렇다면…… 나의 금강은 어디에 있을까. 나의 금강이 있기는 할까.

그의 고민은 스스로 넘어야 하는 것이었기에 나는 그저 기다릴 뿐이었는데, 그 서성임이 어느새 깊은 외로움으로 그를 흔들었던 것이다. 하여 그는 자신만의 금강을 찾느라 지독한 외로움에 자신을 허락했다는 말이 아닌가.

· 새로운 길 ·

하지만 나의 벗이여. 내 외로움의 근원이 이것은 아니었다네. 금강 때문만은 아니었던 거야. 금강을 넘어선 곳에서 만난 겸재 때문만도 아니었어. 물론 그렇지. 겸재로 인해 내 물음의 이유를 바로 볼 수 있게 된 것은 사실일세.

그래. 내 외로움은 나 자신이 만들어내야 할 그림 때문이었던 거야. 나의 신분이니 처지니 그런 것이 문제는 아니었다네. 나의 길 하나쯤은 만들어야 한다는, 붓을 든 자로서의 소망 때문이었던 거야. 그저 이렇게, 한 시대에 작은 즐거움을 주던 이름으로 남게 되는 것에 대한 쓸쓸함일 수도 있겠지. 아니, 꼭 그렇지만도 않다네. 이름이 아무려면 어떻겠나. 세상이 부르는 이름이라면 경중이 어떠한들 이제 그 또한 크게 관여치 않는다네. 내 외로움에 내 스스로 답을 찾을 수만 있다면, 그것이 중요하다는 걸 깨닫기 시작했다고나 할까.

그대가 생각한 우리 시대의 아름다움, 나 또한 어찌 모르겠는가. 도화서의 절정이 바로 우리가 함께 걸어온 이 길이었음을, 겸재의 시대가 지니지 못한 또 다른 색채가 반짝이는 풍요로움이 그대와 나의 시대였음을. 그런데 어쩌면 그래서였겠지. 그래서 나를 돌아볼 눈을 지니게 된 것이겠지.

그 길을 힘차게 걸을 때는 몰랐던 것 같군. 하지만 그래 이만큼 왔구나, 그런 마음으로 오던 길을 돌아보았을 때, 문득 견딜 수 없는 외로움으로 온몸이 시려왔다네. 이 길은 어디서부터 이어져왔을까. 누군가는 이 길 위에서 때로는 울고 때로는 웃으며 붓을 쥐었던가. 그리고 내가 서 있는 이곳에서, 다시 어딘가로 더 길게 이어져나가겠지……. 그러자 주위가 갑자기 낯설어지기 시작하는 거야. 아무리 이 길을 아름답게 채워넣는다 해도, 내가 만들어낸 길은 아니지 않은가.

문득 길이 끊어져버린 느낌이었다네. 언젠가 그대는 내게 이런 말도 했지. 화사로서 거닐 수 있는 모든 길을 지나본 자, 그 절정에 서보지 않았느냐고. 그랬던가. 그대의 말처럼 가보지 못한 길이 없다고 해도 좋겠지만. 길 밖으로 한 걸음, 불쑥 내밀어보지 않은 내 자신이 씁쓸했다네.

투정하듯 그림을 이야기하는 내게 그대는 다독이듯 이렇게 말하겠지. 산수란, 그림이란…… 아름다움을 따르면 될 일이 아니겠냐고. 그대의 산수를 볼 때면 과연 그 말이 옳음을 부인할 수 없다네. 그대의 붓. 아…… 누군가는 현재의 운치를 들어 겨룰 만하다 하겠지만, 어느 화가라 할지라도 그대의 산수 앞에서는 아름다움을 쉬이 이야기하지 못할 것이야. 내가 가장 사랑하는 산수는 겸재도 현재도 아닌, 내 지기의 것임을 그대는 알기나 하는지.

그래, 나 또한 여전히 아름다운 산수를 꿈꾸고 있음을 부인하지 않으려네. 그런데도 외로움을 털어낼 수 없었던 거야. 나는 아름다운 화면만큼이나 또 다른 길을 찾는 스스로에게 목마른 상태였던 것 같아.

이인문은 순간 한숨을 토하듯 내뱉고 말았다. 아, 벗이여. 그대가 그려낸 산수의 아름다움을 정녕 모른단 말인가. 기품 있는 먹과 탄력 넘치는 선묘. 그대의 산수야말로 산수 그 자체인 것을. 그가 가지 못한 길은 없어 보였다. 아직 이르지 못한 길이 어디기에, 도대체 무엇이 부족하기에……. 어쩌면 이미 모든 것이 다 채워졌기 때문인지도 모르겠다. 그렇다면 그가 목말라 하는 그 길은 무엇이란 말인가.

화가로서 정녕 궁금하지 않을 수 없었다. 문득 이인문 자신 또한 외로워졌다. 우리는 나란히 걷는 것이…… 아니었던가.

· 소년의 물음 ·

그리고는 그 물음을 마주하게 된 거야. 바로 지난달 어느 봄날, 달빛 때문이었어. 이른 봄, 달빛이 내리는 나지막한 정경이었지. 그런데 말이야. 바로 이 장면, 이 느낌을 어디선가 본 것마냥 몹시도 익숙하지 않았겠는가. 바로 한 소년의 눈길이 머물렀던 그 순간이었다네.

내 나이 열다섯이었지. 아, 그날의 기억은 어찌 이리 생생할까. 그날, 겸재가 세상을 떠났다는 소식을 전해 듣던 순간, 갑자기 나를 둘러싼 세상이 숨을 멈춘 듯, 한동안 나 또한 그렇게 아무 말도 못한 채 잠잠했다네. 한숨인지 탄식인지 모를 어조로 표암께서 말씀하셨지. 겸재가 떠난 조선의 화단에 이제 현재의 산수만이 홀로 남겠노라고. 겸재와 현재는 정말 별과 같은 이름이었지. 그들 사이에서 빛나는 산수의 느낌이 붓을 쥔 소년을 얼마나 황홀한 꿈에 잠기게 했을지 알 만하지 않은가.

이인문은 자신의 열다섯 무렵을 떠올렸다. 자신에게도 겸재의 부음은 커다란 충격이었다. 비록 도화서 화원은 아니었으나 겸재 정선이야말로 현재 심사정과 함께 조선의 산수를 빛내는 진정한 별이었기 때문이다.

그림을 가르치시며 표암께서 말씀하셨지. 산수란 그저 눈앞에 펼쳐 있는 광경을 담아내는 것이 아니라고, 옛 산수들을 한번 보라고 말일세. 나는 그것이 궁금했다네. 그렇다면 겸재의 금강산은 무엇인가, 그 또한 우리 앞에 실재하는 땅의 한 조각이 아니던가, 스승께 여쭈었지. 선생의 말씀은 다정했으나 단호하셨다네. 금강산은, 명승의 이름으로 불리기 때문이 아니냐. 그 정도라면 당연히 화폭 속에서 마주하며 감상할 만한 산수인 것이지.
금강산은 이미 문인들의 풍류처로 사랑받는 명승이니, 하여 산수의 주인 노릇을 할 만하다는 말씀이셨지. 내 집 뒷산의 어느 풍광과는 같을 수 없다는 말씀이신 게지. 산수란 그런 의미였음을 깨우쳐주셨다네. 그것이 옛이야기에 등장하는 도원이든 혹은 절경으로 이름 높은 금강이든 그럴 만한 가치 있는 이름을 담고 있어야 할 것이라고 말일세. 하지만 사실 소년에게는 풀리지 않는 의문이 남아 있긴 했다네. 무엇인가를 더 묻기는 난처한 상황이어서 그저 그 물음을 삼켰을 뿐이지만 말일세.

묻고픈 것은 그것이었어. 그렇다면 선생님, 만약 금강산을 모르는 누군가가 겸재의 화폭을 보았다면, 그런데도 아름다움에 취했다면, 그것으로 족한 것이 아닌지요. 이름을 몰랐다 하여 산수의 아름다움이, 의미가 덜어지는 것입니까…….

단원은 열다섯 나이로 겸재의 금강을 마음에 품었구나. 나 또한 그 나이에 이미 도화서 화원을 꿈꾸며 제법 그림다운 그림을 그렸던 것이 사실이다. 하지만 금강의 의미라든가, 심지어 산수의 의미를 진지하게 물으며 뒤척이는 어느 밤을 가졌던 기억은 없었다. 이인문은 다시금 마음이 아련해졌다.

곰곰 어린 단원의 물음을 생각해보았다. 과연 그때 표암께 여쭈었다면 그는 무어라고 답했을까. 만약 나라면 무어라 답할까. 그리고 조선 땅 곳곳을 화폭에 불러들여 그 아름다움을 산수로 이름해준 겸재였다면 무어라 답했을까. 금강의 이름을 모르는 자라 해도 그 아름다움을 즐길 수 있었다면, 그야말로 산수의 오랜 이상을 제대로 느낀 것이 아니겠는가. 어린 단원은 어찌 이런 생각까지 하게 되었을까, 그것이 놀라웠다. 하지만 단원의 물음은 여기서 끝나지 않았다.

저녁달이 떠오르도록, 수많은 물음들로 가슴을 채운 소년은 그저 방문을 열어둔 채 앉아만 있었다네. 담장 너머 나지막한 야산 위 듬성듬성한 나뭇가지 사이로 달빛이 걸릴 때까지. 아니, 어느새 달빛마저 야위어가고 그저 하늘 위로 점점이 흩어진 별빛들만이 반짝일 무렵. 이제 조선의 화성畵星이 빛을 다해버린 것은 아닐까, 소년의 어린 마음도 작은 파도로 흔들렸다네. 자신 또한 그 별 가운데 하나일 수 있다면 좋겠다, 설익은 꿈으로 설레기도 했을 테지.

요즘도 꿈속에서 소년을 만나곤 한다네. 그러던 어느 날, 바로 그날과 닮은 달빛을 보면서 문득 깨달았다네. 오래도록 답하지 못한 채 마음 한켠에 묻어두었던 바로 그 물음을 다시금 자신에게 던지고 있다는 사실을 말일세. 이것도 산수가 될 수 있는가. 이름 없는 야산의 어느 달밤도 화폭의 주인이 될 수 있는가. 그렇다면 이것은 산수인가…… 아닌가.

그대는 어찌 생각하는가. 이제 산수가 더 나아갈 길이라고는 없어 보이지 않던가. 산수란 영원한 아름다움을 그리는 것이라고, 그곳에 도달할 수는 없을지라도 그렇게 그림으로 만난 산수에 취하는 멋을 그려내는 것이라고. 하여 우리의 산수는 은근한 운율 속에 필묵의 운치를 겨루며 그토록 향기롭지 않았던가.
겸재의 시대가 우리 땅을 화면으로 선명하게 새겨넣은 것은…… . 그래, 어린 나의 마음도 그렇게 흔들렸다네. 똑같은 길을 오가는 사람들을 옆에 둔 채 불쑥 길 하나를 쓱쓱 만들어낸 것 같았으니까. 새로운 산수라는 놀라운 길을 말이야. 그저 빼어난 필력을 지닌 화사라 말할 수 없는, 단 한 사람의 느낌이었어.

산수가 더 나아갈 새로운 길이 있겠느냐고…… . 과연 단원이 이야기한 그것을 산수라 부를 수 있을까. 산수가 되지 못할 까닭은 없겠으나 누구도 그런 장면을 화폭에 담아 산수라 말하지는 않았다. 단원은 무슨 생각이었을까. 정녕 그가 만들고자 한 길이, 외로움에 사무치도록 홀로 침잠했던 물음이 이것인가. 그의 외로움은, 이처럼 먼 세월을 거슬러 다시 주인을 찾은 것이다.

· 병진년 봄밤 ·

그래, 바로 그 달빛 때문이었지. 아니, 어스름한 기운으로 대지를 적시던 봄밤의 촉촉함 때문이었는지도 모르겠군. 애써 잠을 청하고자 함은 아니었으나 그렇다고 잠을 쫓아가며 무얼 하고자 함도 아니었으니. 그저 밤이 내리는 순간을 맞고 있을 뿐이었어. 나를 적신 것은 그 몽롱한 대기의 한숨이었을까. 아니, 견딜 수 없도록 치밀어 오르는 어떤 갈증이었을 거야.

어슴푸레 밤안개라도 피어올랐을까. 아직 새순이 채 돋지 않은 나뭇가지가 그 앞을 슬쩍 막아서고. 그렇게 듬성한 가지들 사이로 조각난 달빛이 흘렀다네. 나는 그저 달빛에 취해 있었지. 그리고는 나도 모르게 혼잣말을 흘렸던 거야. 제법 아름다운 밤이로구나. 참으로 아름다운 그림이로구나.

그때였지. 나는 내 자신이 내뱉은 말에 소스라치게 놀라고 말았어. 아름다운 그림이로구나!

문득 오랜 꿈에서 깬 것만 같았다네. 알맞은 달빛. 화폭에 담아내기에 마음을 담아내기에, 넘치지도 덜하지도 않은 만큼의 빛이었으니. 가히 그림이 될 만한 순간이 아니겠는가. 하지만 나는 느닷없는 충동 앞에서 순간 당황했다네. 단원, 무엇을 그리겠다는 말인가. 지금 눈앞에 있는 아무것도 아닌 이 광경이 그림이 된다고 말하는 것인가. 이게 무슨 마음인가 싶었지. 하지만 그러지 말라는 법은 또 무어겠는가.

이 순간을 남기고 싶었어. 무엇이 아니어도 괜찮다고 생각했지. 이 순간은 그저 내 마음의 모습일 터이니 달 하나에 나무 몇 그루, 그것으로 족한 밤이 있는 것이라고. 굳이 이름을 붙여 무엇 하겠나. 밤에 취하듯 달에 홀리듯 그렇게 붓을 들었다네.

· 새로운 시선 ·

그러니까, 이 그림이 바로 답이었다는 말이로구나. 이인문은 이 그림을 처음 보았던 얼마 전 그날 밤이 새삼스러워졌다. 자신이 했던 말, 조금은 당황한 어조를 숨기지 못했다. 그동안 보지 못한 낯선 화면이었다. 그림의 주인이 단원이 아니었다면 그렇게 말했을 것이다. 어찌 이런 붓장난을 하는지, 그 놀라운 필력이 아깝구나. 그런데 붓 하나로 조선을 기울인다는 친구의 그림이었다.

"아니 단원, 대체 무엇을 그린 것인가."

묻지 않을 수 없었다. 그림을 볼 줄 모르는 자였다면 그랬겠지. 야산에 덩그러니 보름달이 떠 있구나. 그림을 조금 볼 줄 아는 이였다면 이랬을 것이다. 화사의 솜씨가 예사롭지 않으니, 먹빛의 농담이 참으로 근사하구나. 단원은 무슨 생각이었을까. 느닷없이 눈앞에 들이닥친 이 화면이라니.

단원. 모든 것을 잘 그렸을 뿐 아니라 새롭게 그려냈으며, 모든 그림에서 최고 경지를 보여주기까지 했다. 그렇지만 그의 그림은 무엇을 그렸다고 말할 수 있는 것들이었다. 절로 입이 열려 감탄을 자아냈던 그림들이었다. 하지만 이 그림은 입을 다물게 만든다. 무엇을 그린 것인가.

"이것은…… 내 마음이라네."

그날 단원은 그저 그림만 보여준 채 불쑥 한마디만 남겼을 뿐이다. 그림의 주인이 그러하니 나 또한 무어라 더 물을 수도 없는 노릇이었다. 단원은 더 이상 어떤 말을 더하지 않았다. 그리고는 내게 이 편지를 썼을 것이다. 내 외로움을 알아달라고, 그림 때문에 바짝 가슴이 타버릴 것 같았던 한 화가의 오랜 물음에…… 이제 답하게 되었노라고.

산수란 무엇인가, 아니 그림이란 무엇인가, 자신에게 묻는 한 소년이 있었다네. 그림에 대해 던졌던 수많은 물음들 가운데 선명하게, 아주 오래도록 마음 깊이 묻어둔 물음이 그것이었지.

명승만이 화면의 주인이 되어야 한단 말일까. 눈을 홀리게 하는 풍광만을 화면에 담아야 한단 말일까. 모르겠어. 생각이 여기까지 이른 것이 그림 때문이었는지, 아니면 우리들의 이 시대로 인한 것인지. 재능이 있는 자 모두에게 저마다의 자리를 내어주신 것이 군주의 뜻이 아니던가. 그리고 그것이 바로 우리 시대의 아름다움이 아니던가. 그림 또한 우리 시대의 금강을 만들 때가 왔다는. 그런 마음이 이런 모습으로 드러났는지도 모르겠다네. 누구든 이름에 충실할 수 있다면 그 또 한 금강이 될 수 있지 않을까.

마음이 열리니 눈앞의 광경이 그림 속으로 들어오더군. 지금은 영조 대왕 때와 또 달라진 세상이 아닌가. 절경을 찾아 금강산을 오르던 발 길이야말로 참으로 흥겨운 것이었지. 하지만 어느 밤 내 집 앞을 비추 던 달빛 또한 그 감흥에 못지않았다네.

한동안 생각에 잠겼다가 다시 깨어나 그림을 무심히 바라보던 이인문은 순간, 작은 화면이 주는 생경함이 어느새 아주 익숙한 장면으로 변해 있음에 깜짝 놀라고 말았다. 이게 무슨 조화인가. 꼭 이 자리에 앉아 그 정경을 바라보는 것 같지 않은가!

나뭇가지 사이, 아무것도 아닌 달 하나가 마음을 적시듯 그 자리에서 자신을 물끄러미 바라보는 것이었다. 지금까지 산수화에 그려진 달의 느낌은 이렇지 않았다. 먼 산 위로 슬쩍 비껴 올라 은은한 빛을 뿜어내는 것이 제격이었거늘. 그런데 오늘 단원의 달은 어떠한가. 화면의 한가운데서 나를 똑바로 응시하지 않는가. 달빛을 조각내는 나뭇가지 또한 태연하기 이를 데 없다. 화면 가운데로 불쑥 솟아올라 당당히 정면을 바라보고 있으니.

출렁, 가슴에 파도가 지나갔다. 이런 경험은 난생 처음이었다. 단원은 이 느낌을 내게 전해주고 싶었음일까.

그림을 다시 보면서, 그대 또한 이 정경을 마주하고 앉은 화가의 눈을 느꼈겠지. 내가 넘고 싶었던 것은 그림을 그리는 화가의 눈, 그것이 화폭의 주인 노릇을 할 수는 없는가, 그 문제기도 했다네. 무엇을 그릴 것인가. 그것도 물론 중요한 일이겠지. 하지만 어떤 시선으로 그릴 것인가 또한 내게는 못지않게 무거운 물음이었다네.

이 그림은 어떤 절경을 보여주고자 함이 아니지 않은가. 내 마음을 얹은, 순간을 간직하고자 함이었으니. 곽희의 삼원시三遠視가 아니어도 괜찮을 듯싶었어. 하여 평원平遠도, 고원高遠도, 심원深遠도 문제될 것이 없었다네. 그 자리에 앉아서 달빛을 보는 이, 그 한 사람의 눈만이 중요할 뿐이었지. 화가가 바라보던 바로 그 순간의 눈, 그것을 그대로 따르고 싶었던 게야.

그렇다. 이 그림이 낯설게 느껴진 까닭은, 다소 느닷없다고까지 생각된 이유는 바로 그것 때문이었다. 단지 이름 없는 야산의 정경이어서만은 아니었다. 이인문을 놀라게 한 것은 바로 그 정경을 담아내는 화가의 시선이었다. 움직이지 않은 채, 앉은 자리에서 한 장면을 그대로 그려낸 듯한 바로 그 시선 말이다. 그동안 배워온 삼원시의 법칙에 매이지 않은, 전혀 새로운 화면이었다.

그래, 어쩌면 그때부터였을지도 모른다. 그때부터 이미 단원의 화면은 다른 시선으로 말을 걸 때를 기다렸던 것은 아닐까. 송석원松石園의 시사詩社를 함께 즐기던 날, 우리는 나란히 각자의 화폭에 그날의 흥겨움을 담았다. 앞서 단원의 그 말, 그때도 서로 다른 우리의 그림을 보면서 마음이 흔들렸다…… 하지 않았던가.

그날, 멀리서 정경을 바라보듯 산수의 풍광에 중점을 두어 그려낸 나의 화면은 단원의 그것과 달랐다. 단원 또한 제법 먼 곳에서 내려다보듯 시사의 전체를 화면 속에 담아내기는 했다. 하지만 무어랄까. 그 장면에 집중하는 화가의 시선이 선명하게 드러난다는 느낌이었다. 그 자신은 알고 있었을까. 아니, 굳이 말로 풀어내지 않았더라도 이미 그의 마음속에서, 생각 속에서 이 특별한 화가의 눈은 다른 느낌으로 반짝였던 것이다. 하여 그 자신의 마음이 그렇게 흔들린 것이 아니랴.

돌이켜보면 정말 그랬다. 송석원에서도 그리고 금강산에서도 순간의 즐거움을, 순간의 느낌으로 명징하게 잡아내는 재능, 그것이 단원의 남다름이었다. 그의 화면은 그 자체로 아름다웠을 뿐 아니라, 그 자리의 생생한 느낌을 다시 떠올리게 해주는 특별한 무엇이 있었다. 바로 그의 새로운 시선 때문이었던 것이다. 그 시선이 만들어낸 신선한 포치布置(화면의 구성, 배치) 때문이었다. 이 그림을 보면서 나는 그의 달밤을 온몸으로 느끼고 있으니. 아, 단원! 이것이 그대가 시작한 바로 그 길이던가.

· 그림을 위한 그림 ·

너무 멀리 돌아왔을까. 하지만 소년이 그린 화면이 지금 내 것과 방불하다 할지라도 내 긴 외로움이 헛된 것은 아니라 생각하네. 그 시간들이 없었다면 그저 어린 소년의 순진한 치기일 뿐이었을 테니까. 그 자신 또한 어떤 의미도 더하지 못한 채 실없는 붓 장난으로 치부해버렸을지도 모를 일이니까. 그래, 이것이 바로 서른 몇 해 동안 제법 먼 길을 걸어온 한 화사가 어쩌지 못하는 외로움에서 벗어나고자 적셔낸 붓이라네.
손의 수련만큼이나 눈의 수련이 중요한 화사에게, 아직 수련에 이르지 못한 눈으로 본 장면이 지금의 것과 같다면 그것이 무엇을 뜻하겠는가. 소년이 붓을 들었다면 순수한 마음의 눈을 따른 것이겠지. 하지만 단원은, 이유 있는 화면이고 싶었다네. 산수란 무엇인가, 그림이란 무엇인가. 소년은 말하지 못했으나 단원은 이야기할 수 있게 된 것이지. 이제 그런 장면도 산수가 될 수 있다고, 아니 그림이 될 수 있다고. 이것이 바로 내가 이름 없는 어느 달밤을 그려야 하는 이유라고 말일세.

영조 임금의 시대에는 겸재와 현재가 있었다. 조금은 다른 색채로, 하지만 둘의 산수는 각자의 아름다움이 서로를 위한 자리를 남겨두었기에 더 눈부시게 빛날 수 있었다. 겸재의 산수는 새로운 포치와 힘찬 필이 장처였다면, 현재의 산수는 풍성한 먹과 남다른 격조가 돋보였다. 우리의 시대, 감히 단원과 나의 시대라면 어떠한가. 세상의 이야기처럼 나 또한 우리 둘의 어울림이 영조 임금 시대의 두 인물에 비견되리란 생각이었다.

그런데 단원이 훌쩍 그 팽팽함을 넘어서버렸다. 겸재와 현재, 그리고 나는 그저 산수를 생각했다. 하지만 그는 전혀 다른 이야기를 하고 싶어 한다. 금강산이 아니어도, 지금 내 눈 앞의 평범한 광경 또한 화면의 주인이 될 수 있겠다고. 그 노릇만 제대로 해낼 수 있다면 누구나 세상의 주인이 될 수 있을 것이라고. 이제 단원은 산수에 대해 또 다른 생각을 가지게 되었다는 고백이었다. 산수가, 아니 그림이 갈 수 있는 새로운 길을 보여주겠다고 말이다.

> 세상의 시선이 다 무슨 소용인가. 이름이 높아질수록 외로움은 깊어지는 것이겠지. 을묘년과 병진년 사이, 그 겨울과 봄 사이에서 나는 이렇게 다른 세상을 꿈꾸었다네.
> 어린 시절에는 그저 화원이 되고픈 마음이었지. 이것이 내가 가장 잘 할 수 있는, 세상으로 나아가는 유일한 길이라 생각했으니까. 그리고 천운이 닿았음일까, 도화서 화원이 되어 세손이셨던 전하를 뵈었지.

뜨거움이 일었다네. 임금을 위한 화가가 되겠노라 마음먹었지. 그분이 다스리는 나라의 최고 화원으로 서고 싶다고 다짐했어. 제대로, 제대로 그리는 화가가 되고 싶었던 거야. 그저 화려한 필묵으로만 기억되는 화가가 아니라 한 시대를 이끌 만한 이름으로 말일세.

군주를 위해, 우리의 시대를 위해, 그리고 스스로의 갈망에 겨워 한 생을 온전히 화가로 살아왔지. 그런데 느닷없이 바로 그 외로움이 말을 걸기 시작한 거야. 이제 누구를 위해 그림을 그릴 것이냐고. 도대체 나에게 누가, 또 다른 누구인가가 더 남았단 말일까.

그리고 깨달았다네. 한 번쯤은 그림, 그를 위해 붓을 들어야 할 것이라고 말일세. 그래, 이 그림은 그림에게 주는 단원의 마음이라네. 세상이 그저 화첩 속의 밋밋한 정경이라 흘려버릴지라도, 나는 이것이 바로 단원이라 말하고 싶었지. 감히 단원의 외로움이 빚어낸 새로운 산수라고 말이야.

그림을 위한 그림이라 했는가……. 문득 이인문은 그림이란 무엇인가, 쓸쓸해졌다. 오히려 벗이 항상 앞서갈 때는 들지 않던 마음이었다. 조선 천지에 단원의 이름을 듣지 못한 이가 어디 있겠는가. 국왕 가까이서, 여느 화원이라면 감히 누리지 못할 넘치는 사랑을 받는 벗이었다. 혹 내가 그를 질시했던 적이 있었을까. 단연코 없었다. 부러움이 있었다면 그것은 같은 화원으로서의 자랑스러움이었다.

물론 산수의 기량으로만 보자면 견줄 자신이 없는 것도 아니었다. 하지만 이 그림은 붓의 능란함을 묻는 것이 아니다. 그는 그림을 그리는 자가 아니라 새로운 세상을 만들어내는 이였다. 단원은 다른 세상을 맛보았으리라. 세상은 아직 모를 것이나, 언젠가 그 밤이 빚어낸 놀라운 그림 이야기를 알아주는 때가 올 테지.

· 그림다운 그림 ·

이런 그림을 한 폭 내어놓는다고 해서 내가 외로움에서 놓여날 수 있을지 어떨지는 알 수 없는 일이겠지. 어쩌면 그건 있어야 할 바로 그 자리에서 만난 외로움이었던 거야. 내가 외로움의 주인이었음을 시대에 고마워해야 할지도 모르겠다는 생각이 들더군.

혹여 세상이 이 그림이 산수가 아니라 하거든 그 소년이 답해주지 않을까. 산수가 아닐 수도 있다고. 이건 그냥 '그림'이라고 말일세. 그대만은 알아줄 그 달밤에 이르는 길을, 시간이 흐를 만큼 흐른 뒤엔 첫 걸음을 딛느라 숨 가빴던 한 화가가 있었음을 돌아봐주지 않을까. 나의 금강은…… 바로 내 앞에 놓여 있었다고.

이제 내가 다시 예전의 산수로 돌아간다 해도 가벼이 걸어갈 수 있을 것 같군. 그 달밤…… 내가 갈 수 있는 길은 거기까지였을 테니까. 다음 시대의 화사들은 또 다른 꿈으로 저마다의 달밤에 이르는 길을 찾겠지.

이인문은 다시 그림을 보았다. 눈을 놀라게 하는 그림이 아닌, 생각을 놀라게 했던 그림. 하지만 놀라움을 진정시키고 찬찬히 살펴보니 역시 눈을 놀라게 하는 그림이기도 했다. 작은 지면 위를 스치고 간 화가의 붓질이 그대로 차곡차곡 드러나 보였다.

종이의 결을 따르듯, 올올 사이를 스며든 다감한 먹빛에 눈이 시렸다. 화가의 붓 끝이 지면 위를 적시며 지나갈 때, 한 그루 무심한 나무가 가지를 뻗고 보름의 희부연 달빛이 떠오를 때의 느낌이라니. 사랑하는 이의 숨결이 스치는 아련함이었다. 이인문은 저도 모르게 잠시 숨을 멈추었다. 언 땅에 스며드는 촉촉한 봄비처럼, 무심한 가슴을 일깨우는 절정의 붓. 그래, 이것이 바로 조선을 숨죽이게 했던 그의 붓이다. 단원만이 보여줄 수 있는 완전함이다.

생각이 그림을 만들 수 있을까. 아니라고 생각해왔다. 하지만 단원의 이 그림은 그럴 수 있다고 이야기한다. 이제 나 또한 수긍하지 않을 수 없다. 다른 생각은 다른 그림을 만들어낼 수 있겠다고. 그렇지만 말이다. 그림다운 그림이란 그저 생각만으로 태어날 수 있는 것은 아니라고, 단원의 이 아름다운 화면은 그 이야기를 더해주고 있는 듯했다. 아, 그처럼 멋진 생각을 아름다운 화면으로 옮겨낼 수 있는 화가를 어찌 다시 만날 수 있겠는가.

마음이 먹먹해졌다. 이 친구는 스스로를, 스스로의 그림을 얼마나 오래도록 깊게 바라보며 오늘을 맞이했을까. 다시 그림을 보았다. 그 위로 화가의 얼굴이 포개졌다. 조금 지친 듯, 하지만 편안한 표정이었다. 그는 마치 오랜 여행에서 돌아온 사람 같았다. 길고 외로운 길 위에서 자신을 찾고 돌아온 천재의 모습이었다.

세상이 이 천재의 뜻을 알아줄까. 선뜻 고개를 끄덕일 수 없었다. 하지만 아무리 오래도록 붓을 든 자라도 넘지 못했던 무엇인가를, 한걸음에 성큼 건넌 그림이 바로 이 화면이 아닌가. 이 순간을 그렸을 단원의 밤을 떠올리며 이인문 또한 가슴이 뭉클해졌다. 시대가 감당하기에 그의 붓은 때로 너무 과하지 않은가. 그 무게로 그가 너무 지치지 않았으면 좋으련만. 하지만 이 또한 천재가 지녀야 할 어쩔 수 없는 몫인 것이다.

· 겸재와 단원 ·

그대에겐 이야기하고 싶어, 내 마음의 긴 외로움을 털어놓고 싶어……. 날이 밝으면 이 긴 하소연 또한 부끄러워질 것 같군. 그대, 다 읽은 후에 나의 글월 따위는 그저 지워주게나. 이 그림이 있으니 그러면 된 것 아닐까. 아니, 이야기를 들어줄 그대가 있으니 그것으로 족하지.

단원의 긴 글월은 이렇게 마무리되었다. 그런데 머뭇거리듯 짧게 덧붙인 몇 마디. 무슨 말이 더 남았을까.

그런데 말이야. 나에게는 있으나 겸재에게는 없는 것, 그것이 무엇인지 혹시 알겠는가.

단원에게는 있으나 겸재에게는 없는 것이라? 이인문은 실없는 친구 같으니, 하면서도 그 답이 궁금했다. 스스로를 향한 고백이었다. 천천히, 조금 낮은 울림으로 읽어야 할 것 같았다.

바로…… 겸재야.

미감

아름다움이 이유여도 좋을까

조희룡 「홍백매팔폭병」

홍백매팔폭병紅白梅八幅屛

작가 | 조희룡趙熙龍

제작년도 | 19세기 중엽

크기 | 세로 124.8cm, 가로 371.2cm

종류 | 종이에 채색

소장 | 국립중앙박물관

조희룡에 이르러 담담한 묵매墨梅 위주의 조선 매화 그림이 비로소 다양한 색채를 입기 시작한다. 홍매와 백매가 조화를 이룬 이 작품은 그의 매화연폭 가운데서도 비교적 이른 시기의 것으로, 조선 매화의 새로운 장을 여는 그림이라 할 만하다. 화려한 청나라 매화의 영향을 받았으나, 번잡함은 버리고 야무지면서도 매혹적인 매화의 아름다움을 잘 살려냈다. 특히 조희룡은 당시 예단의 권력인 김정희의 문인화 이론에서 다소 비껴가듯 손의 수련을 중시하는 수예론手藝論을 주장하기도 했다. 이러한 화가 자신의 이론이 그대로 화면에 옮겨진 느낌이다.

불이선란不二禪蘭

작가 | 김정희金正喜

제작년도 | 19세기

크기 | 세로 55cm, 가로 31.3cm

종류 | 종이에 수묵

소장 | 개인 소장

아와 속

누가 매화에 이념을 덧씌웠단 말인가. 매화는 그저 아름다운 꽃으로 피어야 제격이다. 분분한 꽃잎 아래 잠겨보았던 그대, 사군자의 절조를 먼저 운운했다면 그대의 감성이 조금 슬플 것 같다. 조희룡의 매화는 그 이야기를 하고픈 듯이 보였다.

여덟 폭 병풍을 가득 채우고도 모자란 듯, 화폭을 타고 넘으려는 매화가지 앞에서 말을 잃고 멍하게 서 있었다. 멀찌감치 떨어져 한눈에 담아본다. 다시 천천히 그 앞을 걸으며 한 폭, 한 폭 되새겨본다. 이런 매화를 피우는 화가의 마음은 도대체 어떤 색채일까. 그러면서 천천히 솟아오르는 의구심. 지금까지 보아온 매화 그림들은 그럼 도대체 무어란 말인가.

19세기의 바람

조희룡趙熙龍(1789~1866)은 18세기 말에 태어나 19세기 중반까지 활동한 인물이다. 이 시대, 즉 정조 사후의 19세기 정치 상황은 말 그대로 비참한 지경이었다. 힘없는 임금과 외척의 횡포, 관료의 부패로 이미 나라는 어지러울 대로 어지러웠다. 순조와 그 뒤를 이은 헌종 모두 어린 나이로 왕이 되었고, 후사 없이 요절한 헌종을 이어 강화도령 철종이 왕위에 올랐으니. 권력은 안동 김씨와 풍양 조씨의 두 외척 사이를 오가며 흔들렸다. 나라 밖으로는 이미 청의 절대 권력도 많이 기울었으나 조선 지식인들에게는 그런 상황을 판단할 만한 능력도 부족한 채였다. 서양의 이양선異樣船이 출몰하기까지 했다. 정치며 사회 모두가 혼란스런 형국이었다.

회화의 수준 또한 앞 시대에 비해 쇠퇴했다는 것이 일반적인 평이다. 19세기 전반의 그림을 만나면 조금은 당황하게 마련이다. 일반적으로 시간이 경과할수록 역사며 예술 등이 어떻게든 진보한다고 믿는 사람이라면 더욱 그렇다.

다소 간략화해서, 예술계 안에서 이유를 찾자면 이렇다. 18세기 회화의 힘은 사회의 다양한 가능성과 화가의 자각 등으로 요약할 수 있겠는데 19세기로 들어오면 그런 힘 자체가 점차 사라진다. 18세기는 회화 자체로도 많은 '시도'가 있었는데 그 시도의 새로움뿐 아니라 작품의 수준 또한 대단히 뛰어났다. 그런데 이 회화들을 힘 있는 누군가가 '속되다'고 정리해버렸다면 어땠을까. 그 판단의 준거 또한 이웃 선진국의 미감美感이었다면 어땠을까. 이 시대 회화의 전체적인 질적 쇠퇴는 어느 정도는 사회적 이유 때문이기도 했다.

당시 조선의 예단藝壇에는 이른바 '완당阮堂 바람'이라 할 정도로 영향력이 대단했던 김정희金正喜(1786~1856)가 우뚝한 상황이었다. 고증학考證學을 바탕으로 한 청의 학문에 열광적으로 몰두했던 그가 조선 학문과 예술의 중심을 굳건히 지키고 있었으니, 그의 취향에 대한 호오의 문제를 떠나 다소의 경직화를 피할 수 없었던 것이 사실이다.

이런 때 문화 권력의 중심에 대고 '이건 좀 아니지 않나요?'라고 말할 수 있는 용기란 거의 모험에 가까운 일이다. 권력의 속성이야 대체로 비슷하겠지만 예술이라는 분야는 더욱 그렇다. 상대를 제압할 섬세한 안목과 날카로운 이론으로 무장하지 않고서는, 자칫 한 번 잃어버린 이름을 돌려받지 못할 수도 있다. 그런데 조희룡이 '문자향文字香 서권기書卷氣'를 강조하는 김정희에게서 비껴가듯 '수예手藝', 즉 화가의 재능과 숙련된 기량의 중요성을 말한 것이다.

조희룡이 김정희에게 대놓고 자신의 미감으로 맞섰다는 이야기는 물론 아니다. 신분도 학문도 그럴 상황은 아니었다. 다만, 이런 분위기 속에서 새로운 미감을 싹틔우고 그에 충실한 그림을 창작했으며, 자신의 이론을 글로 남기기까지 했다는 사실 자체로도 놀라지 않을 수 없다. 완당 바람 속에 무작정 휩쓸리지 않고 오히려 완당을 바탕으로 하되 그를 넘어선 새로운 이론을 고민했으니, 조희룡은 또 하나의 바람을 주도했던 것이다.

조희룡의 등장은 시대의 당연한 요청이기도 했다. 시대는 요동치는데 예술에 옛 시대의 고아함만을 강요한다면 어찌 되겠는가. 이상적인 이념으로 혼란한 시대의 회화를 이끌 수는 없었다. 이미 회화는 화가의 욕망만큼이나, 아니 그 이상으로 감상자의 욕망을 중시하는 시대로 들어서 있었다.

서화를 즐길 만한 여력이 있는 계층 즉, 새로이 재력가로 자리 잡은 이들의 '직업'을 보자면 재상이나 판서 등의 고위 공무원들이 아니다. 역관이나 의원 등 전문 기술직에 종사하는 중인계층이 그들의 직업이 가져다준 엄청난 이익을 기반으로 명문 사대부가 못지않은 부를 형성했다. 그렇다고 재력만으로 승부한 것도 아니었다. 그들 또한 학문을 익힌 문사이자 서화에 밝은 감식안인 경우가 많았다. 그러니 이들의 취향이 당시 서화 시장의 흐름에 영향을 미치는 것 또한 당연한 일이었다.

19세기는 중인계층의 예술적 자각이 조금 독특했던 시대이기도 하다. 계급적 의식이 그저 의식에만 머물지 않았다. 조희룡의 예에서 보듯 화론畵論과 문학에도 빼어난, 이른바 신지식인 유형의 화가가 등장했다고나 할까. 이들 '조희룡 무리'는 도화서에 소속되지 않았으며, 그렇다고 단지 교양으로 회화를 즐겼던 사대부 화가도 아니었다. 상당히 근대적인 의미의 전문 화가였던 셈이다. 이들의 그림이 내용이나 기법 모든 면에서 말 그대로 '신감각'을 추구한 것도 자연스러운 결과였다.

당시 조선 화단은 한 천재가 주도하기보다 여러 화가가 각각의 장르를 '나누어 맡은' 상황을 연출하는 듯하다. 빛나는 천재에 대한 아쉬움을 살짝 접어둔다면, 그런대로 서로가 서로를 보완하면서 어우러지는 색다른 맛을 즐길 수 있다. 조희룡이 매화를 내세웠다면 전기田琦(1825~1854)는 갈필渴筆의 산수가 매력이었으며, 김수철金秀哲은 거의 현대의 수채화를 연상케 하는 색감을 보여주었다. 물론 전통적 느낌의 남종화南宗畵도 여전했으니 허유許維(1809~1892)의 산수가 그렇다. 그리고 신분은 달랐으나 김정희의 난초 또한 한 장르를 대표할 만했다.

새로운 미감의 탄생

다시 조희룡의 매화 병풍을 돌아본다. 조희룡이 8폭 병풍에 매화를 그린 이후, 이는 하나의 유행이 되어 조선 매화도의 새로운 흐름으로 자리 잡았다. 뜻을 새기며 오래도록 음미하던 이전 세대 묵매墨梅와는 달리 '시각적'으로 감상자를 끌어당기는 그림이다.

그렇다면 또 묻게 된다. 이렇게 시각적 즐거움을 추구하는, 그저 아름답기만 한 그림에 깊이가 있는가. 이것이 바로 김정희가 경계했던 속됨이 아니겠는가. 당시에도 이런 의혹의 눈길이 존재했다. 하지만 이론에도 밝았던 조희룡은 이 새로운 그림을 속되다 여기지 않았다. 시대의 변해가는 미감을 따른 것이라, 그 미감을 만들어가는 것이라 그리 생각했다. 그의 매화는 묻는다. 이제 아름다움이 이유여도 좋지 않겠느냐고.

이를 말인가. 오히려 아름다움이야말로 가장 본질적인 이유일 것이다. 나는 사실 화조화花鳥畵를 그리 좋아하지 않았다. 그동안 보아온 화조화들은 마음을 울리는 감동은커녕 눈 또한 그다지 즐겁지 않았기 때문이다. 하지만 조희룡의 매화도 앞에서 그림의 주제가 감동의 조건이 아니란 사실을 다시금 떠올리게 되었다. 먹이냐 색이냐의 문제도 아雅와 속俗을 논하는 본질일 수는 없다. 핵심은 주제를 대하는 화가의 생각과 기량, 그것이었다.

조희룡의 매화도는 산중에서 느닷없이 만난 어떤 매화보다도 아름다웠다. 매화라는 소재의 아름다움을 그림으로 이야기한 화가. 아름다움이 존재 이유가 될 수 있다고 깨닫게 해준 화가. 하지만 그것만이 아니다. 그가 찾아준 것은 한 시대의 새로운 미감이기도 했다.

◆ ◆ ◆

· 난과 매 ·

그와 단둘이 마주한 것이 얼마 만인가. 아니, 둘만의 자리는 처음인 듯싶다.

"문자향이 없으니 어찌 격조를 이야기할 수 있으리. 그저 법에 매인 그림일 뿐이지. 나의 흉내를 낸다 하여 서권기마저 얻지는 못할 것을."

칼로 자르듯 거침없는 그의 어조는 여전했다. 입가에 슬쩍 비웃음을 띤 것도 같다.

"그림에 사람됨이 담기는 것이야 당연한 일이겠으나, 그것만으로 어찌 아름다움을 이룰 수 있겠습니까. 결국 그림이란 손의 예술이 아니겠는지요."

"문인화의 경지를 손으로 이루지는 못하리니. 손끝의 기예는 그저 기예일 뿐이 아니던가."

"정녕 문자향에 서권기를 더한 그림으로 나의 손을 따라잡을 수 있다고 생각하시는지요. 그러하십니까."

나의 매화를 그 앞에서 그려 보일 것이다. 그대, 나의 붓을 따라올 수 있겠는가. 정녕 화폭 위에 꽃을 피워낼 자신이 있는가. 숨이 막힐 것 같은 화면을 보여주리라.

· 해배 ·

내 그림에 대한 그의 눈을 의식한 탓이었을까. 이런 꿈까지 꾸다니. 하지만 꿈속에서 했던 말이야말로 나의 마음 그대로다. 그의 눈앞에 매화를 그려 보이고 싶다.

기유년己酉年(1849) 정월, 그가 돌아왔다. 여덟 해를 넘긴 긴 유배 끝에 드디어 제주를 떠나 다시 서울로 돌아온 것이다. 그가 서울을 이렇게 오래 비우게 될 줄은 누구도 짐작하지 못한 일이었다. 권력 가까이 있는 명문가의 유배란 한 수 주고 또 받는 장기판처럼, 때에 따라 그렇게 오가는 것이었기 때문이다. 하여 그 또한 그저 잠시 떠났다가 다시 오만한 듯 당당한 걸음으로 돌아오리라 생각했다. 하지만 그의 부재는 길었다.

긴 시간을 사이에 둔 그와의 재회. 무사히 돌아온 일이야말로 큰 다행이었다. 하지만 그를 만나러 가는 조희룡은 다소 마음이 복잡했다. 나의 부탁을 그가 받아들여줄는지.

여항의 서화가들이 그에게 서화를 품평받는 자리를 마련하고 싶었다. 어쩌다 이런 생각을 하게 되었는지 모르겠다. 다만 이젠 그래야 할 때가 왔다 싶었다. 그의 말 한마디 한마디는 그야말로 예림藝林의 법도가 아닌가. 특히나 여항의 화가들에게는 더욱 그랬다. 그에게 인정받을 수 있다면 시대 앞에 내놓기에도 당당할 것이기 때문이다. 그가 부디 받아들여주기를, 간절한 마음이었다. 조희룡은 숨을 크게 내쉬며 그의 집으로 들어섰다.

그와 마주한 조희룡은 자신이 그를 몹시도 보고 싶어 했다는 사실에 조금 당황했다. 어수선한 정국에 그의 안위를 걱정했던 것은 물론 당연한 일이었다. 제주를 오가는 이들에게 그의 안부를 물으며 그저 무탈하기를 바라긴 했지만. 하지만 그를 마음으로 깊이 그리워했던가. 꿈에 본 그는 여전히 냉랭하기만 했는데. 알 수 없는 일이었다.

그는 예전과 조금 달라진 것도 같았다. 세월을 피해가기 어려웠을까. 아니면 힘겨웠던 제주의 바람 때문일까. 어쩌면 제법 변해버린 서울의 분위기를 그 또한 느꼈을지도 모르겠다.

마주앉은 그 또한 달라진 조희룡을 보며 반가움과 당혹감을 느끼는 기색이었다. 조희룡은 더 이상 얌전히 앉아 화평畵評을 기다리는 여느 화사가 아니었다. 화명을 다투는 이들의 그림 앞에서 그들을 다독이는 예림의 중심이 되어 있었다. 어느새 서울의 예림은 조희룡에게 그런 무게를 두게 되었음인가.

"여덟 해가 짧은 세월은 아니었던 게로군."

그간 어찌 지냈느냐 돌려 묻는 것인가. 아니면 요사이 서울의 화사들이 궁금하다는 뜻일까.

"비록 배움은 깊지 않으나 서화에 뜻을 둔 마음이 맑은 이들입니다."

"저간의 사정은 전해 들었네."

무어라 물음이 더 있을 법도 하건만 그는 더 이상 말이 없었다. 그동안의 서울 사정은 전해 들어 잘 알고 있다, 하여 기꺼이 받아들이겠다는 뜻일까. 아니면 이 무슨 무례한 청인가 노하는 마음일까. 그가 서울을 비운 여덟 해는 그저 흘려보내기에는 너무 긴 시간이었다.

· 완당 ·

경자년庚子年(1840) 여름이었다. 권력이란 그런 것이 아니던가. 오래도록 묵어 있던 감정의 앙금들이 새삼 고개를 내밀고, 순식간에 유배와 처형의 회오리를 일으키는 것은 그리 놀라운 일도 아니었다. 일련의 피바람이 어떤 과오의 대가는 아니라는 것 또한 모두가 아는 일이었다. 어린 임금은 무력했으며 외척의 탐욕은 끝이 없었고, 나라는 그에 걸맞게 어지러웠다.

이미 세상을 떠난 그의 생부인 김노경金魯敬(1766~1837)은 삭탈관직되었으며, 그 자신은 제주로 유배의 길에 올랐다. 그의 학문도, 예술도 그를 구하지 못했다. 관련된 이들 여럿이 처형되는 상황에서 그는 그나마 조인영趙寅永(1782~1850)의 간절한 상소로 목숨을 건졌다. 오랜 지기인 권돈인權敦仁(1783~1859)이 정승의 자리에 오른 후에도 상황은 좀처럼 나아지지 않았다.

외척의 힘 앞에서 재상이라 할지라도 자신의 목숨 하나 온전히 지킬 수 없는 시절이었다.

권력의 바깥에서 시와 그림으로 자족하는 조희룡에게는 유배니 옥사니 하는 무서운 이야기들이 그리 가깝게 들리지 않았다. 그것은 세상을 좌우하는 이들이 고민해야 할 문제였기 때문이다. 하지만 이번만큼은 마음이 쓰였다. 물론 그동안도 그의 부친이 연루된 옥사가 없었던 것은 아니다. 하지만 이 또한 조선의 현실에서 명문가가 감당해야 할 몫이었다. 그런데 다시 옛일을 들춰내며 시작된 이번 사건에는 그마저 얽혀들고 말았으니. 그의 성정 때문인 듯도 싶었다. 정치 어법에 익숙하지 않은 그였으니 그만큼 많은 정적을 만들기도 했으리라.

벼슬자리에 나아가서도 예술을 논하는 자리에서도 그의 어조는 항상 자신감에 넘쳤다. 눈에 거슬리거나 마음에 차지 않는 것을 그냥 지나치지 못했다. 그를 탓할 수는 없었으나 세상의 눈길이 곱지만은 않았다. 그를 숭배하는 이들의 가슴에도 싸늘한 바람을 일으키곤 했으니 마땅찮은 마음으로 기회를 노리던 이들에게야 말해 무엇 하겠는가.

하지만 갑작스러운 유배를 당하기 전까지 그는 자신의 성정을 개의치 않는 듯했다. 스스로에게 자신이 있었음이다. 집안의 정치적 부침이 있을지라도 학문으로 한 세상 채우기에도 바쁜 사람이었다. 조선에서 그의 학문과 예술을 넘을 이는 없어 보였다. 그저 여항에서 서화를 즐기는 조희룡의 눈에도 그는 이미 예림의 법도였다.

그의 학문은 젊은 시절의 연경燕京이 준 선물이었다. 연경을 오가며 넓은 세상을 보면서 새로운 학문의 뼈대를 세우던 학자들이 있었다. 북학파北學派라 이름 했던 그들의 입연기入燕記를 읽으면서 그 세계에 마음 동하지 않은 이가 어디 있으랴. 북학파의 중심인 박제가朴齊家(1750~1805)가 그의 스승이었다. 박제가는 연경의 학자들 앞에서 총명한 제자 자랑하기를 아끼지 않았다. 스승이 닦은 길이야말로 제자에게는 더할 나위 없는 힘이 되었다.

스승의 신망을 바탕으로 그는 연경의 여러 학자들과 두터운 우정을 나누었다. 청의 대학자인 완원阮元(1764~1849)이 학문 높은 선비라 칭찬하며 스스로의 이름을 따른 '완당'이라는 호까지 그에게 주지 않았던가. 서예가로 이름난 옹방강翁方綱(1733~1818) 또한 해동 제일의 문장이라 놀라면서 대를 이은 깊은 인연을 놓지 않았다. 조희룡으로서는 감히 꿈꾸기 어려운 경지였다.

완당에게는 조선이 좀처럼 성에 차지 않아 보였다. 작은 나라에 태어나 좁은 안목을 털어내지 못하는 것을 부끄러워하기도 했다. 큰 나라에서 학문으로 이름을 한번 떨쳐보지 못하는 것이 한이었다. 그럴 만한 그릇이기도 했다. 그는 허기진 사람마냥 학문에 몰두했다. 멈출 수 없는 무엇인가에 사로잡힌 듯했다. 필요한 책은 연경을 오가는 이들을 통해 끊임없이 구해 읽기를 번거로워하지 않았다. 경서와 시문뿐이겠는가. 자신이 심취했던 서체에 대해서도, 심지어 그림과 골동에 대해서도 어느덧 조선에서는 겨룰 자가 없었다.

서화계에서 그의 말은 곧 법이라 해도 좋았다. 그의 가르침은 엄격했다. 그림과 글씨에 문기文氣가 넘쳐야 한다, 부지런히 학식을 닦아야 그림에 고의古意를 담을 수 있다……. 고고한 문인화를 추구하는 그로서는 당연한 말이었다. 누가 감히 그의 안목에 도전하겠는가. 귀한 신분에, 큰 나라에서 넓힌 시야와 엄청난 학식이 뒤를 받쳐주었으니. 그의 평 한 줄에 세상의 호오가 엇갈렸다. 그가 내친 그림이나 글씨는 이제 조선에서 대접받기 어려웠다. 세상은 완당의 빼어남을 선망했으나 그의 거침없는 단호함이 불편하기도 했으리라.

· 조희룡 ·

완당의 입을 통해 흘러나온 연경 이야기에서 조희룡 또한 막연한 동경으로 그곳에 대한 마음이 간절해졌다. 연경은 정말 꿈속의 땅 같았다. 언젠가 한번 가볼 기회가 있을까. 그곳을 자유로이 오가는 역관들이 부럽기도 했다.

온 나라가 청에서 들여온 서화와 고동기古銅器들로 차고 넘쳤다. 골동서화로 말하자면 조희룡도 누구 못지않게 애호하는 이 가운데 하나였다. 그 자신이 화가였으니 안목에도 자신 있었으며, 중국의 예술에 대해 공부하는 일 또한 즐겼다. 그저 중국 화가들의 화론이며 그림을 입술에만 담는 이들을 경계했던 까닭이다.

세상의 서화가 완당 앞에 고개를 숙일 때 조희룡 역시 완당의 안목을 따라 이 세계로 들어섰다. 학문을 통해 서화의 격조를 높여야 한다는 데 깊이 수긍했음이나. 하지만 그림을 그리는 시간이 길어질수록 완당의 눈이 움직일 수 없는 법도인가, 의문이 생겼다. 그가 이야기하던 연경의 아름다움이 조선의 기운과 같은 색채일 수 있을까, 그런 의문을 품었다.

어느 날이던가. 완당이 원나라 사람이 그린 「전촉도全蜀圖」 한 폭을 꺼내어 벽에 걸었는데 족자가 많이 길어 펴지지 않은 것이 한 자 남짓이나 되었다.

"이래서야 어찌 편히 즐기겠는지요. 그림이 너무 긴 것이 아닙니까."

다소 마땅찮은 어조로 말하는 조희룡에게 완당은 뭐 이쯤이야 하는 식으로 웃으며 대답했다.

"그들의 처소는 초가로 된 조그만 집에 이 족자를 걸어두어도 공간이 남는다네. 하물며 고관대작과 부호들의 높다란 마루와 거대한 벽에 있어서야 말할 나위가 있겠는가."

연경에 가보지 못한 조희룡은 더 답하지 못했다. 하지만 조선에 어울리지 않는 중국의 그림이 무슨 의미가 있다는 말인가. 언젠가 읽은 진운백陳云伯의 글이 떠올랐다.

내가 일찍이 진운백의 「화림신영畵林新詠」을 보았는데, "서장에서 그린 불상은 매우 커서 수십 발이나 되는 것이 있어, 산꼭대기까지 메고 가서 절벽 아래로 드리워놓고 감상한다"고 씌어 있었다. 이 말이 사실이라면 아방궁阿房宮과 미앙궁未央宮의 높이로도 그림을 감당하지 못할 것이다. 이 그림을 어디에 쓸 것인가.

그렇지 않은가. 자리에 어울리는 그림이 다르듯이 저마다 아름다움을 느끼는 눈도 다를 수밖에 없다. 연경이 아무리 아름다운 땅일지라도, 그들의 예술과 학문이 제아무리 높다 할지라도 무작정 따를 수만은 없을 것 같았다. 조선에, 이 시대에 맞지 않는 아름다움이라면 어찌 온전히 받아들이겠는가.

물론 연경의 바람이 달콤한 것 또한 사실이었다. 그 색다른 바람 속에 스민 향긋한 내음은 쉬이 거부할 수 없는 유혹이었다. 놓치고 싶지 않았다. 그렇다면…… 그 아름다움을 조선의 것으로 만들어내면 되지 않을까. 그 바람을 새로이 받아들여 조선의 색채로 바꿀 수는 없을까. 조희룡의 고민이 깊어가던 중이었다. 바로 이런 때 완당이 먼 바다 밖으로 유배를 떠났던 것이다.

그렇게 해가 바뀌었다. 그는 무엇을 하며 지냈을까. 죄인의 몸으로 끌려간 먼 섬에서 어떤 하루하루를 보낼까.

"제주 소식은 들어보았는가."

그날도 부탁한 전각 하나를 새겨들고 소산小山 오규일吳圭一이 들렀다. 자신뿐 아니라 완당을 위해서도 부지런히 손을 움직였던 소산이니 제주 소식에도 밝을 듯했다. 그는 오랜 벗인 의원 오창렬吳昌烈(1783~1865)의 아들이었다. 아버지는 아들이 의업醫業을 이어가길 바랐으나, 그는 전각에 뜻을 두었다. 벌써 그 일이 어느 때의 이야기던가. 전각을 즐기는 아들의 앞길을 걱정하는 오창렬에게 서간 한 장을 보냈지.

> 윤랑胤郎의 철필鐵筆은 어찌 조선 사람들이 꿈에서조차 볼 수 있는 것이겠습니까. 전에 각한 것을 보니 대개 삼교三橋(문팽)를 본뜬 것이면서 운치는 혹 그보다 더 뛰어나, 놀라고 감탄할 만했습니다. 이것은 비록 소기小技이나 또한 치세의 한 도구니 다른 날 입신에 이것이 한 계제가 될 줄 어찌 알겠습니까.

소산은 짱짱한 안목을 자랑하는 완당이 직접 전각의 묘처를 가르쳐가며 자신의 전각을 맡길 정도로 인정했던 인물이다. 임금 또한 그의 재능을 아껴 궁실의 전각을 맡겼으니, 이야말로 하늘이 내린 길을 따른 것이다.

"우선藕船께서 연경을 오가며 들여온 서책들을 꾸준히 보내드린다 들었습니다. 지금은 소치小癡가 그곳에 머문다 합니다."

소산이 그간의 제주 소식을 전했다. 그랬겠지. 그가 서울의 하루하루를 모른 채 지내는 것은 아니었다. 그가 여전히 책을 읽으며 소치에게 그림을 가르친다……. 그리고 자신의 글씨에 몰두하리니. 먼 바다 밖의 유배 생활도 그를 꺾지 못했다. 다행이었다. 그가 멈춘다면…… . 조희룡은 그런 생각을 하고 싶지 않았다. 원래의 당당한 모습 그대로 나와 다시 만나야 한다.

완당이 없는 서울은 허전했다. 하지만 어딘가 모르는 자유로움이 있었다. 연경의 바람이 잠잠한 자리에 비로소 은은하게 피어오르는 조선의 풀꽃 내음을 깨달았다고나 할까. 묘한 느낌이었다. 차갑게 꽂히던 그의 음성이 울리지 않는 서울에서 조희룡은 자신을 천천히 돌아보았다. 이제 나의 길을 만들어 갈 때가 왔다.

· 여항인 ·

조희룡은 주변을 돌아보았다. 세상은 혼란스러웠으나, 어지러움이 새로움을 불러내는 것도 사실이었다. 명망 있는 사대부가의 세력 다툼 바깥에서 자신의 자리와 이름에 충실한 인물들이 촘촘히 한 시대를 채우는 형국이었다. 소산 또한 그렇지 않은가. 스승을 위해 수고를 아끼지 않는 우선藕船 이상적李尙迪(1804~1865)이 그랬고, 소치 허유도 다르지 않았다. 시대의 혼란은 큰 파도가 지난 자리처럼, 미처 보지 못하고 지나쳤을 바다 속 진주들을 끌어올리는 것은 아닐까.

스스로를 여항인閭巷人이라 말했듯이 조희룡은 자신의 자리를 잘 알았다. 자신의 삶이 부족하다는 생각은 아니었다. 시를 배웠고 그림을 즐겼으며 지기들과 함께 즐거움을 나눌 여유로움이 있었던 까닭이다. 여항인이란 말에 아쉬움이나 슬픔만 서린 것은 아니었다. 오히려 이름에 충실하겠다는 다짐 같은 것도 존재했다. 그때부터였던가. 책을 하나 엮어내야 할 때가 되었다고 생각했던 것이.

중국에는 있지 않던가. 청대 서화가들을 위한 열전인 《국조화징록國朝畵徵錄》을 보면서부터 소망했던 일이다. 우리 땅이라고 어디 여항의 아름다운 이름이 없으랴. 신분이 미미하다 하여, 그 자리가 공경대부에 이르지 못했다 하여 그저 세월 속에 묻혀도 좋을 것인가. 본받을 만한 삶을 살았다면 그들 또한 세상에 알려지고 그 이름이 이어져도 마땅하리라.

내가 귀로 듣고 눈으로 보았던 약간의 사람들을 기억해내어 그것을 전傳으로 만들었다. 다행히도 천지간에 머물러 있어서, 후세의 독자로 하여금 지금 사람이 옛일을 대하는 것과 같이 되고자 한다. 여항 약간인의 전할 만한 것이 있을지라도 어디로 좇아 자료를 얻겠는가. 세상에 대인거필大人巨筆이 있어 혹 좇아서 자료를 찾을 경우 행여 이 책에서 얻음이 있을 것이다.

그 이야기들이 흩어져 사라지기 전에 글로 남겨두어야 할 것이다. 우리 시대를 알고 싶어 하는 이들이 있다면 그들에게 이 책이 작은 도움이라도 되지 않을까. 자신에게 주어진 일이라는 생각이 들었다. 책임감 같은 것이기도 했다. 호산壺山이 쓴 역사 바깥의 이야기니 〈호산외기壺山外記〉라 이름하기로 했다.

시재를 떨친 이들도 적지 않았으며 하늘이 내린 명의라 일컬을 만한 의원들도 있었다. 서화를 즐기는 스스로에 대한 자각 때문이었을까. 특히 서화로 일가를 이룬 화가들에게 마음이 쓰였다. 시대의 아름다움을 그려낸 이들이었으나 변변한 전기 하나 갖지 못한 채 그저 남겨진 그림들만이 주인의 이름을 가까스로 전할 뿐이었다.

앞사람들에게서 답습하지 않고 스스로 천기天機를 운용하여 정신과 생리가 소슬, 상쾌하고 광채가 혁혁하여 사람을 기쁘게 하였으니 예원의 특별한 솜씨였다. 정조 때 대궐 안에서 도화서 화원으로 복무하였는데 매양 그림 한 폭을 올릴 때마다 문득 임금의 마음에 들었다.

〈김홍도 전〉을 써내려가면서 조희룡은 일말의 쓸쓸함으로 힘겹기도 했다. 천재의 이야기는 그의 이름으로 끝이라는 생각이 들었던 까닭이다. 도화서는 단원의 시대로 절정을 지난 터였다. 어찌 아니겠는가. 영조와 정조 두 임금의 사랑이 있었기에 그 시대의 그림 또한 그처럼 풍요로웠다. 도화서 화원의 아스라한 절정도 이제는 정말 전설처럼 느껴졌다.

어찌 보면 지금 조선의 화단은 어수선한 듯 다양한 소리를 내는 것도 같다. 도화서 화원이 아니더라도 사대부가의 문인화가가 아니더라도 문제될 것이 없었다. 자신의 자리 또한 그렇지 않은가. 저마다의 재능을 따라 길 하나를 찾으면 될 일이다.

"요즘 몰두하시는 일이 이것이었습니까."

멋쩍기도 했으나 보여주고픈 마음도 없질 않았다. 아니, 유최진柳最鎭(1791~1869)의 평을 기대했던 것도 사실이다. 함께 골동서화를 감상하며 글과 그림을 나눈 시간이 얼마던가.

"여러 벗들을 제쳐두고 감히 내가 붓을 잡았습니다."

조희룡의 조심스러운 말에 유최진은 의당 그래야 하지 않겠냐는 표정이었다.

"호산 거사가 아니라면 누가 하겠는지요. 그대의 찬讚을 받다니 그들이 부럽습니다."

유최진은 여항에 떠도는 인물들의 행적을 모아서 자신의 찬을 더하여 전기로 엮는 조희룡에게서 한 시대의 모습을 보았다. 세상은 변하는 중이었다. 변화를 앞서 이끄는 이 또한 있어야 했다. 조희룡이 바로 그런 인물이 아닌가. 그는 재능과 깊이를 겸한 화가이자 시인이었다.

"우리가 이 시대에 이야기 하나를 더하면 어떻겠습니까. 제 집에 벽오동碧梧桐

한 그루가 있질 않습니까. 허락하신다면 저의 그 당호에 기대고 싶습니다."

정미년丁未年(1847)의 벽오사碧梧社는 그렇게 시작되었다. 모임의 좌장 격인 조희룡과 유최진을 중심으로 여항의 재사들이 서로의 시와 마음을 나누었다. 그림에도 밝은 전기와 나기羅岐가 참여했으며 도화서 화원인 유숙劉淑(1827~1873)이 모임을 그림으로 남기는 일을 맡았다. 벽오당 주인의 말처럼, 시대에 아름다운 이야기를 더할 만한 모임이었다.

여항의 시사는 이미 영 · 정조 임금 때부터 있어왔던 일이다. 하지만 요즘 분위기는 그때와 또 달랐다. 선배들이 사대부의 격조를 닮고자 했다면 이 시대의 여항인들은 새로운 격조를 만들고자 했다. 흐르는 물을 어찌 막겠는가. 이미 큰 줄기를 이룬 강물이었다.

· 장육매화 ·

선배들의 삶을 더듬으며, 벗들과 시사를 나누며 조희룡은 자신의 내면을 점차 깊이 들여다보게 되었다. 내가 만약 외기外記의 한 인물로 입전入傳하게 된다면 어떤 색채로 그려질까. 선명하게 각인될 그림 하나가 있으면 좋을 듯했다. 내 모든 것을 보여줄 수 있는, 온 마음으로 사랑했던 그림이어야 할 것이다. 그렇지. 고민할 일도 아니었다. 매화가 있지 않은가. 당호마저 강설당降雪堂이라 할 정도였다.

나는 대부분 연지를 사용하여 꽃을 그리기 때문에 방과 기둥이 아롱지고 화려하다. 하여 내 거처를 이름하여 강설당이라 하였다.

“이처럼 큰 매화도를 조선에서는 보지 못하였습니다. 참으로 장관입니다.”

소산은 다소 놀란 듯했다. 중국에서는 큰 화폭에 매화를 담아내는 이들이 적지 않으나 조선의 매화 그림은 아담하고 깔끔한 것으로 장처를 삼았다. 하지만 그것만으로는 매화를 제대로 음미할 수가 없지 싶었다. 매화를, 꽃잎 그대로 희고도 붉게 피워내면 아니 될까. 조희룡은 싱긋 웃으며 답했다.

“장육매화丈六梅花라 부르면 어떻겠는가.”

불상 중에 장육금신丈六金身이 있는데 나는 대매大梅를 일컬어 장육철신丈六鐵身이라 하였다. 대개 장육매화는 나로부터 시작되었다. 한 인장印章을 새겨서 오소산에게 줄 만하다.

“선생님을 만났으니 조선의 매화가 복이 많습니다.”

“오히려 매화를 만난 것이 내게 천운이라 해야겠지. 매화가 아니었다면 어디에 내 그림의 뿌리를 내렸겠는가."

평생 동안 간담이라는 것이 한도가 있어서 가볍게 남에게 줄 수 없다. 그렇지만 매화와의 우정을 맺는 데는 허락하지 않을 수 없다. 도리어 매화가 허락하지 않을까 걱정되어 관성자(붓)를 매개로 삼을까 한다.

수십 년 그려낸 것이 어찌 매화뿐이랴. 하지만 매화야말로 내 그림을 내 그림으로 설 수 있게 해주었다. 하여 나는 매화 앞에서 그가 나를 받아주지 않을까, 마음 졸였던 것이다.

"제 눈에 새로운 매림梅林을 열어주셨습니다. 지금껏 조선에 없던 그림이 아닙니까."

"이것이 바로 우리 시대의 새로운 미감이 아니겠는가. 아름다움이란…… 스스로 태어나는 것은 아닐 터이니."

소산은 천진한 듯 묵직한 눈을 가진 이였다. 매화가 없던 시절이 있겠는가. 매화의 아름다움은, 그것을 아름답게 보아주는 이의 눈이 만든 것이리라. 알아볼 시대의 눈이 문제인 것이다.

"하지만 잘 모르겠습니다. 완당 공께는 난蘭을 익히시지 않았습니까. 헌데 어찌 매화를, 붉은 매화를 그토록 사랑하시는지요."

"사랑 이야기를 듣고 싶은 것인가……."

매화 그림에 얹을 인장을 정성스레 새겨주는 소산에게는 말해도 좋지 싶었다. 아니, 말해주는 것이 도리라는 생각이 들었다. 그의 인장 하나하나는 화면 위의 마지막 꽃잎인 양 눈부신 붉음으로 나의 매화들과 함께하리니. 그가 아니라면 누구에게 딜어놓겠는가.

"신열을 앓듯이 나의 몸속으로 매화가 들어왔다면 믿겠는가. 젊은 날의 사랑이랄까. 뜨겁고 긴…… 도저히 멈출 수 없는 그리움이었지."

내가 매화를 처음 만난 날은 지금의 소산보다 젊었던, 아직 그림을 제대로 그릴 줄도 모르던 스물 몇의 꿈같은 시절이었다.

· 사랑 ·

바람 때문일까. 눈발이 흩날리기 시작했다. 주위가 온통 흰 눈으로 감싸였다. 어떤 무게감도 느껴지지 않는 한없이 가볍고 상쾌한 눈꽃이었다. 사뿐히 내려앉는가 했더니 어느새 다시 바람을 타며 날아올랐다. 춤추는 여인의 옷자락이라 한들 이처럼 눈부실 수 있으랴.

조희룡은 눈꽃 아래 멈추어 선 채 조용히 호흡을 가다듬었다. 눈을 감아보았다. 혹여 그 설레는 촉감이 사라질까 큰 숨을 내쉬지도, 손끝 하나 움직이지도 못했다. 온몸의 감각을 눈의 향연에 내맡긴 채였다. 그러던 순간, 작은 바람이 일렁이는가 싶더니 달콤한 듯 알싸한 내음이 스쳐왔다. 꽃향기일까. 눈꽃 분분한 이 계절에 어인 일인가.

향기에 끌리듯 가만히 눈을 떴다. 눈썹 위로 내려앉았다가 설핏 날리는 것이…… 눈꽃이 아니었구나. 아주 작은 꽃잎이었다. 눈송이 사이로 매화 꽃잎이 날렸던 것이다. 무엇이 눈이고 무엇이 꽃잎이던가. 게다가 이건 또 어인 일인가. 하얀 눈과 꽃잎 사이로 한 방울 연지를 떨군 듯 선명하게, 점점이 실려오는 붉은 바람. 홍매를 흔들어놓은 바람의 손길이었다. 눈은 아직도 분분한 중인데, 하얗고 붉은 꽃잎들 또한 현란한 유영을 멈추지 않았다. 향설香雪과 강설降雪의 환희인가.

몽롱한 꿈인 양 조희룡은 정신을 놓았다. 어째서일까. 눈물이 났다. 이 순간이 허망하게 사라져버린다면, 이 아름다움이 날아가버린다면. 아쉬움 때문이었을까. 불쑥 솟은 눈물이 차가운 뺨을 어루만졌다. 바람에 흩날리던 꽃잎 몇몇, 어느새 물기 어린 뺨 위로 내려앉았다. 이 보드라운 감촉이라니. 나를 위로하는 촉촉하고도 깊은 향기였다. 몸속으로 매화향이 스미는 듯싶었다. 그대로 나를 맡겨두었다. 나의 몸이되 나의 뜻대로 움직일 수 없는 이상한 순간이었다.

이 순간을, 이 아름다움을 영원히 붙들어놓을 수는 없을까. 사랑을 만난 바로 그 순간, 뒤돌아 이별을 고해야 하는 연인처럼 간절함으로 가슴이 달았다.

그렇게 온몸이 들뜨는가 싶더니 뜨거운 기운이 손끝을 두드리기 시작했다. 꽃잎들이 하나 둘 손끝에서 터져 나올 것만 같았다.

조희룡은 온몸이 무너져내리듯 깊은 한숨을 토했다. 아, 놓칠 수 없는 사랑이 있는 법이지. 매화를 그리고 싶다. 이 뜨거움으로 화폭을 적시고 싶다.

· 홍백매팔폭병 ·

강설당이니 향설관香雪館이니 하는 당호들이 제 값을 해야 할 일이다. 내가 꿈꾸었던 매림을 연폭連幅에 담아보고 싶다. 한껏 매화향에 취할 수 있도록 색을 아끼지 않을 것이다. 매화의 모든 것을 화폭에 쏟아내보리라.

사군자의 고매한 이름으로 사랑받는 꽃이건만 매화가 아름다운 것이 어디 그에 담긴 뜻 때문이랴. 그저 꽃이어서 아름다운 것이다. 매화의 아름다움을 그림으로 이야기하고 싶다. 누군가 나의 매화가 문사文士의 길을 벗어난 유희라 말한다 해도 마음 두지 않으려 한다. 아름다움을 아름다움 그 자체로 느낄 수 있도록, 우리 시대의 새로운 미감을 이끌어내고 싶었다. 이제, 아름다움이 이유여도 좋지 않겠는가.

여덟 폭 병풍이라면 어떻겠는가. 매화를, 조선의 누구도 그려본 적 없는 넓은 병풍 위에 가득 피워낼 것이다. 종이 여덟 폭을 맞추며 조희룡은 가슴이 뛰었다. 이날을 위해 그 많은 매화들을 피웠음이다. 병풍에 연폭으로 그려낸 매화라니. 아직 조선에는 이처럼 큰 매화 그림을 꿈꾼 이가 없었다. 매화가 온 벽면 가득한 병풍 위에 피어날 줄은, 그것도 조선의 색채를 입고 전혀 새로운 화면으로 태어날 줄은 아무도 짐작하지 못했을 것이다.

온몸으로 매화를 처음 느꼈던 그날을 담아보리라. 홍매와 백매가 눈발에 섞여 바람을 타고 나를 일깨웠던 날. 감히 매화를 사랑한다 말하던 그날의 뜨거움이 오늘 화폭을 만난 것이다. 어쩌면 이 사랑은 오래도록 멈추지 못할 운명인지도 모르겠다. 매화는 향으로 먼저 나를 홀렸지. 눈인지 꽃잎인지 알아볼 수 없을 정도로 분분했던 그날의 뜨거움.

긴 시간 설레며 고민해온 화면이었다. 넓은 화폭이 허전하지 않게, 무작정 내려 그은 붓질로 답답해지지도 않게 포치에 정신을 모아야 한다. 과하지도 모자라지도 않은, 바로 그곳에서 붓을 멈출 수도 있어야 한다. 그렇다고 구구절절 그려내고 싶은 마음은 없었다. 대매를 택했으나 그 줄기 아랫부분을 잘라내고 한 장면에 집중하기로 했다.

홍매와 백매 한 그루 씩이면 족할 듯했다. 붓 끝에 마음을 모았다. 그래, 이 정도면 되었다. 화면을 가늠하고 매신梅身의 자리를 잡아가기 시작했다. 종이에 스며드는 먹빛과 함께 조금씩 그 형체가 우뚝해졌다. 눈이라도 내려앉아 매화 줄기를 적셔놓았을까. 물기를 흠뻑 머금은 저음의 먹빛이었다. 이제 농묵이 필요한 순간이다. 촉촉한 가지 위로 짙은 태점苔點(이끼를 표현한 작은 점)을 찍어나갔다. 행여 느낌을 놓칠세라 시운詩韻을 맞추듯 빠른 손길을 멈추지 않았다. 줄기의 음영이 점점 깊어져갔다.

이제 그 줄기가 화면의 중심을 이루며 가지를 뻗어낼 참이었다. 겹치듯 어긋나며 위로 솟구치고, 혹은 아래로 뻗는가 싶더니 다시 힘차게 꺾여 올라가는 매화가지들. 하지만 어쩌랴. 이 정도로도 화면이 부족했다. 화폭 안으로 그들을 모두 거두어들일 수는 없었다. 누군가 화폭을 넘어 마음의 눈으로 가지 끝을 따르는 이 있다면 마주앉아 매화주 한 잔을 나눌 수도 있으리니.

꽃잎은 어쩌면 좋을까. 맑은 담채가 지닌 투명한 색감 앞에서 마음이 흔들렸다. 하지만 이것만으로는 부족하다. 희고도 붉은 꽃잎의 밀도를 제대로 찾아주고 싶었다. 호분胡粉(백색의 안료)을 풀고 연지를 더했다. 꽃잎이 피어나기 시작했다. 향기에 취한 채 몽롱함 속에서 꽃잎은 하나씩 하나씩 한밤 내내 피어나기를 멈추지 않았다. 오래도록 연모했던, 사랑에 빠졌던 젊은 날의 고백을 그렇게 담아내었다.

마지막 남은 가지 하나를 우측으로 길게 빼어놓았다. 섬세하면서도 단호하게, 칼로 새긴 듯한 붓 맛을 살리고 싶었다. 아스라한 가지 끝을 따라 눈길을 옮기다 보면 풍성한 매화가 여린 꽃잎으로 얼마나 설렐 수 있는가를 느끼리니. 기교에 매이고 싶지는 않았다. 하지만 재주를 묻어둘 이유 따위도 없지 않은가.

어떻게 그려냈는지 모르겠다. 문득 정신이 들었을 때, 오래도록 꿈꾸어온 그 매화가 마주하고 있었다. 형상은 한없이 장엄했으나 숨 막히도록 화려했으며, 또렷한 꽃잎들은 이름만큼 청신淸新했으나 은근한 유혹의 색조까지 머금고 있었다.

용이 승천하듯 꿈틀대며 가지를 뻗은 매화 두 그루. 무수한 가지 끝으로 참을 수 없는 희열처럼 톡톡 꽃망울이 터진다. 홍매와 백매는 서로를 희롱하듯 사모하듯 어우러지며 온 화면 가득 가지를 뻗어대는 중이다. 혹 두 그루 매화는 본디 하나의 몸이었던 것이 아닐까.

이는 곧 전서와 예서의 기이한 글자 가운데서 온 것이다. 그림 그리기 전은 어떠한 경계인가. 흰구름, 붉은 노을이 유리색계琉璃色界에 무성하게 모여 있다. 그림 그리고 난 후는 어떠한 경계인가. 나부산羅浮山의 오색 빛깔 나비가 산속에 고치를 토한 듯하다. 갖가지 모습 중 먼저 쉽게 보이고 쉬이 알 만한 것은 백옥白玉과 단사丹砂의 빛이다.

조희룡은 화제畵題를 써넣어 그림을 마무리했다. 전서와 예서를 쓰는 힘찬 필로 줄기를 그려내고, 백옥과 단사의 빛으로 점점이 눈부신 꽃잎들……. 이야말로 열 손가락 끝으로 매화의 신이 자신의 숨결을 넣어준 것이다. 방 안 가득 매화향이 넘실거렸다. 매화에 너무 깊이 취했음일까. 한 꿈을 꾸었다.

강루에 비바람 치는 날, 매화 그림 큰 폭을 그렸다. 그리기를 마친 저녁, 꿈에 한 도사가 나뭇잎으로 옷을 지어 입었는데, 나에게 읍하며 말하기를 "나부산 속에 살면서 500년 동안 매화 1만 그루를 심었소. 그중 석란 가의 세 번째 그루가 가장 기이하고 빼어나 여러 매화 중에 으뜸이었소. 어느 저녁 비바람이 이 세 번째 그루를 말아가버렸는데, 그 간 곳을 알지 못하였소. 어찌 뜻하였으랴. 그대의 붓 끝에 말려갔을 줄을! 원컨대 이 매화나무 밑을 빌려 사흘을 묵고 돌아가고자 하오." 깜짝 놀라 깨어 보니 등불은 푸르스름한데 대나무 그림자만 마루에 일렁이고 있었다.

· 화론 ·

그렇게 여덟 해가 지났다. 제주에 있는 완당이라 해서 조희룡의 장육매화가 온 장안을 뒤덮었다는 이야기를 듣지 못한 것은 아니었다. 그런 매화는 처음 보았습니다……. 놀라움 가득한 소치의 전언이었다. 하지만 완당은 아무 말도 하지 않았다.

완당과 조희룡은 아직도 말이 없이 마주한 채였다. 상대가 더 묻지 않으니 조희룡으로선 어떤 이야기를 얹을 수도 없는 노릇이었다. 자신의 청에 대해 조금 더 생각하고 싶다는 뜻일까. 조용히 그와 단둘이 마주하고 있자니 바로 지난 날의 꿈이 떠올랐다. 꿈속의 자신은 그를 향해 붓의 아름다움을 물었다. 이 자리에서…… 그리하면 아니 되는 것일까.

언제 다시 이처럼 조용히 마주할 자리가 있겠는가 싶었다. 그렇다고 무어라 말을 꺼내야 할지. 무턱대고 꿈 이야기를 할 수도 없었다. 고개를 들어 그의 얼굴을 바라보았다. 마음을 누를 수가 없었음이다. 하지만 어인 일인가. 그 또한 자신의 눈빛을 그대로 받아주는 것이었다.

그의 눈이 먼저 이야기를 시작했다. 그가 아직 유배를 떠나기 전, 조희룡의 그림에 쓴 제문이었다. 그는 원나라 사람의 문기 어린 그림을 이야기했다.

> 근자에 마른 붓과 바튼 먹을 가지고 억지로 원나라 사람의 거칠고 간솔簡率한 그림을 만들어내는 자들은 모두 자신을 속이고 나아가서는 삶을 속이는 것이다.

그는 기억하느냐는 듯 조용히 조희룡을 바라보았다. 말해서 무엇 하랴. 그 화제를 읽은 후 몇 날을 가도록 자신의 그림을 돌아보았다. 내가 억지로 옛 사람을 흉내 내려 했던가. 나는 서화란 정녕 자신의 길을 따르는 것이 우선임을 생각하지 않은 적이 없었다. 그의 시린 화평을 딛고 홀로 고민하며 그림의 진수를 찾아나갔던 것도 사실이다. 이제 내가 이야기할 차례인가.

감히 그의 화제에 대해 비틀어 이야기를 하는 자가 있다니. 그리고 그 사람이 바로 내 자신이라니. 묘한 감정이었다. 언젠가 소치에게 준 시로써 답하고자 했다.

나는 말하노니 그림 그리는 것 글씨 쓰는 것과 같다.
임지臨池할 때 누가 종왕鍾王을 배우지 않을까마는
명가는 끝내 서로 답습하지 않느니
누가 원추鵷雛를 봉황 같다 하였던가.

그림이란 무엇인가. 고인을 답습한다 하여 그것이 내 그림이 되지는 못할 것이다. 나의 길을 만들어가야 할 뿐이다. 원추는 원추고 봉황은 봉황이다. 원추가 봉황이 될 필요도 없고 될 수도 없는 일이니, 각각의 법을 따라 그려야 한다. 그렇지 아니한가.

내 물음에 그 또한 소치의 그림을 위해 읊었던 시 한 수로 대응했다. 소치야말로 남종화의 정신을 추구하는 스승을 충실히 따르는 제자니, 소치의 그림이 바로 완당 자신이 생각하는 그림이란 뜻이리라.

소치가 눈 속에서 파초芭蕉를 그렸는데
망천輞川의 신운神韻에 바로 거슬러 올라간 것인가.

벼루 곁의 수선화 삼백 송이.

파초와 하나인 것을 문수文殊에게 물어보네.

소치의 묵파초墨芭蕉야말로 고인의 자취를 따라 왕유王維(699?~759)의 시대까지 거슬러 올라간 그림이라는 칭찬이다. 하지만 나는 소치의 그림이 아쉬웠다. 비록 무작정 옛것을 베끼는 무리와는 다르지만 이 시대 조선 화가로서의 색채가 희미했다. 그의 붓을 그의 붓이라 이야기할 수 있는가. 슬쩍 둘러 말해보았다.

소치의 필력은 비록 스스로 창안해낸 것이 아니어서 진적眞迹보다 한 등급 낮지만, 당나라 사람이 진첩眞帖을 본떠 베낀 작품에 떨어지지 않는다.

자신이 아끼는 제자의 그림에 대해 스스로 창안해낸 것이 아니라고 말하는 내가 불편했던가. 그는 잠시 묵묵한 채 낮은 눈길로 나를 바라보았다. 나는 화가란 결국 자신만의 길을 만들어가야 함을 힘주어 이야기하고 싶었다. 다소 빠른 어조로 말을 이었다.

근래 사람이 그린 매화 중에 내 눈으로 직접 본 바로는 동이수童二樹(동옥童鈺), 전탁석錢籜石(전재錢載), 나양봉羅兩峯(나빙羅聘)의 작품은 모두 일품이다.

그러나 좌전을 끼고 정강성鄭康成의 수레 뒤를 따르려 하지 않고 외람된 생각으로 나 홀로 나아가려 한다. 나의 매화는 동이수와 나양봉 사이에 있는데, 결국 그것은 나의 법이다.

나의 매화는 중국의 대가인 나빙과 동옥 사이에서 싹튼 것이었다. 하지만 나의 매화는 나만의 길을 찾아냈다. 그러지 못했다면 어찌 조선의 매화라 이름 할 수 있겠는가. 세상이 장육매화를 사랑하는 이유 또한 이 때문이 아니겠는가. 매화 이야기가 나오자 그는 자신의 난을 내어놓으며 냉정하게 잘라 말했다.

내가 난초를 치는 것을 배운 지 삼십 년이 되어서 정사초鄭思肖, 조맹견趙孟堅, 문징명文徵明, 진원소陳元素, 석도石濤, 서위徐渭의 여러 옛 그림을 보았고 요즘 정섭鄭燮과 전재錢載와 같은 여러 이름난 사람들이 친 것들도 자못 다 볼 수 있기에 이르렀지만, 하나도 그 백의 일을 방불하게 하지 못하였다.

그가 난초를 배운 지 30년. 수많은 중국 대가들의 그림을 익혔으나 100의 하나도 비슷하게 따라 그리지 못했다는 것이다. 천하의 완당이 이토록 낮은 자세로 배울진대 무엇이라 했는가. '나의 법'을 만들었다고? 가당치 않다는 뜻이겠다. 잠시 숨을 돌린 후 그는 자신이 끊임없이 가르쳐왔던 바로 그 원론으로 돌아갔다.

난초를 치는 법은 예서 쓰는 법과 가까우니 반드시 문자의 향기와 서권의 정취가 있은 다음에야 될 수 있다. 또 난을 치는 법은 그림 그리는 법칙대로 하는 것을 가장 꺼린다. 만일 그림 그리는 법칙을 쓰려면 일필一筆도 하지 않는 것이 옳다.

그는 문자향 서권기를 힘주어 말했다. 그 말을 그르다 할 이가 어디 있겠는가. 이야말로 그림을 그리는 이로서 먼저 갖추어야 할 당연한 일이 아닌가. 나 또한 문자향과 서권기 없이는 시도 그림도, 그 어떤 예술도 제대로 이루지 못한다고 이야기해왔다. 그에게 내 뜻을 전하고 싶었다.

시와 그림을 어찌 쉽게 말할 수 있겠는가. 서권기가 뱃속에 가득 차서 넘쳐 나와야 시가 되고, 문자향이 손가락에 들어가서 펼쳐 나와야 그림이 된다.

그는 다소 의아하다는 표정이었다. 알면서 어찌 그대의 그림은 그렇지 못한가. 나무라는 어조가 이어졌다.

조희룡 같은 무리는 나에게서 난초 치는 법을 배웠으나 끝내 그림 그리는 법칙 한 길을 면치 못했으니, 이는 그의 가슴 속에 문자의 향기가 없었기 때문이다.

그는 나의 난을 받아들이지 못했다. 내 가슴에 문자향이 없기 때문이라 하였는가. 나는 호흡을 크게 했다. 진정 그 앞에서 해야 할 말이 이것이었기 때문이다. 흉중성죽胸中成竹이라 하건만 나는 감히 소동파蘇東坡의 글귀에 한마디 더하고자 하였다. 수중성죽手中成竹이라고.

동파 공이 대나무 그리는 것을 논하여 "가슴 속에 대나무가 이루어져 있어야 한다"고 했는데, 이 말을 나는 일찍이 의심하였다. 가슴 속에 비록 대나무가 이루어져 있더라도 손이 혹 거기에 응하지 못하면 어찌하겠는가.

아무리 문자향이 가슴에 가득하다 한들 문자가 스스로 그림이 되던가. 그림은 손으로 이루어내는 예술이다. 머리와 가슴으로 익히고 느낀다 한들 타고난 재능이 손에 미치지 않고서야 어찌 매화 한 잎 제대로 피워낼 수 있을까. 나는 수예手藝를 거듭 강조했다.

글씨와 그림은 모두 솜씨에 속하니, 솜씨가 없으면 비록 총명한 사람이 종신토록 그것을 배울지라도 능히 이를 수 없다. 그런 까닭에 "손끝에 있지 가슴 속에 있지 않다"고 하는 것이다.

그는 할 말이 더 남았다는 표정이었다. 하지만 이내 말을 삼켜버렸다. 그를 재촉하고 싶었건만 그의 눈빛은 여기까지, 라며 이야기를 맺었다. 그러고는 짐짓 아무 일 없었다는 듯 무심한 어조로 한마디를 던졌다.

"서울에 새로운 바람이 불었던가 보군."

나 또한 담담하게 말했다.

"시대의 바람이라 하겠지요."

그는 답하지 않았다. 작은 탄식이 스친 것도 같다.

· 예림갑을록 ·

"그것이 사실입니까."

전기는 다소 놀란 목소리였다. 이제 스물다섯이 된 그는 완당의 유배 시절에 비로소 그림을 그리기 시작했다. 완당의 이름을 전해 들으면서 어쩌면 막연한 옛이야기처럼 느끼기도 했다. 서화의 법도에 대해 놀라운 학식으로 엄격하게 다그친다고 했다. 날카로운 평이야 말해 무엇 하겠는가. 그런데 바로 그가 자신들의 서화에 품평을 허락했다니.

놀란 마음에 들뜬 것은 전기만이 아니었다. 마흔 줄에 접어든 허유나 이한철李漢喆 이외에는 대부분 젊은 서화가들이었다. 완당의 말은 여전히 서울의 법도였으나 어딘가 자신들의 그림과는 다른 세계를 이야기하는 것 같기도 했다. 젊은 화사들로 말하자면 조희룡의 그늘 아래서 그림을 익힌 이들이었다. 조희룡은 바로 이 후배들을 위해 애써 그를 청한 것이다. 이들의 이름에 무게를 더해주기 위함이었다.

"격조 있는 산수와 글씨를 아끼는 분이니 자네에겐 더욱 잘된 일이 아닌가. 모두에게 넉넉한 자리가 되었으면 좋겠군."

이 모임은 바로 지난 여덟 해의 시간이 만들어낸 것이 아니던가. 그 자신 화가라 해도 시인이라 불려도 좋았다. 모두에서 이름을 세우며 묵묵히 걸어온 시간이었다. 조희룡 또한 그동안은 몰랐다. 그가 자신의 청을 받아주었을 때, 그제야 지난 시절 쌓아온 걸음들이 새삼스러워졌다.

글씨를 쓰는 묵진墨陳은 김계술金繼述, 이형태李亨泰, 유상柳湘, 한응기韓應耆, 전기, 이계옥李繼沃, 유재소劉在韶, 윤광석尹光錫으로 모두 여덟 사람이었다. 그림을 그리는 회루繪壘 쪽도 김수철, 이한철, 허유, 전기, 박인석, 유숙劉淑, 조중묵趙重默, 유재소의 여덟 명으로 수를 맞추었다. 젊은 재원인 전기와 유재소는 묵진과 회루 양쪽에 이름을 올렸다. 마치 전장에 나서는 병사들처럼 진과 루를 갖추고 이 시대 앞에 선 것이다. 과연 시대의 예술을 지키는 전사들로 우뚝할 만큼 후대 사가들이 이들의 이름을 기억해줄지, 설렘과 긴장으로 부풀어 오른 자리였다.

완당의 평을 받은 그림 위에는 조희룡이 제시題詩를 적어넣기로 했다. 완당의 빼어난 제자로 이름을 얻은 허유에 도화서 화원으로 초상의 일인자인 이한철이 함께한 것은 젊은 화가들에게 큰 힘이 되었다. 독특한 색채로 새로운 바람을 일으키는 김수철, 젊은 나이를 믿기 어려울 정도의 기량을 갖춘 전기, 전기와 의형제로 지내는 화단의 막내 유재소……. 조희룡은 가슴이 뭉클해졌다. 기쁨이란 말로는 아쉬운 무엇이 피어올랐다. 시대가 갈구하는 예술의 숲을 빛낸 이들이 바로 이 자리에 모였노라는 자랑스러움이었다.

이날의 그림들은 사실 조금은 얌전한 산수였다. 완당을 모셔 평을 받고자 함이니 평소 그가 주도해온 문기 어린 산수들을 그려낸 것이다. 완당의 평은 여전히 각이 져 있었다. 하지만 그저 달콤한 칭찬을 얻고자 그와 함께한 것이 아니었다. 이처럼 냉담한 듯 날카로운 것이 그의 눈이 지니는 아름다움이 아닌가.

> 쓸쓸하고 간략하고 담박하여 자못 원나라 사람의 풍치를 갖추었다. 그러나 요즈음에 갈필을 쓰기 좋아하는 이는 석도石濤와 남전南田만 한 사람이 없으니 다시 이 두 사람을 따라서 배우면 가히 원나라 사람의 정수를 얻을 수 있을 것이요, 한갓 그 껍데기만 취한다면 누가 그렇게 하지 못하겠는가.

전기의 「추산심처도秋山深處圖」에 쓴 완당의 화평을 보면서 정작 마음이 복잡해진 것은 조희룡이었다. 예전 자신의 그림에 써넣었던 화제처럼 여전히 중국 산수의 아취를 강조했기 때문이다. 완당이 좋아하는 갈필의 소쇄瀟灑함이 느껴지는 전기의 그림이었으나, 껍데기만 취했지 않은가 은근한 질책을 더하고 있었다. 조희룡은 그림 위에 제시를 얹기 시작했다. 후배의 그림에 대한 따뜻하면서도 진심 어린 격려와 사랑의 마음이었다.

고람古藍(전기)을 알게 된 뒤로는
막대 끌고 산 구경 다시 안 가네.
열 손가락이 봉우리 무더기와 같아
구름 안개 바야흐로 한없이 피우네.

무엇을 그렸는지가 중요한 자리도 있다. 하지만 자리 그 자체가 더 중요한 순간도 있다. '조희룡 무리'라고 말하던 완당이 아닌가. 그 무리가 이제 시대를 그리는 중심이 되고 있음이다. 다음 세대를 이끌 젊은 화사들까지 이 무리를 튼튼히 받쳐주고 있음에랴.

이것은 내가 지난여름에 이 책 가운데 기록된 사람들과 어울리며 그림과 글씨를 가지고 재주를 겨루어서 스스로 한때의 호걸스러운 자라고 일컬었던 일에 대한 것이다. 한번 읽어보니 말은 간략한데 뜻은 원대하여 경계하고 가르침이 정성스럽고 정성스러워서 잘하는 자로 하여금 더욱 정신 차리고 정진하게 하고 잘못하는 자로 하여금 두려워하여 고치게 한다.

〈예림갑을록藝林甲乙錄〉을 정리하며 전기 또한 그날의 특별한 의미를 되새겼다. 완당이 조희룡과 나란히 앉아 그림을 보고 글씨를 평하는 자리의 무게와 뜻을 그 또한 잘 알았음이다. 세상이 기억해줄 붓이, 그 힘이 어디서 나오겠느냐고. 이 시대는 이렇게 달라지는 것이라고.

·불이선란·

숨이 막혔다. 이것은 내가 알던 난이 아니다.

"완당 공께 청하여 얻은 것입니다. 제가 이 그림을 조르자 우습다 하시며 제를 한 줄 더하셨습니다."

그림 위로는 돌의 기운이 흠뻑 묻어나는 완당의 글씨가 종과 횡을 가르며 이리저리 더해져 있었다.

난을 그리지 않은 지 이십 년
우연히 하늘의 본성을 그려냈구나.
문을 닫고 깊이깊이 찾아드니
이 경지가 바로 유마維摩의 불이선不二禪일세.

초서와 예서 기이한 글자를 쓰는 법으로 그렸으니
세상 사람들이 어찌 알며, 어찌 좋아하랴.

다만 하나가 있을 뿐이지 둘은 있을 수 없다.
오소산이 보고 빼앗아 가려 하니 가히 우습구나.

완당은 이 그림을 선禪의 경지로 여겼구나. 초서와 예서의 법으로 그린 난……. 과연 소산에게 그림을 빼앗긴 이야기가 아래에 한 줄 더해져 있었다. 그렇지. 이런 그림이 둘은 있을 수 없다. 순간의 흥이 일어 그에 충실한 붓이었을 터이니 아무리 하고자 한들 어찌 같은 그림을 그릴 수 있겠는가. 그것은 이미 그림이 아니다.

하지만 세상 사람들이 알 수도 좋아할 수도 없는 그림을 그리는 것이 그의 본심은 아닐 것이다. 어쩌면 그는 세상이 알아야 한다고, 이런 그림을 좋아하는 안목이 있어야 한다고 혼잣말로 탄식하는 것이 아닐까. 하여 그림을 조르는 소산의 말 앞에 짐짓 비웃기는 하였으되 그의 안목을 사랑하여 그림을 내주었으리라.

완당이 다시 난을 치기 시작했다. 그동안 보아온 그의 난 그림만 해도 얼마던가. 하지만 이런 난이 피어날 줄이야. 그가 제자들에게 이야기하던 난 치는 법 따위를 들이댈 한가로움이 있을 수 없다. 그저 한 호흡 안에, 세상의 소리도 들리지 않을 어느 순간에 홀려 저도 모르게 남긴 마음인 것이다.

그저 한 포기 난일 뿐이었다. 마른 붓을 좋아하는 완당이었지만 이렇듯 마르다 못해 금방이라도 바스러져 내릴 듯 난을 그리지는 않았다. 채 먹의 기운을 얻지 못한 몇몇 난엽은 끊어질 듯 이어간 붓의 흔적만으로 간신히 제 존재를 이야기했다. 꽃대마저도 그 붓 그대로였다. 붓을 한 번, 두 번, 세 번 꺾어 꽃대를 세웠구나. 오직 꽃술만을 진한 먹으로 찍어 넣었다. 그 순간, 길게 숨을 토해냈을 것이다. 완당의 손길을 그려보던 조희룡 또한 꽃술 앞에서 저도 모르게 한숨을 내쉬었다.

화면 가득한 완당의 붓 한 획 한 획이 자신의 마음을 가르는 검처럼 느껴졌다. 하지만 이건 또 무슨 연유일까. 전장의 검이 아닌, 춤추는 검이었다. 조희룡은 화면을 가르는 완당의 붓 때문에 울렁이는 마음을 누를 수가 없었다.

"무얼 그리 오래도록 생각하시는지요. 이상한 일입니다."

조희룡은 사람을 앞에 앉혀둔 채 그림에만 정신을 잃고 있음을 그제야 깨달았다. 도저히 화폭에서 눈도 마음도 떼어낼 수가 없었기 때문이다. 하지만 소산은 조용한 웃음으로 자신의 엉뚱함을 헤아려주었다.

"이상한 일이라 했습니다. 선생님께서는 완당 공의 난을 어찌 보시는지요. 말씀이 없으시기에……. 학문이 예술의 근원이라고만 말씀하시지 말고, 그림 그리는 이의 눈을 여쭈면 아니 되겠습니까. 완당 공께서도 유독 선생님의 매화 그림에 대해 입을 열지 않으십니다."

조희룡의 표정에 심란함이 드러났던가 보다. 소산은 그의 마음을 채 헤아리지 못한 듯하여 잠시 눈치를 살폈다. 아무리 당대 최고의 화가로, 묵장의 영수라 불리는 조희룡이라 할지라도 완당에 대해, 그의 그림에 대해 운운할 입장은 아닐 것이다. 하지만 오래도록 궁금했던 일이다.

"제가 무례하였습니다. 하지만 두 분의 전각을 새길 때마다 들었던 생각이기에 궁금함을 견디지 못하였습니다."

무어라 답할 것인가. 그의 난에 대해 무슨 말을 보탤 수 있으리. 그가 나의 매화에 대해 말하지 못하는 이유 또한 궁금하다고 했는가. 소산의 눈은 자신의 마음 제법 가까이 들어와 있는 듯했다.

"두 분의 그림은 다른 듯하오나 전각을 고르시는 안목은 그리 다르지 않으시니…… 하여 여쭙는 것입니다."

그랬던가. 가뜩이나 난 그림 앞에서 복잡해져버린 마음에 소산의 말이 불을 놓았다. 전각을 고르는 눈이 닮았다……. 어쩌면 애써 눌렀던, 그 자신도 모르는 뜨거움이 완당에게 있었던지도 모르겠다. 그 자신이 알았다 할지라도 차마 드러낼 수 없는 뜨거움이 아니었을까. 그의 붓은 담담할 수 있다고 생각했다. 하지만 완당 또한 그럴 수 없었음일까.

· 바람 ·

"그대는 내 매화 그림의 연원이 어디에 있다고 생각하는가."

"선생님의 매화는 분명 선생님만의 것입니다. 굳이 연원을 따지라 하시면…… 말씀하셨듯이 청의 매화가 아니겠습니까. 조선에는 없던 그림입니다."

소산은 어찌 이것을 묻느냐는 표정이었다. 조희룡은 자신의 매화를 입에 담지 않던 완당을 떠올리며 천천히 말을 이었다.

"그것을…… 연경의 바람 속에 붉은 매화의 싹이 들어 있었음을…… 완당 공 또한 아시질 않겠는가. 그것이 연유일 것이야."

완당이 매화 그림에 무감한 것이 아니다. 나의 매화 그림에 묵묵할 뿐이다. 화가의 눈으로는 받아들였으되 생각이 눈을 막아섰는지도 모르겠다. 나의 매화는 바로 연경의 바람과 함께 건너온 싹이었기에. 그 기운이 나의 손을 타고 조선의 매화로 꽃폈기에. 차마 조선의 바람이 되어버린 화려하기 그지없는 매화의 진원지가 완당 자신이 몰고 온 바람이었다고, 그리 말하지 못하고 가슴에 묻어둔 것이 아닌가.

완당은 연경에서 건너온 학문의 이상이 화단을 정화시켜주길 바랐을 것이다. 고결하게, 담백한 기운을 담아낸 문인화文人畵의 절정을 꿈꾸었을 것이다. 하지만 바람이 시작하는 곳은 알 수 있을지라도 그 끝은 누구도 짐작할 수 없으리니. 그가 일으킨 바람 속에 무수히 많은 매화가 잠들어 있을 줄을 어찌 상상이나 했겠는가.

하지만 조희룡이 정녕 궁금한 것은 그것이 아니었다. 오히려 나의 매화에 대한 그의 진심, 바로 그것을 알고 싶었다. 오래도록 그렇게 생각했다. 그의 미감은 나와는 너무도 다르다고. 하여 그가 나의 화려한 매화를 받아들일 수 없었을 것이라고. 하지만 소산이 가져온 그의 난은 도대체 무엇인가.

조희룡은 가만히 눈을 감고 그 난을 쳤을 완당의 모습을 떠올렸다. 화폭을 마주한 그의 눈빛, 붓을 쥐고 숨을 고르는 그의 표정, 천천히 혹은 빠르게 춤을 추는 그의 붓끝. 학문에 열중하는 선비의 자세라 할 수는 없지 않은가. 그의 어깨선에서 팔목으로, 다시 손에 쥐어진 붓 끝에 이르는 율동감은 화폭에 전념하는 화가의 것이다. 외로운 예인의 모습이기도 했다. 그에게 묻지 않을 수 없었다. 우리가 마주앉았던 그날, 그가 마지막으로 무엇인가 말하려던 그 순간이 떠올랐다. 그 마음속으로 들어가보았다.

"이 난이 바로 선의 경지라 하셨지요. 하지만 붓의 움직임은…… 오래도록 수련한 예인의 손이 아니고서야 어찌 이룰 수 있겠습니까."

"수예를 이야기하는가. 손이 마음을 따른 것이지. 그저 손에 의지하여 세인世人의 눈에 달콤하기만 한, 속된 그림의 함정을 모르지는 않으리니."

그는 시대의 변해가는 미감을 어떻게든 막아보려 했을 것이다. 하지만 자신 또한 예인의 기질을 타고난 이였음을, 어쩌면 긴 유배 끝에 받아들였을지도 모르겠다. 그럼에도 끝끝내 그렇다고 시인할 수는 없었던가. 오직 그의 붓만이 주인의 진심을 이야기했다.

그는 저만치 앞에서 나가야 하는 사람이었다. 청으로 통하는 학문의 길에서도, 조선의 예술에서도. 그것이 그의 몫이기도 했다. 당당한 행복이었으나 어쩔 수 없는 조급함이기도 했으리라. 나는 내가 원하는 길을 갈 뿐이다. 그의 붓이 차마 이르지 못한 곳, 아니 이를 수 없는 곳에 나는 태연히 붓을 대고 있었다. 그림에 호구를 의지하지 않을 수 있음이 나의 복이었듯 너무 귀한 몸으로 태어나지 않은 것 또한, 내 붓이 원하는 곳에 거리낌 없이 이를 수 있음도 나의 복이라 하겠다.

그는 나의 속됨을 저어했으나 나는 그의 그림이 이념에 갇힐까 안타까웠다. 그렇다고 해서 내가 그림의 속됨에 너그러운 것은 아니었다. 나 또한 속이야말로 그림이 떨어져서는 안 될 마계魔界라 여긴다. 하지만 무엇이 아雅고, 무엇이 속俗인가. 한 시대는 그 시대가 지닌 저마다의 색채가 있는 것이다. 누군가 속되다고 말하는 이 시대의 그림이 한 시대를 알리는 새로운 고아함으로 사랑받게 될는지 또 어찌 알겠는가.

매화를 그리며 오래도록 생각했다. 아름다움이 그림의 이유가 될 수 있을 것이라고. 세상이 나의 매화를 불러냈는지 나의 매화가 세상의 눈을 열었는지는 알 수 없다. 혹여 세상이 알아주지 못한다면 그 세상의 눈을 만들어갈 수도 있는 것이다. 그림이란 혼잣말로 남을 수는 없다.

그는 바람이 불어오는 곳에 서 있었다. 바람은 차츰 거세지기 시작했건만 홀로 그렇게 서 있었다. 나는 조선의 길목에서 그 바람을 맞이하고 있었다. 주위를 둘러싼 조희룡 무리와 함께 바람결을 느끼고 있었다. 전기는 산수로, 김수철은 국화로, 거기에 조희룡의 매화까지 어우러져 다양한 빛깔로 속닥이는 시대. 하지만 그의 난이라 하여 외따로 홀로 설 수는 없지 않겠는가. 우리와는 다른 자리에 피었을지라도, 그의 난 또한 이 시대를 함께한 또 하나의 아름다움이므로.

혼자의 생각에 젖어드느라 몽롱한 조희룡의 곁에서 그의 이야기를 곱씹던 소산은 불어오는 바람 속에 작게 숨 쉬는 매화 꽃잎을 떠올려보았다. 완당에게는 당혹스러웠을지 모르나 한없이 가슴 설레는 광경이었다. 연경과 매화라……. 연경의 바람과 매화 사랑이라…….

"혹 선생님께서 연경을 만나시고 완당 공께서 매화를 얻으셨다면……?"

소산이 나의 매화 이야기를 잊지 않았구나. 그랬지. 완당이 연경을 만나 학문 속으로 깊이 잠겨들 무렵 나는 그렇게 매화를 만났다. 그가 그러했듯, 나에게도 사랑의 시작이었던 것이다.

"우리 두 사람 모두 사랑에 빠지지는 못하였겠지. 사랑이란…… 저마다의 빛깔을 따르는 운명 같은 것이 아니던가."

·매와 난·

꿈이었던가. 다시 여덟 폭 병풍을 생각하며 매화를 그렸다. 그사이 그는 작은 종이 위에 난을 치기 시작했다. 그날 소산이 가져왔던 난과 닮았다. 문득 그가 고개를 들어 이쪽으로 눈길을 돌렸다. 잠시 미소가 머무는 것도 같았다.

그 미소에 답하듯 붓을 멈추고 그의 화폭을, 그리고 나의 화폭을 바라보았다. 어찌된 일인가. 나의 매화 속으로 그의 난이 파고드는 느낌이었다. 매화는 한없이 붉고 또 하얀 빛깔로 눈부신 중인데, 난엽 또한 바람에 흩날리며 함께 일렁이는 것이었다.

바람이 불어왔다. 시작된 곳은 알 수 있으되 그 방향을 짐작하기 어려운 바람이었다.

회고

시대의 끝,
어쩌면 연민이었을까

장승업「귀거래도」

귀거래도 歸去來圖

작 가 | 장승업張承業

제작년도 | 1890년

크 기 | 세로 136.7cm, 가로 32.5cm

종 류 | 비단에 채색

소 장 | 간송미술관

도연명의 〈귀거래사歸去來辭〉를 그린 작품이다. 중국의 문학작품에 바탕을 둔 그림은 조선에서도 인기가 높았는데, 같은 주제라도 화가의 해석에 따라 다양한 그림으로 태어났다. 장승업은 촘촘하게 채워넣은 화면에 거침없는 채색 등, 선배들의 작품과는 매우 다른 이미지의 귀거래도를 창조했다. 게다가 여느 귀거래도에서는 볼 수 없는 낯선 소재들까지 더함으로써 그림 읽는 재미를 더한다. 전통적인 주제를 화려한 산수화 풍으로 재현한 이 작품은 옛것과 새것이 만들어내는 긴장감으로 더욱 신선하다. 조선 화단의 마지막을 지킨 대가다운 아름다움이다.

호취도 豪鷲圖(「영모도 대련翎毛圖 對聯」 중)

작 가 | 장승업

제작년도 | 19세기 후반

크 기 | 세로 135.5cm, 가로 55cm

종 류 | 종이에 수묵담채

소 장 | 리움

전통의 끝자락

화면에서 인물을 지워버려도 별 상관은 없지 싶었다. 한가로운 강가의 배 한 척, 근사한 나무들로 둘러싸인 아담한 집에 그 뒤로는 아스라이 산세가 이어져 있다. 누구나 한 번쯤 가보고 싶을 만한 아늑하면서도 서늘한 공간이다.

그런데 그 인물이 돌아오면서 이 공간에 이름이 생겨버린다. 전통 회화에서 이처럼 한 사내가 배를 타고 강가에 도착하는 장면은 바로 「귀거래사歸去來辭」를 그린 것으로, 화면 속 인물은 도연명陶淵明(365~427)이고, 그는 고향집에 돌아오는 중이다. 흔히 '도상圖像'이라고 부르는 일종의 약속이다. 하지만 다시 소재 몇 개 때문에 제목 앞에서 머뭇거려진다. 「귀거래도」에 이런 소재가 등장했던가? 약속을 지키면서도 뭔가 자신만의 암호를 숨긴 듯한데. 살짝 당황한 채 갸웃거리는 내 귓가에 화가의 목소리가 들리는 것 같다. 어허, 뭘 그리 놀라고 그러시오. 어째 그는 이 상황을 즐긴다는 느낌이다. 아, 이런 화가의 마음을 읽어야 하다니.

비릿하면서도 활기찬 날것의 내음으로 가득하다. 도상이나 암호 따위의 배경을 캐지 않더라도 그 자체로 충분히 아름다운 장승업張承業(1843~1897)의 「귀거래도」를 마지막 장의 주인공으로 골랐다.

전통과 근대

장승업이 활동한 시대는 때로는 국왕의 아버지가 권력을 대신하고 때로는 외척이 권력을 휘둘렀던, 혼란한 고종 시절이었다. 어찌 이렇게 무능한 정부가 있었을까 두고 두고 가슴 아파했던 그 시대 말이다. 개화開化와 위정척사衛正斥邪의 국론이 어지럽게 오가던 사이, 조선은 빠른 속도로 무너져내렸다. 외국과의 새로운 관계 맺기에 실패한 1866년 병인양요丙寅洋擾를 시작으로, 1876년 조일수호조규朝日修好條規(강화도조약)와 1884년 갑신정변甲申政變, 1894년 갑오개혁甲午改革과 청일전쟁, 1895년 을미사변乙未事變, 그리고 1897년 대한제국 선포에 이르기까지 굵직한 사건 목록만으로도 숨이 가쁜 시대였다.

정치적 상황이 이렇다 보니 화단 쪽도 다소 지지부진한 상태였다. 걸출한 천재 없이도 잘 버텨낸 19세기 전반과는 달리, 후반에 들어선 조선 화단은 앞 세대의 남겨진 이름 몇몇이 시대의 요구를 충당하는 형편이었다. 그렇다고 화단을 지도할 빼어난 이론가가 등장한 것도 아니어서 전체적인 흐름은 완당이 주도했던 이론 속으로 돌아가는 모양새를 보이기도 했다. 장승업은 이런 시절에 불쑥 등장한 이름이었다.

수요층으로 보자면 여전히 중인계층의 힘이 만만치 않았다. 특히 청을 오가며 다양한 문화를 빠르게 접했던 역관 집안이 수요자이자 새로운 화풍을 전달하는 매개자의 역할까지 해냈다. 그 가운데서도 당시 개화파 형성과 관련 있는 것으로도 알려진 오경석吳慶錫(1831~1879)의 집안이 두드러졌다. 그리고 아버지의 엄청난 수장품과 안목을 물려받은 아들 오세창吳世昌(1864~1953)은 이후 서화 인명 사전 《근역서화징槿域書畵徵》를 펴내기에 이른다. 삼국에서 조선에 이르는 왕조 시대 서화가들의 총색인이라 할 만한 놀라운 업적이다.

그리고 1895년, 도화서가 폐해졌다. 소속 화원들이 여전히 화가로 활동했다고는 하지만, 화단 또한 전통 시대에 그대로 머물 수 없음을 보여주는 상징적 사건이었다. 장승업의 제자 세대가 일제강점기까지 활동하면서 어떤 식으로든 새로운 회화적 환경에 적응해야 했던 것과는 달리, 그 자신은 전통 시대로 삶을 마감했다. 회화사 전체로 보자면 대단히 아쉬운 대목이다. 근대 회화로의 이행 과정에 그 정도 대가의 역할이 기대되는 순간들이 적지 않았기 때문이다.

전통과 근대의 교차점이라 할까. 그야말로 옛것과 새것이 혼재하는 시대였다. 하지만 여느 제도와는 달리, 회화는 그 속성상 갑자기 바뀔 수 있는 무엇이 아니었다. 이런 시대에 옛것을 그린 화가의 마음은 어떠했을까. 여전히 아름답지만 자리에는 어째 걸맞지 않은 '회고'의 쓸쓸함이 느껴진다. 장승업은 그 과도기를 지켰던 화가다.

화가의 운명

그런데 전하는 기록이 부실하기로 장승업만 한 이가 또 있을까. 세상을 떠난 지 100년 남짓밖에 되지 않은 당대 최고 화가로, 그의 제자들이 이후의 화단을 지키기까지 했다. 하지만 어쩐 일인지 그에 대한 기록은 동시대인들이 전하는 단편적인 일화가 전부다. 그가 글에 능하지 않아 스스로의 생각을 남기지 못한 까닭이기도 하겠으나 의아한 면이 없질 않다.

그러다 보니 그의 이미지가 몇몇 일화 속에 전해진 대로 광기 어린 천재로만 묶여버린 문제가 생겼다. 하지만 그의 그림을 보고 기록의 이면을 곰곰 읽어보면 그가 빼어난 재능의 소유자일 뿐 아니라 창작에 대한 고민이나 노력 또한 대단히 깊었던 화가라는 생각이 든다.

그는 심각한 이론으로 회화가 지향해야 할 바를 역설하지는 않았다. 하지만 딴죽이라도 걸듯 그림 속에 이런저런 얘깃거리를 집어넣었다. 일종의 '풍자'라고 읽어도 좋겠다. 그의 「귀거래도」를 보자. 그림 속 주제는 한없이 고고하건만 당시 조선 권력층의 모습은 전혀 그렇지 않았다. 게다가 이미 나라의 문을 열어 새로운 세계를 받아들이는 시대에 여전히 옛이야기 속에 한가롭고 싶은 마음이라니. 그래서 화가는 그림으로 슬쩍 현실을 비틀었던 것이다.

하지만 그의 풍자는 날선 비난이나 거친 농담의 어조와는 조금 다른 느낌이다. 한없이 어지러운 시대, 그래도 어떻게든 살아내지 않을 수 없는 세상이었으니. 게다가 자신은 그런 세상을 그려야 하는 화가의 운명이었으니. 한 시대의 끝…… 어쩌면 연민이었을까.

조선이라는 신분제 사회에서 거리를 떠돌던 고아가 나라 제일의 화가로 선다는 것은 그 과정 자체가 한 인물의 성장기로서도 매우 흥미롭다. 그가 화가로 성공하는 데는 수많은 우연들이 그리고 우연의 고비 고비를 지켜준 인연들이 있었다. 물론 그 자신의 재능이 불러온 인연이겠으나, 어찌 보면 이 시대와 화단을 둘러싼 인물들의 소망이 모여 '장승업'이라는 한 천재를 완성해 냈다는 생각이 든다. 그들 모두가 이 장의 주인공이다.

앞서 소개한 장들이 역사적 기록을 '인용'하면서 전개해온 것과는 달리, 이 장은 장승업에 대한 짧은 기록을 인용하는 대신 그의 삶 전체를 '재구성'했다.

역관 이응헌李應憲의 집에서 자란 이 거목이 결국 마지막 순간을 맞이할 때까지의 성장기다. 다소 도식화된 유형으로 전해지는 천재 화가의 기행담보다 차라리 진실에 더 가까울 것도 같다.

조선의 마지막은 '마지막'에 담긴 평균적인 아쉬움과는 또 다른 슬픔이다. 그저 임금의 성씨가 바뀐 것이 아니라 비참한 식민지로 전락하는 결말이었다. 이런 때 한가롭게 예술 따위를 즐겨서야 되겠는가. 장승업과 그의 시대를 읽는 내 마음에도 그런 무거움이 따랐다. 사실 지난한 역사를 더듬으며 그림을 운운하는 순간순간이 항상 그랬다.

우연일까. 장승업은 조선이 대한제국으로 국호를 바꾸던 바로 1897년에 세상을 떠났다고 전해진다. 예술이 기우는 저녁 해를 붙잡을 수는 없는 일이다. 조선은 그렇게 나라의 문을 닫았다. 하지만 마지막 불꽃놀이처럼, 장승업이 있어 조선 그림의 최후는 초라하지 않았다. 그의 그림이 주는 위안이자, 그런 시대에 예술 따위를 즐기는 것이 무슨 의미가 있느냐는 물음에 대한 답이 아닐까 싶다.

◆ ◆ ◆

· 고종 ·

계해년癸亥年(1863) 윤 12월, 흥선군興宣君 이하응李昰應(1820~1898)의 아들이 열두 살 나이로 왕위에 올랐다. 자신의 뜻과 상관없이 힘겹게 국왕의 이름을 지키던 철종이 후사 없이 세상을 뜬 까닭이었다. 이하응의 아들 또한 자신의 뜻과 상관없이 왕이 되어 지칠 대로 지친 나라를 물려받았다. 물론 그가 나라를 위해 무엇인가를 할 수 있는 힘은 없었다. 국왕의 권력을 대신한 그의 아버지 또한 나라 안팎으로 어려움에 처해 있기는 마찬가지였다.

소년이 왕위에 오르던 그 무렵, 여항의 분위기도 한 시대를 접고 다음 시대를 기다리는 중이었다. 그리고 수표교水標橋 이응헌의 집에서는 장승업이라는 이름의 한 청년이 더부살이를 했다. 당시 재력 있는 역관들이 그러했듯, 이상적李尙迪(1804~1865)의 사위인 젊은 역관의 사랑채에는 청에서 들여온 빼어난 골동서화가 가득했다. 이곳을 오가는 이들 가운데 시대의 예술을 이야기할 만한 인물도 적지 않았다. 하지만 그때까지도 장승업은 그저 주인의 부름을 기다리는 여느 일꾼에 지나지 않았다.

· 이응헌 ·

"이것이 무엇이냐."

이응헌이 짧게 물었다. 의아하다 못해 당황한 음성이었다. 장승업은 어찌 해야 좋을지를 몰랐다. 그렇다고 무작정 입을 다물 수도 없었다. 어조로 보건대 그림의 출처를 몰라서 묻는 것이 아니었다. 사연을 이야기하라는 뜻일 터이다.

"용서하소서. 그저 남은 종이가 있기에 저도 모르게…… ."

"네가 그렸다는 말이냐."

그의 물음은 질책이나 노여움이 아니었다. 어찌된 일인가. 장승업은 첫 번째 물음보다 더욱 난처해졌다.

"예."

장승업은 꿇어앉은 채 주인의 말을 기다렸다. 내가 어쩌자고 이런 일을 만들었단 말인가. 채 치우지 못한 그림이 남았는 줄 몰랐다. 주인의 손에 들어갔으니 솔직히 답할 수밖에 없었다.

사실을 확인한 이응헌은 한참을 그대로 있었다. 믿기지 않는 일이었다. 어느 날 집안으로 흘러들어와 일을 거들 뿐인, 부모도 없이 유리걸식하던 모습이 안쓰러워 거두었던 소년. 제법 여러 해가 지났구나.

"혹여 그림을 배운 적이 있더냐. 글을 읽을 줄은 아느냐."

그림을 배운 적…… 없었다. 하지만 주인집에서 본 그림들이 있으니 없다고 할 수도 없었다. 글을 읽을 줄은 몰랐다. 그렇다고 전혀 모르는 것도 아니었다. 점점 더 답하기 어려운 물음이 이어졌다. 자신이 넘지 말아야 할 선을 넘었다면, 차라리 호된 꾸지람으로 자리가 정리되었으면 싶을 뿐이었다.

"편히 말해보거라."

"어린 도령들의 글 읽는 소리에 끌려 어깨너머로 훔쳐보았습니다. 그림은 사랑에서 어르신들 모이신 틈새로……. 자리를 정리하라 명하실 때마다 그저 저도 모르게 다시 보게 되었습니다. 그러다가 따라 그린 것이 그만……. 죽을죄를 지었습니다."

이응헌은 할 말을 잃었다. 어깨너머로 익혀 읽을 정도는 된다는 말이렷다. 막일을 하나 명석함이 있었던 게지. 게다가 무엇이라. 그렇게 조금씩 보아온 그림들을, 그저 눈에 의지해서 따라 그려낸 것이 이 그림이다? 기가 막힌 노릇이 아닌가. 믿을 수 없는 일이었으나 상대는 태연히 사실을 시인하는 중이다. 하지만 더욱 궁금해졌다. 어찌 그림을 따라 그리고픈 마음이 들었을까. 장승업의 답은 명료했다.

"저도 잘 모르겠습니다."

무심결에 답을 하고 난 장승업은 그제야 스스로도 궁금해지기 시작했다. 어찌 그림을 따라 그리고픈 마음이 들었을까.

· 그림 ·

장승업은 잠을 이룰 수 없었다. 어째서 그림을 따라 그리고 싶었을까. 재미삼아 몰래 해온 일이었으나 정작 스스로도 까닭을 알지 못했다. 주인이 묻기 전까지, 그것이 궁금해야 할 무엇이라고도 생각지 못했다.

그 순간을 떠올려보았다. 선망이었을까, 아니면 의구심이었을까. 검은 먹으로 쓱쓱 그어낸 그림들 앞에서 사랑에 모인 주인과 그의 지인들은 연신 감탄을 쏟아냈다. 장승업의 눈에는 그리 대단해 보이지도 않는 것들이었다. 처음에는 학문 있는 이들의 눈에만 보이는 무엇이 있으려니 했다. 그렇겠지. 배움이 있어야 그림도 볼 줄 아는 것이려니……. 그저 주인이 시키는 일을 하며 사랑을 오가기만 했다.

그렇게 한 번 두 번 그림을 넘겨다보는 횟수가 늘어갔다. 볼수록 이상하다는 생각이 들었다. 이것이 그리 어려운 일이란 말인가. 심부름을 나설 때 보았던 거리의 화사한 그림들보다 그리 나아 보이지도 않았다. 그저 검은 먹선으로 산을 나무를 강물을 그렸을 뿐인데…….

슬쩍 궁금증이 일었다. 조금씩 주인의 곁에서 그림을 곁눈질하는 기회가 많아졌다. 그날도 사랑채를 정리하느라 홀로 남았다. 쓰다 남은 종이와 붓을 챙기다가 문득, 붓을 남은 먹에 적셔보았다. 주인이 쥐었던 그대로 붓을 쥐고 차분히 먹향에 취해보았다. 낮에 보았던 화보 속의 한 장면이 떠올랐다. 가끔 주인이 펼쳐놓은 채 따라 그려보기도 했던 아담한 화면이었다. 나도 한번 그려보면 어떨까.

조심스럽게 선을 하나 그어보았다. 그렇게 먹선 몇 개가 지나간 자리에 작은 산의 형체가 드러났다. 신기한 일이 아닐 수 없었다. 장승업은 붓을 쥔 채 멍하니 종이 위에 솟아난 산을 바라보았다. 자신의 손, 자신의 붓이 지난 자리에 산이 만들어지다니. 붓 하나로 산을 만들어낼 수 있다니. 내 손이 저 산을 만들었다니.

그림 그리는 자의 기쁨이란 이런 것이로구나. 무엇인가가 가슴을 한 방 치고 지나간 느낌이었다. 상처를 입은 사람마냥, 손으로 가슴 위를 지그시 눌렀다. 얼얼하면서도 시린 상처 위로 저 깊은 곳에서 끓는 핏방울이 뜨겁게 스며 올라올 것처럼 한동안을 그대로 움직이지 못했다. 고이 접어 품 안에 숨겨온 종이 한 장의 사각거림이 유혹의 속삭임마냥 마음을 흔들었다. 그것이 시작이었다. 어느새 산수 한 폭을 그릴 정도로 자신의 눈과 손이 익숙해져 있는 줄도 모른 채였다. 그러다 미처 치우지 못한 그림을 들켜버린 것이다.

의아한 것은 주인의 태도였다. 노하여 크게 꾸짖어 마땅한 일이거늘, 어째서 그는 이상한 물음을 던졌을까. 내가 어찌 붓을 쥐고 그림을 흉내 낼 생각을 했을까. 처음으로 붓을 쥐고 작은 산 하나를 그려냈던 그날, 어째서 그처럼 가슴이 시려 온 밤을 뒤척였을까. 어째서 도둑마냥 몰래 그림 그리는 일을 멈추지 못했을까. 하지만 비밀스런 장난도 이제 끝이로구나.

그렇게 생각하자 장승업은 갑자기 기운이 쑥 빠져버렸다. 숨겨둔 보물을 빼앗긴 사람마냥 마음이 헛헛함을 어찌할 수가 없었다. 다시는 그 느낌을 내 것으로 되찾지 못하겠지. 어설프게 붓을 쥐고 먹을 적셔 종이 위를 스쳐나갈 때의 감촉이 떠올랐다. 물기를 머금은 붓 끝이 종이를 만나 서로의 몸을 탐하듯 하나가 되고, 먹향 속에 한 그루 나무가 태어나고, 강 위에 배 한 척이 띄워졌지. 아, 하지만 가슴 설레는 순간들도 이제 끝이로구나.

생각할수록 서글퍼졌다. 나는 어째서 이토록 낙담하는 것이냐. 아리따운 여인네도, 향긋한 술잔도 아니었다. 가슴을 찌르는 얼얼하면서도 시린 느낌이 되살아났다. 터져 나오는 울음을 온 힘을 다해 막아보려 했다. 하지만 그럴 수 없었다. 장승업은 낯선 자신 앞에서 방법을 찾지 못했다. 어린아이였다면, 소리 내어 울었으면 좋겠다.

그랬지. 그때는 어린아이였다. 부모를 모두 잃고 주린 배를 쥐고 어찌어찌 흘러들어온 도성 안에서 다시 나를 울릴 것은 더 이상 남지 않은 줄 알았다. 사는 일, 하루하루를 살아가는 일의 힘겨움을 이미 그 시절 온몸으로 느끼며 이 나이가 되지 않았던가. 목숨을 이어가는 것만도 쉬운 일이 아니었다. 마음 넓은 주인을 만나 하루의 끼니와 잠자리를 걱정하지 않게 된 것만으로도 행복했던 시절이 벌써 여러 해. 그런데 이깟 것이 무어라고 설움이 복받쳐 눈물이 터졌을까.

잠을 이루지 못한 채 마당가로 나와 앉았다. 흐린 달빛이 얼기설기한 나무 그림자를 희롱하며 마당 위로 그림 하나를 그리는 중이었다. 행랑채 옆에 뿌리를 내린 채, 소년이 청년이 되는 몇 해 동안 소년을 지켜봐준 나무였다. 힘겨운 밤이면 그 그늘 아래 조용히 기대어 울기도 했다. 여린 나뭇잎들이 바람에 비비대는 소리가 마당 귀퉁이를 조용히 울렸다. 벌써 봄이 제법 깊어가는가 보다. 포실한 밤안개가 흔들리는 나무 그림 사이를 휘저었다. 그렇게 며칠을 지낸 뒤였다.

"사랑으로 건너가보게. 찾고 계시네."

이응헌은 고개를 숙인 채 조심스럽게 들어오는 장승업의 얼굴에서 아픔의 흔적을 보았다. 갸름한 얼굴이 해쓱해져 있었다. 그에게 아픔의 이유를 듣고자 했다. 어쩌면 다짐 같은 것을 받고 싶은 마음이었는지도 모르겠다. 사실 이응헌도 며칠간 생각이 많았다.

썩히기에는 참으로 아까운 재주였다. 그에게 다른 운명이 기다리고 있음일까. 이미 알게 된 다음에야 차마 운명을 끊어버리라 말할 수 없는 일이다. 신분 따위가 무슨 소용인가. 이제 세상도 이렇게 변해가고 있음에랴. 재능 많은 시인이던 장인이 떠올랐다. 하지만 그가 아무리 완당의 제자라 해도, 세상은 그를 중인 역관으로 기억하는 자가 더 많을지 모르겠다. 자신의 모습 또한 다르지 않을 것이다. 재능이란 때로는 슬픈 한으로 남아 무거운 짐이 될 수도 있으리니. 누구도, 하늘이 내린 누군가의 재능을 막아서는 아니 되리라.

"그림을 그리고 싶으냐."

주인의 느닷없는 말에 장승업은 저도 모르게 고개를 들어 주인의 얼굴을 바라보았다. 대답하지 못했다. 눈시울이 뜨거워졌을 뿐이다. 이응헌은 사랑에 빠진 한 화가의 얼굴을 보았다. 그래, 이것이구나. 그에게 지필묵을 내어주리라.

"내가 너에게 해줄 수 있는 것은 이뿐이다. 네가 화사로 살아갈 수 있을지…… 남은 것은 네 재능과 운에 맡겨보거라."

· 오경석 ·

참으로 오랜만에 오경석吳慶錫(1831~1879)이 집에 들렀다. 이응헌은 괜스레 들떠 있었다. 자신이 그린 것도 아니건만 어쩐지 자랑하고픈 마음이었으니 스스로 생각해도 실없긴 했다.

"어떻습니까."

화폭에는 제시題詩도 없이 그저 산수만이 덩그러니 담겨 있었다. 이응헌이 굳이 내어놓은 것을 보면 사연이 없지는 않을 것이다. 중국의 향이 스치긴 했으나 그 또한 아니었고, 그렇다고 저잣거리 화사가 따를 경지는 더욱 아니었으며, 도화서에서 익힌 솜씨도 아닌 듯했다. 조심스럽게 산수를 그려내었으나 그 뒤로 뜨거운 호흡을 가다듬는 화가의 숨이 느껴졌다.

"조선에 아직 내가 알지 못하는 화사가 숨어 있었던 게로군. 익숙하면서도 전혀 새로운 붓이 아닌가."

과연 오경석이었다.

"익숙한 것은 화보畵譜를 익혔기 때문이지요. 그리고 새로운 것은…… 아무에게도 그림을 배우지 않은 까닭이겠지요."

"그림을 배우지 않았다? 그럼 홀로 이룬 붓이란 말인가."

"내놓을 만한 그림이 되겠습니까. 재주가 아까운 듯하여……."

이응헌은 오경석의 답을 듣고 싶었다. 그림으로야 도화서가 있겠으나 장승업의 나이나 신분으로 보아 도화서에서 받아들여줄 리 만무했다. 게다가 그들 정도에서 만족할 만한 재주가 아니라는 생각이기도 했다. 가진 것은 오직 재능뿐인 장승업이 그림으로 일가를 이루자면 알아봐주는 안목이 있어야 할 것이다.

"아까운 재주라 함은 혹 쓰일 곳이 없을까 걱정함이 아닌가. 그대가 아끼는 이 화사가 누구인지는 모르겠으나 시대가 그의 이름을 모두 거두지 못할 날이 올 것도 같군. 재주가 비상하긴 하나 스승이 있음만 같지는 못할 터인데."

장승업은 사랑 밖에서 그들의 이야기를 조용히 담았다. 그가 바로 역매亦梅 오경석이로구나. 그의 이름 앞에서 가끔씩 한탄하듯 스치는 주인의 이야기를 듣곤 했다. 뜻과 재능이 자리를 만날 수 없는 시대에 대한 탄식 같았다.

“지금 조선의 화사라면 도화서 안에는 혜산蕙山이, 밖에는 소치小癡가 있는데……. 모르겠군. 제자로 받아주려 할는지.”

혜산 유숙과 소치 허유라……. 장승업 또한 익히 그 이름을 아는 조선의 큰 화사들이었다. 북촌의 여러 대감댁은 물론 궁실의 사랑까지 지극한 화가들이 아닌가.

“붓의 느낌으로 보자면…… 혜산 선생이야 저희와 편히 오가는 분이 아닙니까. 그림을 보신다면 마음을 내어주실 듯도 합니다.”

· 유숙 ·

도화서에서 그림을 그린 지 벌써 스무 해를 넘겼다. 그사이 조선 화단도 이런저런 색채로 변해왔지. 서화의 흐름이라면 역관 집안들이 주도한다 해도 좋을 시절이었다. 유숙 자신 또한 그랬다. 젊은 시절 조희룡을 따라 벽오사에 참여했던 이후로 그 인연들을 깊게 이어왔다. 하지만 벽오사의 선배들이 하나씩 세상을 뜨고 난 지금, 조선의 화단은 큰 나무의 그늘을 그리워했다. 가끔씩 유숙은 자신의 그림을 보며 쓸쓸함을 느끼곤 했다. 자신의 자리는 여기까지라는 생각 때문이었다. 알지만, 어떻게 해볼 수가 없으니 더 얄궂은 일이었다.

그러던 중에 이 젊은이를 만났다. 이응헌의 집에서 그를 처음 만났을 때 말하기 어려운 당혹감을 느꼈다. 불쑥 나타난 젊은 사내는 그 존재부터가 종잡을 수 없었다. 그리고 그저 연습해봤을 뿐이라며 내어놓은, 기막힌 붓의 놀림이라니.

처음 만난 그날, 유숙이 먼저 붓을 들었다. 믿을 수도 믿지 않을 수도 없는, 그의 솜씨를 한번 보고자 함이었다. 원대 예찬倪瓚(1301~1374)의 느낌으로 작은 산수 하나를 그려나갔다. 저잣거리에서나 팔릴 만한 그림에 눈을 홀렸다면 따를 수 없는 먹빛일 것이다. 원경遠景으로 소슬한 산봉우리 두어 개를 자리 잡았다. 근경近景에는 역시 예찬이 사랑했던 소박한 정자 하나를 두었다. 정자 옆으로는 몇 그루 나무만이 화면의 한적함에 시원한 바람소리를 몰아주는 듯했다. 물가의 정자였으니 의당 붓질 몇 번으로 물결을 더했다. 이것이 전부였다. 단순한 화면이었으나 결코 그 분위기를 쉬이 따라하지는 못할 것이다.

"그려보겠는가."

장승업은 떨리는 마음으로 붓을 쥐었다. 한 호흡을 쉬었다. 유숙의 손놀림을 기억해가며 화면으로 붓을 옮겼다. 먹을 흥건히 적시지 않은, 다소 까실한 붓의 느낌을 살리며 산세를 그리고 다시 그 느낌을 그대로 살려 정자를, 나무를 그렸다. 단조로울 만큼 담담한 화면인지라 붓놀림 또한 현란하지 않았다. 그렇게 하나씩 하나씩 따라 그린 화면 위로 유숙이 그러했던 것처럼 붓질 몇 번을 더해 물결을 살려넣어 화면을 마무리했다. 붓의 획은 물론이려니와 그려넣는 순서까지 그대로였다. 다시 호흡을 내뱉으며 장승업은 붓을 내려놓았다.

유숙은 아무 말도 하지 않았다. 똑같은 그림이었다. 붓의 흐름마저도 정확히 기억한 듯, 선의 질감까지 그대로 닮아 있었다. 홀로 그림을 보고 익혔습니다……. 이응헌이 한 말이 정녕 사실일까. 이미 도화서에서 수십 년을 몸담아온 유숙이건만 수많은 생도와 화원들에게서 느끼지 못한 기운이 느껴졌다. 궁금했다. 이렇게 혼자서도 화가가 될 수 있는가. 정말 그럴 수 있다는 말인가.

"네 붓이 어디서 왔는지 모르겠구나. 솜씨로 보자면……."

유숙으로서는 차마 하기 어려운 말이었다. 솜씨로 보자면, 네가 조선에서 제일이다……. 이 말이 입 안을 빙빙 돌았다.

그날 그는 나의 그림을 따라 그렸다. 똑같은 그림이었으나 사실 똑같지 않았다. 그의 붓은 내 것을 따라 그리느라 잔뜩 마른 채였으나 어쩐 일인가. 알지 못할 탄력으로 필선 하나하나에 생동감이 꿈틀댔다. 다듬어지지 않은 붓끝의 느낌마저도 부족함으로 느껴지지 않았으니.

그를 어쩌면 좋을 것인가. 그대로 옛 그림을 임모臨摸하면서 화업을 익히라 할 수도 없었다. 이미 그 정도는 쉬이 뛰어넘을 눈과 손을 갖추었음을 확인

했지 않은가. 이런 느낌은 몹시도 오래 전의 것이었다. 선배들의 그림을 보며 감탄하던 시절은 있었으나 요사이 젊은 화사들에게서는 좀처럼 눈에 드는 그림을 보지 못했다. 하물며 마음의 흔들림이랴. 자신에게 장승업의 화업을 슬쩍 부탁한 이응헌은 진심으로 그 재능을 아꼈겠으나, 화가에게 장승업의 존재는 부담이기도 했다. 도대체 도화서에서 수십 년을 그림에만 전념한 화원들은 무엇이란 말인가.

하지만 어쩌면 나른한 듯 머뭇거리는 조선 화단에 그가 새로운 빛이 될 수 있을지도 모르겠다. 자신을 넘어서는 제자 하나 키울 수 있다면 그 또한 기쁨일 수 있으리니. 유숙은 아무것도 배우지 못한, 하지만 배우지 못할 것이 없어 보이는 거침없는 붓 앞에서 마음을 열기로 했다. 나의 쓸쓸함을 털어내고, 그에게 나의 남은 시간을 나누어주기로 하자. 내가 멈춘 곳에서 더 멀리 나갈지 누가 알겠는가.

오래도록 생각에 잠겼던가. 빗소리에 정신이 들었다. 열어놓은 문 밖으로 초여름의 기운이 푸르게 넘실댔다. 툭툭툭, 빗방울이 잎새 위를 구르듯 튕겨나갔다. 별것도 아닌 그 광경을 보느라 한참을 또 그렇게 눈을 모았다. 내 집 마당에 저리도 싱싱한 나무가 자랐던가. 빗속에 제 몸을 그대로 내어놓고 흠뻑 젖어드는 푸른 나무였다. 여름이 오는 게지. 잎새가 더욱 푸르러질 계절이 오는 게지. 제아무리 준수한 나무라 해도 이처럼 빗물을 마신 후에야 푸른 잎새를 피울 수 있으리니.

망설일 것이 무엇인가. 장승업은 내가 다시 만나기 어려운 나무인지 모른다. 우리 시대 화단에 반드시 필요한 거목일지 모른다. 그에게 초여름의 시원한 빗줄기가 필요한 때다. 유숙은 손을 가만히 펼쳐보았다. 수십 년 오직 붓을 쥐느라 고단하고 또 행복했던 화가의 손. 손가락 마디마다 붓의 느낌이, 먹의 향기가 가득 배어 있겠지. 이 느낌과 향기가 누군가에게 시원한 빗줄기로 기억된다면, 그 또한 나쁘지 않으리라.

· 가르침 ·

처음 흉내 내어 그린 산수가 누구의 것인지도, 조선의 선비들이 귀히 여기는 갈필의 피마준披麻皴이라는 것도 몰랐던 장승업이었다. 마치 필력을 시험하듯 유숙이 처음 그려 보였던 그림이 원나라 문인 예찬의 필법이라는 것 역시 알지 못했다. 타고난 느낌으로 따라 그리다 보니 방불한 필을 이루었을 뿐이다.

결국 유숙은 장승업의 재능에 대한 궁금함을 이기지 못하고 그림을 가르치기 시작했다. 스승은 그림을 그리고 제자는 그것을 묵묵히 바라보는, 조금 이상한 교수법이었다. 그렇게 하나씩 하나씩 장승업은 옛 그림을, 그리고 스승의 그림을 따라 그리며 붓을 다루고 먹을 쓰는 세계로 들어섰다.

"그동안은 손을 연마하였으나 임모에만 그쳐서는 아니 될 것이다. 그렇다고 그림의 길이 없어서야 하겠는가. 선배들의 그림을 방倣하는 것 또한 좋은 길이 되어줄 것이다. 이 뜻을 알겠느냐."

"방이라면…… 그러니까 그림을 따라 그린다는 뜻이 아닌지요."

어깨너머로 글자를 익혔으나 어렴풋이나마 그 뜻을 알 것도 같았다.

"그렇지. 기리고 싶은 이의 그림을 따르는 것을 말함이다. 필을 따라도 좋으나 뜻을 따르는 것은 더욱 좋겠지."

장승업은 이게 또 무슨 말인가 싶었다. 필은 화면을 보고 따를 수 있겠으나 뜻을 따른다는 건 어찌하라는 것일까.

"뜻을 따른다 함은…… 그림 그린 이의 마음을 말씀하심입니까."

"그럴 수 있겠지. 그저 똑같은 그림을 그리라는 것이 아닐지니."

그렇구나. 화가의 마음을 어찌 읽느냐에 따라 저마다 다른 그림이 나올 수 있다는 말씀이로구나. 장승업은 꽤나 재미있는 생각이다 싶었다. 만약 그림의 주인이 본다면 누가 자신의 마음을 가장 잘 읽은 방작倣作이라고 말할지도 궁금했다. 그렇다면 말이다. 혹시 누가 아는가. 붓질이 전혀 닮지 않았다 해도 오히려 그 뜻에 가까이 갔을지도 모를 일이 아닌가.

스승의 말에 따라 옛 그림을 이렇게 또 저렇게 그려보았다. 예찬의 붓은 이런 느낌이로구나. 먹을 아끼라는 말 그대로의 마른 붓질. 황공망黃公望

(1269~1354, 중국 원나라의 문인화가)이라면 또 어떠한가. 덤덤한 듯, 조금은 지루하게 쭉쭉 그어나간 피마준의 산세. 누군가의 화풍을 따른다는 것은 숨겨진 보물을 하나씩 찾아나서는 기쁨이었다. 새로운 화가를 하나 만날 때마다 세상 하나를 얻은 것만 같았다. 하지만 점차 재미가 없어졌다. 그런 그림이 하나둘 쌓이기 시작하자 어쩐지 싫증이 났으니. 붓질에 흥이 없는 장승업의 표정을 알아보았음일까.

"어찌 그러하느냐."

"선생님…… 재미가 없습니다."

너무도 태연한 대답이었다. 아니, 이것이 스승 앞에서 할 말이던가. 도화서의 어린 생도라 해도 이러지는 않을 것이다.

"무어라. 그림을 재미로 그리더냐."

"그러면…… 무엇 때문에 그리는 것입니까."

침묵이 흘렀다. 유숙으로서는 그래, 하면서 정신이 번쩍 드는 느낌이었다. 이 당돌한 제자의 말이 옳다. 재미가 아니라면 무엇 때문에 그림을 그리는가. 그림을 그리는 재미로 밤을 잊고 지낸 젊은 날이 있었거늘. 오랜 도화서 생활에 젖어 어느새 잊고 지냈다. 그래, 나 또한 그랬지.

장승업 또한 무심결에 내뱉은 자신의 말 앞에서 눈앞이 밝아진 것 같았다. 어찌 그림을 따라 그릴 생각을 했느냐. 그날 이응헌이 자신에게 던진 물음이 아니었던가. 그렇다. 그림에서 어디 밥 한 술이 나오더냐, 옷 한 벌이 나오더냐. 그저 하고 싶어서 하는, 바로 재미 때문이었다. 너무도 당연한 일이었기에 오히려 깨닫지 못했음일까.

그러고 보니 더욱 의아했다. 어찌 그저 똑같기만 한 재미없는 방작으로 장안이 시끄러운 것일까. 예황倪黃이니 사왕四王이니 하는 중국의 화법을 들먹이며 그들의 작품을 방했다는 그림들이 넘쳐 흐르니 알다가도 모를 일이었다. 언뜻 형편없는 먹선 몇 개를 그어놓고도 예찬을 방하여 간솔함을 살렸다는 둥, 그 정신을 참으로 잘 담아내었다는 둥 말들은 어찌나 호사로운지. 그리지 않는 것이 아니라 그리지 못하는 자들의 말놀음이 아니던가. 언제 예황이 그렇게 치졸한 붓질로 정신을 보듬겠다고 했던가. 차마 스승 앞에서 대놓고 말하지 못했으나 그들의 모습이 떠오르자 장승업은 저도 모르게 피식 웃음이 나왔다.

"그 웃음은 또 어쩐 일이냐."

말은 그리했으나 유숙은 그 웃음에 담긴 뜻을 모르지 않았다. 그의 마음을 탓할 수도 없었다. 비웃음이 묻어나는 그의 표정은 한때 자신의 것이기도 했으니.

"화사라면 누구나 한 번쯤은 마음속에 품었던 웃음일 테지. 하지만 그 웃음을 끝까지 지키려면 누구에게도 비웃음당하지 않을 필력을 지녀야 한다. 할 수 있겠느냐."

길지 않은 만남이었거늘 이제 장승업의 손이 배우지 못한 화가는 없었다.

차분한 성정은 아니었으나 놀랍게 몰두하며 진수를 체득하는 탁월함이 있었다. 바란다고 하여 아무나 얻을 수는 없는 재능이었다. 이제 나의 가르침과 헤어질 때가 온 것이다.

"천죽재千竹齋에 가본 적 있더냐. 다른 세상을 만날 수 있을 것이다."

천죽재라면 오경석의 집이 아닌가. 장승업은 유숙의 말뜻을 알아들었다. 자신의 버릇없는 태도, 아니 냉소 섞인 표정 때문이었을까.

"어찌 그런 말씀을……."

"나무가 무성해졌으니 저 혼자의 마당이 있어야겠지. 더 장한 빗줄기로 네 뿌리를 적셔야 하지 않겠느냐. 손은 그만하면 되었다. 네가 바로…… 조선 제일의 붓이다."

스승의 마지막 사랑이었다. 계유년癸酉年(1873), 유숙이 마흔일곱의 나이로 세상을 떠났다. 장승업이 서른을 막 지나던 그해는 흥선대원군이 실각하고 국왕이 친정을 시작한 해이기도 했다.

· 천죽재 ·

유숙이 세상을 떠나던 그해에도 오경석은 여전히 청을 오가는 길 위에서 해를 넘겼다. 처음 연경 땅을 밟던 그때, 스물셋의 젊음은 잔뜩 부푼 호기심을 안고 길 위에 올랐다. 벌써 이십 년 가까이 되었구나. 그사이 무려 열 번을 넘도록 사행使行을 따랐지. 스승이 거쳐 간 길을 되밟으며, 하지만 오경석은 자신의 길이 스승의 시대와 같을 수 없음을 느꼈다.

대국인 청 또한 서양 앞에서 무력함을 보이기 시작했으니 조선도 무엇인가 변화해야 할 것이다. 하지만 제아무리 청의 사정에 밝고 세상의 흐름을 짚는 명민함을 갖추었다고는 하나, 오경석은 일개 역관일 뿐이었다. 현실을 보았을 뿐, 그리고 조정에 전했을 뿐 자신에게 어찌할 수 있는 힘은 없었다.

오랜 후원자였던 대원군과도 좋지 않은 만남을 끝으로 그의 곁을 떠난 셈이었다. 청이 나라를 여는 이때 조선 또한 이대로 있어서는 아니 될 것이라 진언한 것이 문제였다. 운현궁雲峴宮을 흔들던 노기 어린 음성이 아직도 생생했다. 나라의 문 열기를 거부하던 대원군이 물러나고 국왕이 친정에 나섰으나 상황은 나아지지 않았다. 대원군을 밀어내고 정계에 등장한 민씨 외척들이 나라를 위해 권력을 탐한 것은 아니었기 때문이다.

아, 집에서 편히 쉰 것이 얼마 만인가. 태평한 시절이었다면 더 많은 시간을 들여 책을 읽고 금석金石을 연구하며 그림을 그리면서 살았겠지. 세상이 이러하니 좋아하는 그림에도 좀처럼 시간을 내어 파묻히질 못했다. 매화를 좋아하여 역매라 하였거늘.

얼마 전 집으로 들인 장승업의 그림 한 점을 꺼내 보았다. 다시 보아도 과연 붓 맛이 일품이었다. 이응헌이 그의 이름을 처음 전했을 때 이미 짐작하긴 했다. 하지만 몇 해 지나지 않아 이처럼 빠른 성취가 있을 줄이야. 물기 많은 붓을 가지고도 먹의 농담을 희롱함이 이와 같다니. 달콤하면서도 까칠한 듯, 그의 그림은 보는 이의 마음을 달뜨게 했다.

조선의 그림은 요사이 어찌 흐르는 것일까. 청에서 들여온 서화들은 해가 다르게 새로운 느낌으로 바뀌는데, 시대가 비록 어지럽다 해도 예림마저 시들어서는 아니 될 일이었다. 그림 또한 한 나라의 아름다운 힘이 아니랴. 장승업은 아직 청의 새로운 화풍을 만나지 못했을 것이다. 이대로도 조선 최고의 붓이겠으나 이제 새로운 눈이 필요한 때다.

"궁금하여 한번 보자 하였네."

장승업이 천죽재에 발을 들인 것은 이날이 처음이었다. 천죽재는 조선 최고 수장가의 거처다웠다. 풍요로운 아름다움. 졸부의 치장 따위와는 비할 수 없는 격조였다. 궁금함이 어찌 없었으랴. 이응헌의 집과도, 혜산 선생의 집과도 멀지 않았으나 부름도 받지 않고 불쑥 들어설 수는 없었던 까닭이다.

한여름 더위가 제법이었으나 천죽재는 기분 좋은 활기로 가득했다. 나무의 녹음은 넉넉하고, 녹음의 향은 짙었다. 주인의 사랑을 받으며 잘 자란 양지의 나무들이기 때문일까. 굵은 둥치에 힘찬 줄기, 무성한 가지 끝에 피어오른 나뭇잎 하나하나까지, 온 여름을 가득 덮어도 좋을 듯한 푸름이었다. 눈부신 선명함이었다.

건너편 작은 사랑채에서 한 소년이 공부에 열중한 채였다. 열 살 남짓 되었을까. 역과譯科를 준비 중인 주인의 외아들이었다. 명망 있는 역관 가문답게 소년 하나만을 위한 가숙家塾을 설치하였으니, 오경석과 절친한 대치大致 유홍기劉鴻基(1831~?)가 바로 소년의 스승이었다. 하긴 열여섯에 한역관漢譯官으로 뽑힌 오경석 또한 부친의 지기인 이상적에게 가르침을 받아 스승만큼이나 걸출한 인물이 되지 않았던가. 좋은 아비를 만나 아비의 벗을 스승으로 모시는 일은 아무나 얻을 수 없는 행운이다.

아비의 자리란 무엇일까. 아비의 재능이란 무엇일까. 장승업은 어린 시절이 떠올랐다. 소년의 나이 무렵, 그는 아비가 물려준 재능이 무엇인지 알기도 전에 혼자가 되었다. 소년이 자라나 자신의 길을 찾기까지 아비의 자리란, 스승의 가르침이란…… .

내가 어떻게 여기까지 왔는지, 그것이 오히려 신기할 정도였다. 떠돌던 길 위에서 만난 인연들 덕분이었지. 이응헌의 집에 들어가 그림을 그리기 시작한 것도 믿기 어려운 일이거늘 다시 유숙 아래서 그림을 배우다니. 이응헌은 나보다 겨우 다섯 살 위였으나 아비와 같은 사랑을 베풀었다. 따뜻한 마음으로 한결같던 유숙 또한 진정한 스승이셨고. 장승업은 그 이름들 앞에서 왈칵 눈물이 솟으려 했다.

오경석은 장승업을 가만히 바라보았다. 어린아이 같은 천진함이로구나. 부러움이며 애틋함 따위의 감정들을 전혀 감추지 않는구나. 자신처럼 항시 자리의 분위기를 살피고, 상대의 표정 뒤에 숨은 진심을 넘겨봐야 하는 이로서는 생각하기 어려운 성정이었다. 그는 천생 화가로 살아야 할 사람이다. 화원 집안에 태어나 아비의 길을 따라 도화서에 드는 것도 나쁘지 않겠지. 하지만 스스로 찾아낸 간절한 길이기에 진심으로 사랑하며 정진할 수 있는 것이 아니겠는가.

하지만 앞으로 이 세상이 어찌 될지. 생각이 여기까지 미치자 오경석은 답답함과 조급함으로 마음이 어두워졌다. 천죽재에서의 한가로운 만남도 얼마나 이어질지 알 수 없었다.

“인연이 꼭 잦은 만남으로 깊어지는 것이던가. 때로는 하루의 만남으로 삼십 년을 기억하는 벗도 있다네.”

그제야 장승업은 눈을 돌려 오경석을 바라보았다. 오경석은 마치 스스로에게 하는 독백인 양 나른한 어조로 말을 이었다.

“한 시인이 있었다네. 나의 스승과 시로써 마음을 나눈 분이셨지. 단 한 번 만남이 전부였으나 서른 해 동안 그리움은 사라지지 않았다네. 한 사람은 청에서, 한 사람은 조선에서. 아름다운 인연이 아닌가. 이제 우리가 이처럼 그림을 마주하고 앉았으니. 어찌 생각하는가.”

장승업은 오경석의 말이 다소 느닷없었다. 하여 그가 나를 인연으로 생각하고 싶다는 말이 아닌가. 이것이 나의 세 번째 인연인가. 그렇다면 그 이름을 무엇이라 부르리. 아비와 스승의 사랑을 넘어선 이것은, 지기의 느낌이었다. 다소 차갑고 눈매가 날카로운 오경석이었건만 장승업에게는 차가움마저 깊은 여운으로 느껴졌다.

문득 오경석이 아들 세창을 불렀다.

"인사드리거라. 조선 제일의 화가가 되실 분이다."

장승업은 할 말을 잃은 채, 단정하게 절을 올리는 오세창 앞에서 어정쩡하게 가벼운 맞절로 응대했다. 아들에게 아비의 인연을 이어가라는 뜻일까. 천축재에는 새로운 세상이 있을 것이라던 혜산 선생의 말씀이 떠올랐다. 오경석 또한 혜산의 말을 듣기라도 한 양, 그 때문에 자신을 부른 것이 아니던가. 조선 최고의 화가가 될 것이란 상찬의 말은 자신을 향한 당부와 소망이기도 하리라.

· 오원 ·

오경석을 다시 만나기는 어려웠다. 시대는 그 바뀜이 조석을 달리했다. 일본에 나라를 열어야 했던 병자년丙子年(1876)은 나라에도 오경석에게도 시련이었다. 그해 병을 얻어 자리에 누운 오경석은 결국 기묘년己卯年(1879)에 세상을 뜨고 말았다. 그해 여름, 외아들 세창이 열여섯 나이로 역과 급제의 기뺨을 얻은 것이 그나마 위안이었다. 장승업은 오십을 채우지 못하고 세상을 뜬 그가 안타까웠다. 그는 세상이 변한다고 했다. 장승업은 비로소 그의 말이 새삼스러워졌다.

부쩍 상해로 통하는 길이 열리는가 싶더니 그림 또한 그랬다. 서양의 문물이 상해로 들어오니 화가들 또한 이 새로운 땅으로 모여들었다. 오경석은 세상을 떠났어도 그 집안은 여전히 역관의 업을 이어갔던지라, 장승업 또한 그의 동생인 오경연吳慶然의 집을 드나들며 새로운 그림을 만나곤 했다.

"새롭다 하여 반드시 따라야 할 것은 아니겠으나 눈을 넓히기에는 그만이지 싶소."

오경연의 배려였다. 그렇게 그의 집에서, 또는 가끔씩 머물며 그림을 그리던 변원규卞元圭의 집에서, 그리고 민씨 대감들 댁을 통해 들여온 서화를 보면서 장승업은 마음이 설레었다. 언뜻 생경한 듯 독특한 색감에 마음이 끌렸다. 화목畵目 또한 색다른 것들이 많았다. 새로운 놀잇감에 몰두하는 어린애마냥 장승업은 처음 만나는 화풍 속으로 빠져들었다. 방 안에 틀어박혀 몇날 며칠을 그림만 보고, 그림에 취하면 다시 술로 기분을 돋우는 세월이었다. 누가 말했던가. 얼핏 스치는 이야기 가운데였다.

"그리지 못하는 화목이 없군. 예전 단원의 필을 따를 만할지……."

김홍도의 필이라? 장승업의 가슴에 파닥, 불꽃 하나가 튀었다. 무슨 엉뚱한 배짱이었을까.

"단원을 말씀하셨습니까. 그렇다면 이제 나吾 또한 원園으로 자호自號하려 합니다."

장승업은 그리던 그림에 처음으로 자신의 호를 천천히 적어 넣었다. 오원吾園 장승업. 감히, 라고 놀라는 표정들이 있었으나 그들 또한 아무 말도 하지 못했다. 솜씨로 보자면, 아직 창창한 그의 젊음까지 생각한다면, 어쨌든 이 시대에 도화서 안팎을 아무리 둘러보아도 장승업에 필적할 기량이 없는 것이 사실 아닌가.

장승업이 함부로 단원을 들먹인 것은 아니었다. 이미 단원의 그림을 익히며 조선에서 다시 보지 못할 그의 붓과 먹 앞에서 무릎을 꿇기도 했다. 중국의 화보와도 다른, 스승 유숙의 경지와도 다른 고유한 아름다움이었다. 감히 단원의 이름을 따른 것이 멋모르는 객기일 수 없었다. 한 천재에 대한 존경의 염念이자 스스로의 자부심을 지키겠다는 마음이기도 했다.

어느덧 장승업은 북촌北村에서 수표교에 이르는 장안의 안목들 사이에 이름이 높았으니, 그의 그림을 구하려는 사람들로 골목이 부산할 지경이었다. 그들의 사랑채에선 오원의 그림으로 간혹 가벼운 논쟁이 일기도 했다.

"오원의 기명절지器皿折枝를 한 폭 얻었으면 하는데. 상해에서 들여온 것보다 솜씨는 오히려 윗길인 듯합니다."

"솜씨야 뭐 그렇긴 하지. 하지만 천기賤氣가 너무 드러나지 않는가. 문기 넘치던 서화들은 다 어디 갔는지 모르겠군."

"저 또한 처음에는 그리 대단한 그림인가 어리둥절했지요. 하지만 이제 그의 기명절지를 펼치는 것이 새로운 즐거움이 되었습니다."

"그렇다고 선비의 거처에 둘 만한 그림이라 할 수는 없지 않나. 기름진 먹에 붓 또한 그리 화려해서야…… . 소치의 산수만 한 그림을 만나기 어려운 세상이로군."

"문기가 없다 아쉬워하셨으나 그의 산수는 웅장함에 묘미가 있지 않습니까. 오원이 아니고서야 조선 화사 가운데 누가, 청에 내놓아도 너끈할 대폭의 산수를 그려내겠습니까. 산수 또한 이제 조선 제일이라 할 만하지요."

끝날 것 같지 않은 이야기에 곁에 있던 사람이 말꼬리를 돌렸다.

"오원 그 사람이 좀 이상하긴 하지요. 달리 재물을 취하고자 함도 아니요, 그저 한 병 술에 취해 그림을 그릴 뿐이라 하니. 하지만 흥을 돋우지 못하시면 아무리 대감이라 해도 그림 한 폭 얻기가 만만치 않을 것입니다."

농으로 던진 말이었으나 사실이 그랬다. 오원의 그림들은 장안에 놀라움을 주었으나 정작 그는 그리고 싶어서 그렸을 뿐이다. 예스런 먹 맛도 좋았고, 새로운 화풍을 풀어내는 즐거움도 그에 못하지 않았다. 누구도 강제할 수 없는, 그저 마음을 따라 쏟아내는 재미였다.

그즈음 오원은 스스로에게 묻곤 했다. 오원이라 자호한 그대, 새로움이 필요한 때가 아닌가. 이제 가지를 늘어뜨릴 나만의 마당이 필요한 때가 왔는지도 모르겠다. 내 뿌리를 적셔줄 빗줄기 따위를 기대하지 말아야 할는지도. 내 스스로 나무가 되고 또 빗줄기가 되어 나만의 화풍을 이야기할 때가 온 것이다. 그렇게 육교화방六橋畵舫을 마련하고 자신을 돌아보게 된 오원은 설레는 마음으로 새 이름을 되새겨보았다. 나도…… 원이다.

· 새로운 인연 ·

그날도 심전心田 안중식安中植(1861~1919)은 육교화방을 찾았다. 처음에는 세상의 소문 때문이었다. 도대체 시작을 알 수 없다는 그의 붓은 끝을 알기가 더욱 어렵다고들 했다. 도화서의 선배 화원도 아니었지만 장안에 흘러나오는 그의 그림을 보면서 그런 생각이 들었다. 조선의 그림이 다시 설 수 있다면, 어쩌면 그곳은 도화서가 아니라 오원의 화방일 것이라고. 화가로서 궁금하지 않을 수 없었다. 세상의 소문이 사실일까.

그렇기도 했고 아니기도 했다. 그를 만나는 횟수가 늘어갈수록 그야말로 자신이 생전에 다시 만날 수 없는 천재라는 생각이 들었다. 그가 취기에 절어 광기로 그림을 그리는 화가라는 세상의 말이 모두 사실은 아니었다.

오원은 묻는 말에 시원스럽게 답을 해주는 유쾌한 사내이자 그림을 가르치는 데도 녹록잖은 무게가 있었다. 다만 문제는 그것이었다. 마음이 내키지 않으면 그리지 않는 것. 오죽하면 국왕의 명을 거스르고 다 그리지도 않은 화폭을 팽개친 채 궁을 도망쳤겠는가. 민영환閔泳煥(1861~1905)의 도움이 아니었다면 큰일을 당할 뻔했다. 하지만 정작 오원 자신은 태연하기만 했다. 그러면서도 어떤 그림에는 혼신을 다해 열중했으니. 그의 마음을 움직이는 것은 무엇일까. 사실 이즈음 오원은 쏟아내지 않으면 안 될 무엇을 끌어안고 끙끙대는 사람처럼 보였다.

오원은 그림 한 점을 마무리하는 중이었다. 색감이 화려한 근사한 축화였다. 헌데 무엇을 그린 것일까? 중국풍의 인물들로 보건대 옛 고사를 그린 듯한데 좀처럼 알 수가 없다.

"풍진삼협風塵三俠이라네."

안중식은 고개를 갸웃했다. 그렇다면 세 사람이 등장해야 하는데 화면에는 달랑 둘뿐이다. 하지만 그림은 완성된 상태였으니 그리다 만 것도 아니었다.

"한 사람은 어디 있습니까."

"규염객虯髯客이 아직 도착하지 않은 게지."

오원이 그림으로 풀어놓은 우스갯소리는 이런 쾌감이 있었다. 그림 속 인물들이 보아도 싫다고 하지 않으리니. 언젠가 오세창도 이런 말을 했지. 그가 오원의 「어해절지魚蟹折枝」 한 폭을 얻은 일이 있었다. 그런데 게의 엄지발가락이 둘이어야 하는데 셋을 그려넣었기에 연유를 물었단다. 했더니 오원 왈.

"다른 게 좀 있어야지. 같으면 볼 재미가 있나."

그림을 재미로 그린다는 그의 말은 안중식도 여러 차례 듣긴 했다. 필력 따위에 매인 이들에게는 꿈같은 이야기인지도 모르겠다. 언젠가는 기명절지 한 폭 안에 벼루를 거꾸로 그린 일도 있었지. 세상을 한번 뒤집어 바라보라는 말일까. 똑같은 그림에 다른 이야기를 더하는 것, 그림을 조금씩 비틀어 숨을 쉬게 해주는 것, 이것이 오원의 그림이란 생각이 들었다.

오원에게는 안중식과의 만남이 새로운 활기이기도 했다. 항시 이것저것 쾌활한 어조로 묻는 것이 많았던 안중식은 젊은 화원 가운데 그림을 안다고 할 만한 재목이었으니, 다음 세대의 도화서가 그로 인해 자리를 지킬 수 있을 것이다. 달리 제자를 받아 가르칠 성정은 아니었으나 마음으로 따르는 그를 내칠 이유도 없었다. 그에게 내가 인연이 될 수도 있을 것이니.

오세창 또한 각별히 아끼는 인연이었다. 그를 볼 때마다 천죽재의 지난 여름날이 떠올랐다. 아버지의 재능을 이어 언젠가 조선 최고의 안목으로 우뚝해지겠지. 역시나 글씨와 전각에도 빼어남이 있었으니, 전서로 말하자면 이미 나라 안 제일이라 해도 부족하지 않을 정도였다. 글씨를 잘 모르는 자신의 눈에도 그렇게 보였다. 근사한 그림 한 폭과도 같았다. 게다가 인장을 자주 잃어버리는 자신을 위해 다시 새겨주는 수고가 벌써 몇 차례인지. 그런가 하면 슬쩍 놀리는 말도 잊지 않았다.

"또 어디에 흘리고 오셨습니까. 앞으로는 다시 새겨드리지 않을 것입니다. 이러다가는 온 장안 사랑채마다 오원의 인장이 주인 노릇을 하게 생겼습니다."

"핑계 삼아 한 번 더 볼 수 있으니 이 또한 좋은 일이 아닌가."

젊은 제자들과 우스갯소리를 주고받긴 하면서도 이것이 끝일 수 없다고 생각했다. 누구는 남종풍의 산수가 좋다 하고 누구는 새로운 기명절지를 찾는다. 영모를 청하는 이들이 있는가 하면, 고사를 원하는 이들도 있었다. 새것을 원하는가. 그리해줄 것이다. 옛것을 원하는가. 이 또한 그려줄 것이다. 하지만 오원의 느낌으로 그릴 것이다. 새로운 시대를 따라 혹은 옛 시절을 좇아 이렇게도 저렇게도 그리리니, 혼돈의 세상처럼 그림 또한 좌충우돌인 것일까.

하지만 세상에 남길 만한 그림 한둘 정도가 없다면 자신의 인연들에게, 그리고 정작 오원 자신에게 미안할 것도 같았다. 세상을 향한 진담 혹은 농담 하나쯤이면 어떨까. 알아봐줄 이가 있다면 좋겠고 그럴 수 없다 해도 혼자의 마음으로 족하면 그만이리니. 어떤 그림이 오원을 오원이라 이야기해줄까. 이 마음을 담은 그림 하나가 있었다. 지난해 「귀거래도」를 그렸다.

· 귀거래도 ·

열 폭의 산수 병풍을 하나 청한다고 했다. 어느 대감댁에 드릴 선물이라며 시일을 꼭 맞춰줄 것을 부탁하기까지 했다.

"그리하지요."

오원의 답이 너무 쉬이 나오니 오히려 걱정되었을까. 하다가 그만두면 정말 그만인 그의 성정을 아는지라 상대는 조심스레 거듭 약조를 확인하기까지 했다.

"고맙네. 꼭 시일을 지켜주게나. 하나만 더 부탁을 해도 좋겠는가. 산수 가운데 「귀거래도」를 한 폭 넣어주었으면 하는데……. 아무래도 대가댁 사랑채에 두르게 될 터이니 역시 도연명이 좋지 않겠나."

그런가. 도연명의 〈귀거래사〉를 그려달라……. 배운 것 없는 화사라도 그 정도는 알았다. 그러니까 도연명의 정신을, 그 고결한 정신을 그림으로 담아달라는 것 아닌가. 천년하고도 몇 백 년이나 더 지났다는 중국 땅의 어느 선비를 다시 불러오고픈 까닭은 무엇인가. 세상의 명리名利를 뒤로 하고 은자의 삶을 살고자 고향으로 돌아갔다는, 진정 그의 삶을 따르겠다는 마음일 리는 없었다. 한 줌 권력 앞에, 어쩌면 나라와 백성의 안위보다 일신과 가문의 영달을 위해 그것을 움켜쥔 것이 조선 권력가들의 작태거늘.

밀리듯 나라의 문을 열어주고 그렇다고 개화의 꽃을 제대로 피우지도 못한 시대에. 그림은 하염없이 고상한 옛이야기를 찾는다. 오원에게 도연명의 낭만적인 꿈은 아주 오래된 이야기가 아니라 아직 도래하지 못한 꿈처럼 느껴졌다. 오원의 마음 한 쪽이 삐쭉대며 튀어나왔다. 어조도 살짝 기울어 있었다.

"「귀거래도」라 하셨습니까. 허면 이 병풍을 두르실 대감께서 도연명을 본

받아 귀향이라도 하실 생각이신가 봅니다. 하긴 세상이 비록 이럴지라도 그런 기개를 품은 분이 한 분쯤은 계셔야겠지요. 제가 꼭 맞게 그려드릴 것입니다."

"어허, 오원. 그림은 그저 그림인 게지. 그저 마음 편히 그려주시게나."

상대는 그저 가벼운 답으로 웃고 말았다. 혹여 기분을 그르쳐 그림을 얻지 못할까 걱정되었기 때문이다. 임금도 억지로는 그림을 얻지 못했던 오원이니 흥이 꺼지지 않게 기분을 잘 맞춰야 했다. 마음 내키면 앉은 자리에서 종이를 펼치고 기명절지 한 폭쯤은 쓱쓱 그려주었지만. 늘 마음 내키게 하는 무엇이 문제였다.

오원은 그의 말을 되뇌어보았다. 그림은 그저 그림일 뿐이다. 하긴 그림이야 무슨 죄가 있겠는가. 도연명이 잘못이겠는가. 그래, 그려주지 못할 것도 없었다. 하지만 똑같이만 간다면 좀 심심할 것인즉. 세상에 대한 조롱일까. 혜산 선생이 말씀하신 비웃음일까. 오원의 마음은 조롱이라기에는 차라리 쓸쓸함도 없지 않았다. 뜻을 방하는 것이 어찌 그림뿐이랴. 시인의 마음에 내 이야기를 더한다 하여도 그 또한 괜찮은 대화지 싶었다.

하지만 이 또한 오원의 그림이니 필이며 먹이며, 무엇 하나 소홀함이 있어서는 아니 되겠지. 누구보다도 아름다운 그림으로 만들어낼 것이다. 나의 조롱이 마음에 들지 않은 그 누구라 하더라도 차마 거절하지 못할 만한 화면을 보여줄 것이다. 조금은 비뚤어진 나의 붓이, 하지만 가장 아름다운 붓일 수 있음을 세상에 이야기할 것이다.

오원은 그동안 보아온 무수한 귀거래도들을 하나하나 떠올려보았다. 중국에서도 조선에서도 그토록 오래도록 그려졌던 바로 그 장면 말이다. 탈속한 시인이니 소박하면서도 기품 어린 장면으로 그려내는 것이 옳겠으나 선배들의 귀거래도가 다 무슨 상관이랴. 지금의 시대를 따라 혼돈 속에 흔들리는 귀거래도가 아닌가.

길고도 좁은 화면이다. 화면을 제대로 살려내려면 눈길을 아래에서 위쪽으로 시원하게 잡아끌도록 해야 할 것이다. 시인이 고향으로 돌아온 때가 어느 계절이든 개의치 않았다. 숨막히도록 꽉 채워진 짙고도 푸른 나무의 느낌으로 화면의 색채를 맞추었다. 화면 속의 숲은 비릴 정도로 그 기운이 절정에 달해 있어야 한다. 숲의 무게로 인해 시인의 고향집은 어쩌면 오래도록 버려진 마음의 집처럼, 외로워도 좋을 듯싶었다.

시인을 태운 작은 배는 화면 하단에 조그마하게 담아내기로 했다. 어쩌면 그는 이 그림의 진정한 주인이 아닐 수도 있기에. 배를 띄우는 강물은 찰랑이는 소리를 내듯 작은 호흡의 물결로 채워넣었다. 강가의 버드나무들은 한껏 푸름을 자랑하리니. 여린 듯 흐느적거리는 버드나무가 나았을까. 하지만 오원은 자신의 화면에는 자신의 나무를 그려넣고자 했다. 가지 끝마다 튕겨질 듯, 붓 끝에 힘을 주며 삐쳐 올린 나뭇가지 말이다.

강가에서 시인을 기다리는 시종 하나. 이제 화면은 저만치 한적한 시인의 고향집으로 보는 이를 이끌리라. 그의 집은 어떤 모습일까. 흙돌담을 두른 작은 집의 한 귀퉁이를 그려넣기로 했다. 한없이 좁은 화면에, 그리고 더 보여줄 이유도 없었기 때문이다. 집 안에는 주인을 기다리는 서책과 현금이 하나. 곧 툴툴 먼지를 털고 주인의 사랑을 돌려받겠지. 집의 기운은 다소 어둑한 듯 나무에 파묻힌 형상이었다. 집을 뒤덮은 나무는 버드나무 세 그루. 다섯 그루 버들을 심어 오류五柳 선생이라 불렸다지. 버들의 푸름 뒤편으로 소나무 한 그루가 청청靑靑하다. 그 위로는 아득한 산세로 채워넣었다.

여기까지 그려낸 오원은 화면을 지긋이 바라보았다. 그저 아련한 한 폭의 산수라 해도 좋을 만했다. 붓질에는 힘이 넘쳤고 색감도 풍성한 것이 마음에 들었다. 오원 자신이라 해도 항시 얻을 수 있는 산수는 아니었다. 이제 남은 것은 하나. 옛이야기를 그림으로 불러들였으니 시인의 뜻에 내 마음을 얹을 차례다.

시대는 달라지고 있었다. 귀거래를 담아낸 그림도 이제 나의 시절로 마지막일 수 있겠지. 나의 이야기는 오래된 시인의 고향 위에 어떤 색으로 더해질까. 한 시대의 끝에서, 어쩌면 연민이었을까. 그럴 수도 있으리. 자, 그렇다면……. 오원은 다시 붓을 들더니 쓱쓱 무엇인가를 그려넣었다. 오원의 「귀거래도」는 이것이다. 귀거래도. 경인년庚寅年 칠월 오원 그림.

· 두 마리 매 ·

다시 안중식이 들렀을 무렵 오원의 작은 집을 지키던 나무 위로 가을이 내렸다. 푸르던 나뭇잎들이 저마다의 단풍으로 모습을 바꾸려는 중이었다. 그려보고자 해도 쉬이 흉내 낼 수 없는 눈부신 색감. 오원이라면 이 정도쯤은, 하면서 가볍게 그림 속으로 끌어올 수 있겠구나. 문득 오원의 그림은 색채를 달리하는 가을 단풍 같다는 생각이 들었다. 볼수록 놀라운 붓이었다.

그림방 저쪽 구석에 그림 한 폭이 보였다. 얌전히 말려 있는 모양새가, 맘에 들지 않아 팽개친 그림은 아닌 듯했다. 가까이 보니 반쯤 풀려 있는 화폭 아래쪽에 매 한 마리가 매서운 눈초리로 가지에 앉아 있었다. 순간 소리를 지를 뻔했다. 기가 막힌 솜씨였다. 이것이 바로 매의 기상이로구나. 자세히 들여다보면 세세한 묘사를 위해 무작정 시간을 쏟아넣은 것 같지도 않았다. 하지만 깃털이며 발톱에 부리까지. 살아 있는 생명 그 자체가 아닌가. 깃털에서는 자르르 윤기까지 흘렀다.

놀란 눈을 돌려 나무의 줄기를 바라보며 다시 할 말을 잃었다. 물기 많은 붓으로 듬뿍 먹을 묻혀 쓰윽, 그어낸, 하지만 마디마디 힘이 솟아나는 줄기와 가지들. 빠른 붓질이 눈앞에 보이는 듯하다. 앙증맞게 피어난 푸른 잎에 몇 송이 꽃이 더해져 화사한 분위기를 돋운다. 말하기가 좋아 기량이네, 솜씨네, 라고들 하건만 그림을 그려본 자라면 알 것이다. 이 정도의 기량이란 그저 소소한 재능이나 호된 수련만으로는 이를 수 없음을. 갑자기 눈물이 핑 돌았다.

마음을 가라앉히려 반쯤 말려 있던 그림을 마저 펴 보았다. 화면 위쪽으로는 빈 공간을 넉넉히 둔 채 나무의 줄기가 이어져 있으려니 싶어서였다. 하지만 안중식은 다시 신음을 토하고 말았다. 이건 또 무슨 일인가. 자지러지듯 휘어 꺾인 나뭇가지, 그 위로 다시 한 마리 매가 가지를 움켜쥐고 있었다. 두 마리 매를 화폭 하나에 담아낸다? 매 그림이라면 화면을 압도하듯 한 마리만 그려내는 것이 그동안 배워온 도상圖像이었다. 오원은 이 또한 상관없다는 뜻인가. 그의 매는 다른 세상을 향한 포부를 지닌 시대의 지사 같기도 했다.

땅 넓고 산 높은 곳에서 의로운 기상을 더하고
앙상한 단풍나무 처음 움직일 때 정신을 기른다.

"화제가 그림에 꼭 어울립니다."

"몽인夢人의 손을 빌렸다네."

정학교丁學敎(1832~1914)의 글씨였구나. 시에 익숙지 않은 오원을 위해 활달한 서체로 화제를 얹어주곤 하는 가까운 벗이었다. 그 또한 이 그림 앞에서 저도 모르는 한숨을 뱉었겠지. 다시 그림을 보았다. 두 마리 매의 팽팽하면서도 차가운, 하지만 그만큼 뜨거운 눈빛 속에서, 화면은 숨 막히는 긴장감으로 터질 듯했다. 「호취도豪鷲圖」란 이런 것이다. 이것이 바로 오원이다.

· 진심 혹은 농담 ·

매가 한 마리든 두 마리든 오원이 그리니 이 또한 새로운 아름다움이다. 그래서일까. 오원의 주변에는 항시 소문들이 가득했다. 오원이 지난해에 그린 열 폭의 산수병풍이야말로 그랬다. 그사이 「귀거래도」 때문에 말들이 얼마나 무성했던지.

느닷없이 도연명의 집 담장 위에 수탉이 등장하고 그 아래로 병아리들까지, 게다가 어인 일로 난이 분에 담겨 바위 위로 나와 있었으니. 지금까지의 도상으로는 생각조차 할 수 없는 일이었다. 화면을 온통 짙은 숲으로 채운 것도 그렇다. 소슬한 듯 한적한 강물의 풍광을 중시하던 여느 귀거래도와는 닮지 않았다. 무식한 환쟁이가 어찌 도연명을 알겠느냐, 비웃던 이들의 언사를 안중식 또한 듣지 못한 바 아니었다. 오원은 대수롭잖다는 표정이었다.

"세상이 무어라 하던가. 수탉의 울음소리가 고고한 선비의 거처를 어지럽

힌다 하던가."

오원 앞에서 했던 이야기가 아닐 터인데 그는 속속들이 알고 있었다. 세상을 향한 조롱이었다. 자신감이기도 하겠지. 사실이 그랬다. 무지한 환쟁이라 비웃는 대감들은 많았으나 그 가운데 누구도 그의 그림을 밀쳐내지는 못했다. 「귀거래도」만 해도 그러하질 않던가. 뒷얘기가 많았으나 정작 그림의 주인은 병풍 그림에 푹 빠져 놓질 않는다 하였으니. 안중식은 은근한 통쾌함을 느꼈다.

하지만 안타깝기도 했다. 그의 「귀거래도」는 정녕 눈이 부시도록 빛나는 산수였다. 그는 어찌 하늘의 재능을 가지고 그저 비웃듯이 그림 위에 농을 던지는지. 오원은 정녕 자신의 재능을 알지 못함일까.

"어찌 선생님께서는 그 귀한 붓을……."

오원은 에둘러 말하다 차마 끝을 맺지 못하는, 제자가 하고픈 이야기를 이미 알았다. 그러니까 붓을 어찌 그런 하찮은 비웃음으로 낭비하려 하느냐, 그 말이 아니겠는가. 이 또한 자신을 위한 마음임도 모르지 않았다. 하지만 세상 때문인지 아니면 자신 때문인지 울컥, 소리가 높아졌다.

"그럼 내가 귀한 붓으로 어찌하면 좋겠느냐. 이런 세상에서…… 그저 얌전히 똑같은 그림이나 분칠하고 있으랴."

안중식은 숨을 죽였다. 괜한 말을 꺼냈을까. 소리를 높일 정도로 진지하게 화를 내는 모습은 처음이었다.

"내게는 이 세상이 바로 혼란스러움…… 수많은 색채가 뒤섞여 도무지 형상조차 가늠할 수 없는 한 폭의 그림이다."

잠시 후 오원은 힘겹게 말을 이었다. 그리곤 눈을 돌려 복잡한 심경인 양 매 그림을 바라보았다. 안중식은 궁금했다.

"그렇다면 이 매는 무엇입니까."

"이것은 나의 진심이라 해야겠지."

두 마리 매. 하나가 오원이라면 다른 하나는 나를 키워준 인연이 아니겠는가. 이것이 바로 나의 인연들에게 바치고 싶은 진심이다. 지금의 젊은 인연들에게 바친다 해도 그 또한 그르지 않을 테고.

"지금이 그 매가 지닌 기상으로 충만한 세상이었다면 내가 그림으로 농을 거는 일 따윈 하지 않을지도 모르겠군. 그래, 나의 붓은 결국 여기까지인 게지. 그대들에게는 새로운 시절이 열릴 수 있으려는지."

작은 한숨이 섞인 쓸쓸한 어조였다. 진심과 농담 사이, 어느 것이 진짜 오원인가. 안중식은 스승의 마음을 알 것도 같았다. 그림으로 농을 걸지 않아도 되는 세상이었다면 그랬을 것이다. 오원의 붓은 다른 것을 보여주었겠지. 하지만 세상을 향한 그의 마음을 그저 가벼운 농이나 조롱이라 할 수 없었다. 자신의 시대에 대한 어쩔 수 없는 연민이었던 것이다.

그의 그림, 세상에 농을 거느라 마음 한자락을 빼앗겼다 해도 그의 그림은 오직 오원만이 보여줄 수 있는 것이었다. 절정의 먹으로 황홀한 붓. 달콤한 향기를 지닌 절세가인 같다고나 할까. 선뜻 손을 내밀기에는 머뭇거려지는가. 하지만 도저히 뿌리칠 수는 없으리니. 지금 조선의 어느 화가도 이루지 못할 한없는 아름다움이었다.

· 조선 ·

정유년丁酉年(1897) 시월, 조선은 황제의 나라를 선포했다. 임금이 황제가 되고 조선이 대한이 되었다. 황제가 된 임금에게 어떤 권력이 더해진 것도 아니었다. 이름을 바꾸어 생명을 이어가길 바란다……. 하지만 그 소망은 얼마나 허망한가. 안쓰러운 몸짓이었다. 집을 나선 오원은 생각에 잠겨 길을 걷기 시작했다.

연유야 어찌되었건 조선은 사라졌다. 나무가 뿌리를 내리려면 든든한 땅이 있어야 하거늘 땅이 흔들리는 마당에 그림 따위가 어디서 숨을 쉴 수 있으랴. 이제 농을 던질 세상마저 남지 않았단 말인가. 화가의 생이란 그저 붓 한 자루가 전부니…… 떠날 때가 온 것이다.

이별은 불쑥 이런 빛깔로 찾아오는가. 무어라 그려내기 어려운 슬픔이었다. 처음 붓을 쥐고 그림을 만났던 날의 그 시린 느낌이 피어올랐다. 만남과 이별이 이렇듯 같은 색조의 나란한 그림이었단 말일까. 농담과 진심 또한 그에 담긴 나의 사랑 또한 다르지 않았던 것이다. 오원의 발길은 어느새 도성 밖으로 이어졌다.

부모를 잃었을까. 한 소년이 주림에 겨워 두리번거리며 성문 안으로 들어섰다. 처음 성문을 지나던 자신의 어린 시절이 떠올랐다. 소년에겐 어떤 운명이 기다릴까. 누군가는 성문 안에서 우연처럼 인연을 만나고, 그렇게 마주한 자신의 운명을 따르게 되리니.

화사로 살게 해준 고마운 이름들. 오원의 가슴 속에 작은 등이 하나씩 밝혀지기 시작했다. 온 가슴을 채워줄 아름다운 불빛들. 간절한 그리움만이 여운처럼 떠돌았다. 이제 오원에게도 작별을 고할 순간이 왔다. 오원…… 그대의 그림이 있어 진정 내 삶은 뜨거웠다. 조용히 마음의 붓을 내려놓았다.

그사이 계절도 초겨울 색으로 바뀌고 있었다. 그 색에 홀려 오원은 그저 걷기만 했다. 어디로 이어진 길인지도 몰랐다. 나뭇잎이 하나둘 떨어지는가 싶더니 점차 빈 가지 덩그런 나무들이 늘어갔다. 눈이라도 내리려는가. 하늘이 어두워지기 시작했다. 하지만 시절은 말없이 흐르고 또다시 계절은 새봄을 맞겠지. 이응헌 집 마당가의 나뭇가지에도 연한 새순이 돋고, 슬픔을 달래줄 어느 소년을 위해 나무는 다시 한 해를 시작할 것이다. 그 나무를 생각하며 오원은 길을 걸었다.

그 뒤로 아무도 오원을 보지 못했다. 소문이 있기는 했다. 어느 논두렁에서 조용히 숨을 거두었다고, 혹은 신선이 되어 떠나갔다고. 하지만 절반쯤은 그저 소문일 것이다. 사람의 생사란 뜬구름과 같으니 경개景槪 좋은 곳을 찾아 숨어버림이 가할 것이요, 요란스럽게 앓는다 죽는다 장사를 지낸다 하며 떠들 필요가 무엇이냐. 평소 그가 했던 말처럼 홀연히 떠났을 것이다.

저만치 눈발 사이로 걸어가는 한 사내가 있었다. 아무도 그가 누구인지 알 수 없다고 했다. 어쩌면 나무로, 한 그루 나무로 화한 것은 아닐까. 잎을 다 떨구지 못한 어느 나무처럼 흰 눈을 맞고 섰는지도 모른다. 그렇게 서서 조선의 마지막을 조용히 바라보는지도, 모를 일이다.

에 필 로 그

조선의 자화상

1897년 조선은 대한제국이라 이름을 바꾸고 황제의 나라가 되었다.
제국의 연호는 광무光武라 했다.
하지만 황제가 된 고종의 나라는 그 생명을 오래 잇지 못했다.
1909년 고종은 강제 퇴위되고, 아들 순종이 황제 자리에 올랐다.
이듬해인 1910년 조선은 일본제국주의의 식민지가 되었으며
황제는 다시 이왕李王의 이름으로 전락했다.
1392년 태조 이성계가 나라를 세운 지 500여 년,
그렇게 조선은 역사 속 나라로 남았다.

조선의 그림도 그 역사의 한 장으로 남겨졌다.
건국의 꿈을 그리던 안견의 붓에서 시작된 조선의 그림은
치열한 이념의 시대를 기록했던 무명 화원의 손을 거쳐,
진지하게 자아를 성찰했던 윤두서의 빼어난 독백으로 이어지고,
진경의 산 위에서 일상의 풍경을 그려낸 김홍도의 절정을 넘어,
아름다움이라는 이름의 새로운 미감을 이야기한 조희룡을 지난 후
근대와 전통의 갈림길, 조선의 꿈을 되돌아보던 장승업의 회고로 막을 내렸다.
조선의 마지막과 함께 말이다.

그림문답

지은이 | 이종수

초판 1쇄 인쇄일 2013년 6월 28일
초판 3쇄 발행일 2015년 6월 15일

발행인 | 박재호
편집 | 이둘숙
종이 | 세종페이퍼
인쇄 | 우진제책
출력 | ㈜상지피앤아이

발행처 | 생각정원 Thinking Garden
출판신고 | 제 25100-2011-320호(2011년 12월 16일)
주소 | 서울시 마포구 동교동 165-8 LG팰리스 1207호
전화 | 02-334-7932 팩스 | 02-334-7933
전자우편 | pjh7936@hanmail.net

ISBN 979-11-85035-02-4 03910

* 이 도서의 국립중앙도서관 출판시도서목록(CIP)은 서지정보유통지원시스템 홈페이지(http://seoji.nl.go.kr)와 국가자료공동목록시스템(http://www.nl.go.kr/kolisnet)에서 이용하실 수 있습니다.
(CIP제어번호: CIP2013009740)
* 책값은 뒤표지에 있습니다. 잘못된 책은 구입하신 곳에서 바꿔드립니다.

만든 사람들
기획 | 박재호
편집 | 이둘숙
디자인 | 석운디자인